Whistle and Scissors

消防繩索拯救理論

一般社團法人 GRIMP JAPAN 著

萬里機構

原書序

隨着世界的進步，災難事故必然會變得複雜，過去的常識或技術無法應付的情況，亦正在現場發生；為應對這些變化，救援技術必需不斷進化。

「保持現狀就是退步。」

在世界不斷進步的同時，僅僅保持現狀就等於退步。同樣，在前進的災難應對道路上沒有終點，我們必需隨着時代的變遷而不斷前進。

日本國內使用繩索的救援技術，近年迎來了重大的變革時期。但是，使用繩索的救援技術並非突然出現的，而由前人努力創造，再經歷不斷變化與成長一點一點積累起來；正因為有了這些積累，我們才有今天的成果。

進化不是否定過去，而是累積。

就像堆積木，在前人們累積堆砌的基礎上不斷變化，並隨着時代進步，知識和技術也在演進，其應用亦不斷發展。

我們仍處於進化的過程之中。

本書所收錄的內容並非「終點」，卻可視為「過渡點」，因為日本的繩索救援技術在未來仍繼續發展，所以總有一天我們不再需要本書的內容。

這次在各方支持下，有機會介紹目前的繩索救援技術；希望通過本書，讀者能夠了解繩索拯救的現狀，並將它作為連接未來發展的參考。

※與繩索拯救相關的各種技術存在風險，如果不正確使用，可能導致重傷或死亡事故。為了掌握技術和確保安全，請各位在自己的責任範圍內充分訓練、研究和測試。對於參考本教科書而進行行動或訓練等所導致之任何事故，作者和出版社概不負責。

序（一）

明湛杰
香港繩索總會繩索技術教練評審員
社會學及社會政策哲學碩士

在此，首先要感謝 GRIMP JAPAN 的信任，讓香港繩索總會替本書《Whistle and Scissors - 消防繩索拯救理論》作中文翻譯。

本書作者 GRIMP JAPAN，是由日本各地消防員建立的在地團體。他們近年舉辦了數次日本全國性的繩索拯救比賽，旨在提升日本消防員的繩索拯救實力。「橋 2019」是我第一次參與繩索拯救比賽，亦是我首次相遇日本隊伍。那年三隊日本隊伍 Japan West 9pm、NR Japan 和 ARA 連奪三甲，我對他們的印象是迅速俐落，各成員對自己崗位的職責和隊伍戰術均瞭如指掌。比賽後，透過社交媒體看到當地消防員熱衷於繩索拯救練習（他們毫不吝嗇地分享練習片段），除了從中學習，亦讓我感受到他們的投入認真程度。2019 至 2024 年間，日本隊伍分別在「橋」和比利時 Grimpday 數場比賽的成績均名列前茅；動筆撰寫本序時，Start Japan 和 Up State 亦剛分別摘下「橋 2024」的冠軍及季軍，我認為這正是日本隊對繩索拯救所投下訓練心血的成果。

香港繩索總會拯救隊於 2023 和 2024 年到日本參與當地主辦的 GRIMP JAPAN 比賽，並得悉他們出版了本書。細閱後，我們認為 GRIMP JAPAN 的出版理念與敝會的理念不謀而合，兩者都是為了讓安全的繩索與救援技術，能夠有系統地在本地建立和推廣。日本作為現時世界前列的隊伍，他們所編寫的教科書最能緊貼最新技術發展，可靠性與實用性非常高，深信對使用中文的繩索使用群體亦大有裨益。

以往開辦繩索課程，往往有學員建議提供課後素材作參考。雖然社交媒體十分發達，而且短片是「易入口」的媒介，但我們認為文字的影響力，在於提供平台整理不同已開發的繩索拯救知識與技術，讓不同背景的讀者能在此基礎上繼續鑽研討論。可是，要將複雜而繁瑣的概念，以及如此豐富的內容透過精準文字表達，又豈能只用數頁筆記或三言兩語便全數涵蓋？若然要提供文字解釋，我想非出版一本教科書不可。

整體而言，現時與繩索使用相關的中文刊物數量較少，普遍只是一些國際訓練機構課程內容或評核表格的譯本，而主要傳授技術和知識的教科書更是寥寥可數。我們觀察到它們都是從英語翻譯的版本，尤其是簡體中文或出版年份較久遠的經典著作，當中所涵蓋的知識技術有機會已被淘汰，甚至被認為不夠安全。這反映了現時的中文繩索使用著作，未必趕得上國際間最新的發展，中文讀者無法透過閱讀這些書籍，來認識最新繩索技術資訊。

可是，縱然原書的價值甚高，不諳日語者卻難以有效便捷地閱讀箇中內容。回想出國比賽的經歷，雖然外國的評判未必全都懂英語，但他們會盡可能經翻譯等不同的輔助方法與我們溝通，我想這種技術交流正是比賽的本質。我們認為，不應被語言局限了眾人提升知識技術的機會。同一道理，這本質素極高的繩索拯救教科書，其價值亦應該突破語言的界限，和所有讀者分享。

因此，我們便向 GRIMP JAPAN 提出了出版中文譯本的合作邀請，為中文繩索使用者帶來一本全新中文教科書。一方面，繩索總會能以此書作為教學輔助工具，進一步提升我們的教學質素；另一方面，希望各中文讀者能不受語言限制，可以分享本書紮實而實用的繩索拯救技術與知識。

本書分成序章、基本篇、實踐知識篇和現場運用篇，合共 312 頁，內容大致可分為心法和技法兩部分。心法方面，作者分享了對練習和實踐繩索拯救的原則，例如要從「如何做（How to）」轉向思考「為何做（Why to）」、基於哨子和剪刀測試判斷拯救系統是否安全，以及前線拯救的注意事項等。至於技法，本書涵蓋了個人繩索技術，以及各項穩固點和拯救系統的設置方法與比較等。本書所涵蓋的技術實用性很高，而且貼近最新的器材發展，並示範了如何運用這些新裝備，更安全和更有效率地拯救傷者。

雖說內容豐富，作者的背景實力強大，但我們又為甚麼要參與繩索拯救比賽，學習繩索和拯救技術，甚至閱讀此書？意義何在？

對 GRIMP JAPAN 而言，訓練繩索拯救是為了改善日本消防的救援能力，開辦和參與比賽是其中一個增進交流的方法，而本書則是為了整合他們多年來與外國交流所得的經驗並帶回日本而撰寫。

論及繩索拯救比賽的意義，令我想起由世界各地女技術員所組成的隊伍「Yes Ma'am!」。女性在繩索拯救比賽中，往往只擔任後勤角色或扮演傷者，而非競賽成員的一分子，彷彿比賽只為男性獨尊；而「Yes

Ma'am!」在 Petzl RopeTrip 和比利時 Grimpday 等男性主導的比賽中，便展示了女性能與男性相比的能力，更憑着優秀和專業的技術，在比賽奪得前十名位置。「Yes Ma'am!」的經驗，正好鼓勵業內的女性技術員打破性別框架，追尋自己的理想；同時亦告訴我們，參加繩索拯救比賽原因不在於個人的身份背景，而是個人對這活動賦予甚麼意義。

我常反思繩索拯救對自己的意義。自大學三年級起，我由單繩開始接觸繩索，先後學了繩網、雙繩、攀樹和繩索拯救。起初，學習只為考取教練資格和豐富個人專業履歷。不過，現在的我既不打算在社福界作前線社工或歷奇界教練，又鮮有參與高空工作，更不是消防員，為何仍然一直在繩索範疇上不斷進修？我想是基於繩索使用的獨特性。不論洞穴探險、個人技術或團隊拯救比賽，抑或繩索高空工作，都是使用繩索到達難以接觸的位置及處理當前任務，而我正正被這解決困難的過程所吸引。特別是繩索拯救比賽，過程中除了對體力有一定要求，還考驗參賽者使用器材的技術熟練度和創新性，以及通過團隊合作方能完成。對我而言，參與比賽或練習團隊繩索拯救不在於滿足個人的工作需要，而是在過程中透過繩索拯救提升了個人的解難能力。

那麼，其他的繩索使用群體又能怎樣看待繩索拯救訓練？雖然，香港的繩索技術不如其他地區普及發達，但我認為本地的繩索技術群體之間非常緊密。不同的技術群體，如沿繩下降或繩網教練、探洞者、工業技術員、樹木工作者，以至民間或政府拯救部隊隊員，均會進修其他技術範疇，而且大多數一人掌握多項技術。這不但反映了本地繩索群體追求進步的態度，亦突顯繩索技術的通用性。

基於不同的應用場景，繩索的使用發展了不同原則，大致可分為單繩、雙繩、繩索拯救、攀樹和繩網。萬變不離其宗，繩索使用對不同群體而言，均是能夠更安全地在高空完成任務，而繩索拯救即以相關的技術達到拯救傷者之目的。有別於一般個人雙繩技術，繩索拯救涉及較複雜的滑輪系統，並需要拯救員設置和操作。此外，繩索拯救亦涉及有傷勢的人（傷者），拯救員需以「保存生命，防止惡化」為前提將傷者救出，所以在系統設置及操作層面，也需儘量保持傷者舒適；但由此所衍生以水平或垂直把擔架搬越平台邊的選擇，亦增加了技術的難度。繩索拯救所要求的體能強度，以至拖拉系統的複雜程度，均較一般的繩索使用場景為高。以本地高空歷奇活動為例，參加者往往因為畏高或不熟習環境等因素而懸吊在關次之間；雖然參加者沒有受傷，但教練當刻便要化身拯救員，使用繩索拯救的滑輪拖拉技術把參加者帶回地面，由此證明學習繩索拯救能加強閣下的繩索使用能力。

那麼，其他範疇又如何對繩索拯救的發展作出貢獻？最直接的例子便是雙繩技術。雙繩技術讓拯救員能安全地自行到達難以接近的位置，本書中亦有討論由擔架照顧員獨立於提升下放系統自行上升，或連接到擔架上陪伴提升的利弊。前者減輕上方設置員拖拉時的體力負擔，後者有時候會加強傷者保護，在此不再重複。簡而言之，個人雙繩技術為拯救行動提供多一個技術的選擇，改善救援效率和傷者的舒適度。由此可見，不同的繩索使用者應能基於其使用目的，互相參考繩索使用方法，以精進其應對不同場景的能力與技術。

要學習繩索拯救有很多方法，可以親身參與訓練，觀看練習或比賽短片作技術分析，甚至詳細閱讀各類器材的說明書，或是其他現有的繩索教科書。那麼本書在此基礎上貢獻了甚麼？我們閱讀的意義何在？為了翻譯此書，我曾回顧和比較不少繩索使用的相關書籍著作，除了其技法的實用性和及時度，我尤其喜歡此書對學習和實踐繩索拯救的心法部分，例如第 1 章「思考未來的繩索拯救：從如何做（How to）至為何做（Why to）」，以及第 2 章的「兩點連接的思考方式」，因為展示了作者的目的和願景，並提出一股革新的精神，帶領拯救員的訓練方向從「練習怎樣做」，轉向反思「為何做」。

我猜想各位讀者在學習新技能時，總會遇到不明白的地方。例如「在設置單繩系統是否必需設置雙物式穩固點？」、「以單一繫穩物亦能設置雙繩系統嗎？」、「為何要這樣設置系統？」⋯⋯有時候，導師或教練可能只要求不斷練習，記熟步驟而不加以解釋。然而，這並不是我的學習方式，更非繩索總會所主張的。充分的練習固然重要，但學員同時亦要知道為何這樣做。假如目前的地貌改變了，只有 1 棵大樹下是否同樣要用 2 條扁帶環和鎖扣設置雙物式穩固點？繩索的使用場景千變萬化，只要稍稍改變，例如繫穩物和岩角數量增減，都可能需要改變應對方法。假如只盲目跟從步驟，我們根本無法在預設步驟以外的環境，成功設置合適的穩固點。

GRIMP JAPAN 所提出的革新精神，正正指出我們訓練時除要知道怎樣做（How to），還要了解為甚麼這樣做（Why to）。知其然而不知其所以然，會使我們缺乏創新，難以應對日漸複雜的現場環境，而哨子和剪刀測試則是實踐 How to 精神的具體原則。透過判斷該系統能否及時制停下墮，以及能否滿足兩點連接，可以裝備我們判斷認知範圍以外系統安全性的能力，同時亦擴闊我們的視野，能夠包容和學習新的技術。社交媒體的帖文往往圖多字少，作為第三者的我們只看到日本隊伍的訓練成果，而本書的第 1 章便以文字敘述了支撐和帶領他們訓練成功的理念，這正正是我被此書所吸引之處，亦是希望帶給中文繩索使用群體的訊息。

是次翻譯計劃屬本會首次的嘗試，雖然是從日本原文譯成中文，但不可能直譯，難度在於要同時兼顧各地技術主張，以及中日英三語文字描述。繩索技術和繩索拯救的主流位處歐美，其專業術語亦以英文為主；我反覆參考了SPRAT、IRATA、CMC、Petzl等不同機構的文件或出版刊物，在合符雙繩兩點的原則下，本書所闡述的技術大致與歐美的技術和安全原則十分貼近。然而經仔細分析及比較可見，日本的分類和技術名稱未必與歐美完全一致，而華文地區的中文使用習慣和常用詞彙亦相異，用語間有的十分接近，有的根本沒有中文翻譯，難以全中文術語作仔細的技術討論。為了替中文使用者提供文字基礎，並兼顧各地讀者的中文使用習慣，促進內部與國際間的技術交流，我定了五項考慮原則，引領我們作出準確且普及的翻譯：

1. 忠於日本原作者理念和技術主張；
2. 翻譯文句和術語應流暢精簡準確，能顧名思義；
3. 技術用語應能中、日、英三語對照，中文讀者亦能透過回溯英文術語，掌握日和英語世界的技術討論；
4. 一詞一義，避免讀者混淆專門術語所指涉的對象；
5. 如同時有數個可靠翻譯，則採用普遍流通者。

以上五項考慮原則本身並無輕重或主次之分，本書所採納的用語是權衡各項原則後所作決定。至於沒有被採納的用語並非代表不正確，只是我們認為這些決定加起來，能讓本書說明不同技術時可以更統一連貫。

再次感謝GRIMP JAPAN信任，讓我們為本書作中文翻譯；香港繩索總會拯救隊仝人的技術和語文支援；林于芳小姐和Roger Law @ Blue Ring Studio擔任比賽攝影師；萬里機構協助編輯和出版事宜，使本書和我們的理念，以及繁複的繩索拯救技術知識，得以透過精練的文字向大眾傳播。最後，亦要感謝讀者們對本書及本會的支持。

展望華文世界，未來持續地有更安全更專業的繩索技術討論，豐富繩索拯救技術和此書面世的意義。

序（二）

秦國樑 Sammy
香港繩索總會訓練總監
SPRAT繩索技術評審員
ITRA繩索拯救評審員
ISA攀樹評審員

作為一個具備二十多年山嶺搜救經驗的民安隊搶救人員，我注意到近年來繩索拯救的需求與日俱增；雖然登山資訊愈見普及，但許多人卻忽視山嶺活動的安全，更有不少遊客為了拍照打卡，在懸崖絕嶺處擺出高難度姿勢，結果發生意外甚至墮崖身亡。除了山野，不同的拯救行動很多時也需要用上繩索作拯救人員和受助者的保護及運送工具，這也是廣義的繩索拯救。另外，我們可從香港消防處在2011年設立高空拯救專隊，以及國家消防救援局近年改制後，很多單位也有專門進行繩索拯救的隊伍，這些隊伍的成立，正正反映社會對繩索拯救的需求不斷提升。

香港繩索總會自2011年創辦。創會之前，其中一個想法是推廣繩索拯救。然而，由於門檻較高，我們幾位創會教練調整了總會的方向，從個人繩索技術入手。及後又引進了雙繩課程，經過幾年努力，於2015年正式成立了香港繩索總會拯救隊，並持續派隊員參加世界各地的繩索拯救比賽，與不同地方的繩索拯救人員、消防員和攀山搶救員分享技術，一同進步、並肩成長。

我們期望本書出版後，能夠提升繩索拯救人員的技術水平與工作安全性，同時也讓繩索活動的愛好者能可以提升自身技術，減少意外發生和定時練習拯救技術。這樣一來，當同伴遇到意外時，大家可以進行即時的救援和迅速解困。與大家分享一段個人經歷，還記得我有一位好朋友是滑翔降傘愛好者，一天下午他來電問我有沒有空，原來說他降落時不小心掛在樹上，希望我能用繩索協助他用繩索回到地面。剛好當天有空，而且可幸我的車上總會預備一些繩索拯救裝備，於是我馬上前往相助，事後還幫他收搭好掛在樹上的降落傘。

香港繩索總會的繩索拯救課程，由最初的一救一個人繩索拯救證書，發展到現時的團隊繩索拯救證書及救援腳架技術員證書。隨着學習和運用繩索救援的人數增加，對教材及參考文件的需求也越來越殷切。總會希望能出版一本有關繩索拯救的書籍，所以首個項目是尋找一本簡單易明的繩索拯救書籍進行翻譯，為使用中文的繩索拯救愛好者提供參考。

作為經常要到不同國家教學及為人評核的國降繩索拯救教練和考官，我希望能將不同的繩索拯救技術推廣宣揚出開去。畢竟，繩索拯救環境千變萬化，就算同一場景，不同隊伍也會用上各自的方法，這取決於當刻的器材、隊員的經驗和體能，以及不同的拯救理念等。

本書不僅羅列了不同器材的選擇，還提供了多種技術方法作參考。這樣一來，不同的繩索拯救隊伍可以建立自己的技術體系，也讓大家可以見識到更多不同的技術及背後的理念，從而提升整體繩索技術的安全性和效率。

序（三）

岑智敏（波仔）
香港繩索總會訓練總監

本書的誕生，源於一群日本消防員在參與國際比賽後所累積的寶貴經驗。他們不僅在比賽中挑戰技術的極限，更深入思考和總結了繩索拯救技術的精髓，並將這些心得系統化整理，以便與廣大讀者分享。這些消防員對技術的熱忱與專業的堅持，成為本書的核心靈魂。

在每一次拯救任務，都是對技巧、判斷力及體力的極大考驗。正因如此，透過國際比賽與技術分享，他們將各種救援技術進一步優化，使這些技術在危急關頭成為最有效的救命工具。本書不僅記錄了各項繩索拯救技術的操作方法，更深入介紹每個技術背後的理論，讓讀者不只懂得技術，更明白其應用的背景與原理。

香港繩索總會自成立以來，秉持着專業及進取的態度，以及能與國際接軌的技能，致力於提升本地繩索拯救技術知識水平，並期望持續追求卓越。

態度：

我們積極組建專業隊伍，並參與國際比賽與技術交流，將全球先進的技術帶回香港。同時，透過定期分享會推動本地業界的進步，並培育一批又一批的專業人才。

技能：

香港繩索總會多年來建構了單繩、雙繩、繩網、攀樹、繩索拯救等技術制度，並讓每位成員考取國際資格，例如雙繩技術的 SPRAT 和 IRATA 認證，繩網的 ACCT 和 PRCA 認證，以及攀樹的 ISA 認證與繩索拯救的 ITRA 認證。這些努力，旨在確保我們的技術能與國際接軌，並保持在救援領域的專業水準。

知識：

非常榮幸，香港繩索總會為這本經典教材《Whistle and Scissors - 消防繩索拯救理論》進行中文翻譯，使這些經驗和技術得以服務更廣大的華語社群。GRIMP JAPAN 作為日本消防員的專業團體，不僅活躍於國際比賽，更積極推動繩索拯救技術的發展。本書記錄了他們的心血與智慧，並透過詳細的理論與實踐指引，為全球繩索拯救技術的愛好者提供寶貴的資源。

希望這本書不僅是技術上的參考手冊，也能成為啟發讀者勇於追求卓越的動力。我們期待，它能在推動本地以至全球的繩索拯救技術上發揮深遠的影響。

關於香港繩索總會

香港繩索總會 Hong Kong Rope Union（HKRU）自 2011 年成立，一直致力為本港及鄰近地區的高空繩索相關技術，如單繩、雙繩、繩索拯救、攀樹以及繩網等使用群體，建立一套安全可靠的操作標準。

總會核心成員來自與高空繩索使用、訓練和教學相關的專業界別，包括高空工作、樹藝、山藝、歷奇、運動教育及高等教育界等。他們均具備與繩索工作和訓練或教學相關的本地與國際專業資格，例如美國專業繩索技術員協會 SPRAT、國際樹木學會 ISA 攀樹師、國際技術救援協會 ITRA 評審員、樹藝師、英國國際工業繩索技術協會 IRATA 三級技術員和哲學碩士等。

為了更有效地建立標準和培訓本地高空專業人才，香港繩索總會為各科訓練項目設立了各級訓練系統，如兩級技術員制與三級教練制。知識、技能和情意，三者均是各級各科訓練項目的課程重點；不論面授訓練課程，抑或社交媒體短片 / 相片，總會在教授正確的知識和示範可靠的技術之餘，更培養學員安全的態度。

另一方面，除了建立訓練系統與課程，亦經常派出代表隊到全球不同地方參與當地的繩索拯救比賽，藉此與各地消防員及高空拯救員競技之餘，亦保持能與國際接軌的最新知識技術水平及人際網路。

2019年11月為中國Grimpday Asia繩索拯救比賽擔任技術支援角色

2022年9月參與比利時Grimpday繩索拯救比賽

2022年12月參與台中市「橋」繩索拯救比賽

2023年5月與澳門繩索協會協辦救援腳架課程

2023年3月參與日本GRIMP JAPAN繩索拯救比賽

2024年2月於香港舉辦教練工作坊

2023年9月參與中國Grimpday Asia繩索拯救比賽

2024年6月代表Grimpday Asia參與比利時Grimpday繩索拯救比賽

2024年4月為內地消防員進行繩索技術考核

CONTENTS 目錄

第 1 章

序章

世界繩索拯救的演進
日本繩索拯救的演進
思考未來的繩索拯救
學習繩索拯救的理由
繩索拯救的傳授方式

世界繩索拯救的演進

繩索的應用大致可分為「軍事」、「運動」、「工業」、「救援」等領域。

繩索的起源最初可追溯至軍事和運動領域，之後這些技術被應用到工業和救援領域，並不斷演進。美國在二戰前（1939年以前）就已經使用繩索進行軍事訓練，而歐洲在1930年代已將洞穴探險視為一種戶外運動，當時使用的繩索皆為麻纖維等天然材質，後來演變為尼龍製。1936年至1947年，歐洲探險隊探索法國最複雜且最長的Dent de Crolles洞穴，據說在1942年的探險中使用了尼龍繩。值得一提是，這支探險隊的其中一位主要成員是後來在1975年創立Petzl公司的著名洞穴探險家——Fernand Petzl。

雙層結構的尼龍編織繩（Kernmantle Rope）於1953年研發成功，自此登山和洞穴等運動器材開始有重大革新。這種繩索在運動界成為主流，使既有的技術更加高效安全。這些技術於1980年代開始，被轉移應用到工業和救援領域。在工業領域中，世界最大的工業繩索技術協會Industrial Rope Access Trade Association（IRATA）International在1980年代末於英國成立，並發展出透過繩索安全進入棚架等難以到達之高空工作的技術，而這些高空工作技術對救援領域亦產生重大影響。

在救援領域方面，英屬哥倫比亞省拯救技術會議British Columbia Council of Technical Rescue（BCCTR）開發了保護能力下墮測試方法Belay Competency Drop Test Method（BCDTM），提出10：1靜態系

統安全係數 Static System Safety Factor（SSSF），確立了使用主繩和保護繩的雙繩救援法（Two-Rope System），這個時期首次量化測試繩索拯救系統和裝備的安全性。

繩索拯救技術持續演進至 2000 年代，主繩與保護繩的受力分配比例不再被設為「100：0」，而是「50：50」，讓兩條繩索均等受力。這更安全的雙主繩系統 Two Tensioned Rope System（TTRS）技術開始普及。

回顧美國消防協會 National Fire Protection Association（NFPA）標準的變遷，繩索和裝備標準（NFPA 1983）始於 1985 年；訓練和運作標準（NFPA 1670）始於 1999 年；救援人員職能要求（NFPA 1006）始於 2000 年，每五至六年修訂一次，並在 2017 年修訂時確立了繩索作業的內容。

此外，比利時於 2006 年開始舉辦繩索拯救比賽 Grimpday，透過技術競技大幅提升了歐洲地區的繩索拯救技術。Grimpday 的影響力甚至逐漸擴及全球，現在已成為每年一度，由來自世界各地，包括南美、北美、亞洲等地的救援隊伍參與的繩索拯救比賽，推廣先進而實用的繩索技術。台中市亦於 2014 年開始舉辦類似賽事，由此可見繩索拯救已在全球掀起一股熱潮。

日本繩索拯救的演進

日本消防領域使用繩索的歷史，始於1955年（昭和30年），當時兩名自衛隊員赴美學習美軍突擊兵課程的繩索技術，其中在突擊兵訓練所使用的尼龍編織繩，後來在日本被稱為「突擊兵繩」。自衛隊員返回日本後，為自衛隊在富士學校設立突擊兵課程，開始提供類似的訓練。隨着高度經濟增長，加上災難現場日益複雜，其時消防隊的知識技術變得難以應付。因此，橫濱市消防局在1963年（昭和38年）派遣了十名隊員至富士學校的瀧之原教導連隊體驗入伍，學習繩索技術，這被認為是日本消防救援的開端。

之後，首創日本救援隊的橫濱市消防局在1965年（昭和40年）6月15日制定「繩索使用教範」，規定了繩索拯救的處理和行動方式。從當時的內容可看出諸如“knot”、“hitch”、“bowline”、“clove hitch”等用字，反映出當時日本當地消防隊吸收了許多從國外學來的技術。

1978年（昭和53年）頒佈的《消防救援救援操法基準（第16章繩索操法）》制定了「繩索使用教範」的內容，在日本消防界確立以三股尼龍繩為基礎的救援技術。然而40多年過去，這些內容幾乎沒有改動。

2003年（平成15年）的救援研討會上，福岡市消防局以「都市型繩索拯救的考察與運用」為題介紹了靜態繩救援技術，開啟轉變的第一步。之後，札幌市消防局遠赴歐洲考察研究，各消防總局亦跟隨積極投入。「都市型繩索拯救」這個名詞開始在日本流行，並逐漸被全國各地消防總局引入，這可被視為日本繩索拯救的黎明期。

2007年（平成19年）救援技術高度化等檢討委員會發佈了「關於使用編織結構繩索等的救援技術」報告書，這項檢討似乎是個轉捩點。

日本國內比賽R5（岩手縣）

日本國內比賽SR4（德島縣）

然而，由於當時美國和歐洲所使用的器材設備和繩索直徑等存在差異，報告內容僅限於介紹各種繩索救援方式。因此，人們關注的不是兩者的共同點，而是其差異，產生了美式、歐式這樣的說法，導致日本國內普遍認為這是兩種互不相容的救援方法。

雖然繩索救援技術在日本迅速普及，但在明確的操作方向性以及公共統一的教育體制建設等方面仍未取得充分進展，陷入了停滯狀態。

加上，三股繩救援技術和靜態繩救援技術雖然都是「使用繩索的救援技術」，但兩者並存的雙重標準局面，卻產生了「一般災難對應技術」與「特殊災難對應技術」的區隔印象。日本國內開始出現認為繩索拯救很麻煩、複雜、應用場合很少等負面意見。

再者，當時消防界開始關注地震救援等各種新技術，消防學校也停止了原本納入課程的繩索拯救教育。整體而言，在日本使用和學習繩索拯救技術的熱潮，一時間隨之逐漸冷卻。

日本國內比賽R4J（群馬縣）

日本隊於2016年首次參加「橋」。

這局面在2009年後再度轉變。日本全國數個地區開始舉辦繩索拯救比賽，以可見的目標為動力，令重新投入繩索拯救的人數開始增加。

之後，在這些賽事中扮演核心角色的人組成隊伍，在2016年（平成28年）首次代表日本參加國外的繩索拯救比賽，讓日本繩索拯救圈發生了重大改變。參賽隊員自行選擇裝備，即場應付假設的情境，這種實戰導向的國際繩索拯救比賽，讓日本隊伍認識到全球且標準化的繩索拯救理念，並徹底改變了過去對繩索拯救的認知。

日本隊於2017年首次參加比利時舉辦的國際比賽Grimpday。

2019年　繩命（中國）冠軍　ARA

2019年　橋（高雄市）冠軍
Japan West 9pm

2019年　橋（高雄市）亞軍　NR Japan

2019年　橋（高雄市）季軍　ARA

2022年　Grimpday（比利時）冠軍
Japan West 9pm

2022年　橋（台中市）亞軍　Start Japan

2022年　橋（台中市）季軍
Japan West 9pm

透過持續挑戰，日本隊伍在國際賽事的名次逐年提升，並於 2019 年（平成 31 年）在中國舉辦的比賽中奪冠，隨後在高雄市舉辦的賽事中包辦前三名，日本繩索拯救技術躍升至世界頂尖。雖然，隨後的新冠疫情導致國外賽事取消，但日本隊伍於 2022 年（令和 4 年）9 月在比利時舉辦的大型國際賽事 Grimpday 中奪得冠軍，並於同年 12 月在台中市舉辦的比賽「橋」中獲得第二、三名，這證明了日本目前的繩索拯救技術已達到世界頂尖水準。

2023年 Grimpday（比利時）第五名 Japan West 9pm

2023年 橋（沖繩）冠軍　NR Japan

2024年 Grimpday（比利時）殿軍 NR Japan

2024年 GRIMP TAIWAN（台中市）冠軍 Start Japan

2024年 GRIMP TAIWAN（台中市）亞軍 Japan West 9pm

2024年 橋（台南市）冠軍　Start Japan

2024年 橋（台南市）季軍　Up State

在這些具有國際比賽經驗的人士領導下，日本於 2020 年（令和 2 年）舉辦了首屆國際級繩索拯救競賽 GRIMP JAPAN，成為當地繩索拯救的里程碑。許多救援相關人員在日本親眼見識到世界級的繩索拯救技術，對繩索拯救有了嶄新的理解和認知，並在日本國內迅速傳播。

此外，2016 年（平成 28 年）的「繩索高空作業」和 2018 年（平成 30 年）的「墜落制止用器具」法規修訂，也對繩索拯救產生重大影響。這些修例是朝向全球標準化的轉變，與繩索拯救（繩索技術）息息相關。也就是說，繩索拯救等同符合日本國內法規的行動。

2020年　第一屆GRIMP JAPAN 冠軍
NR Japan

2021年　第二屆GRIMP JAPAN 冠軍
Japan West 9pm

世界與日本的不同

回顧世界與日本繩索拯救的演進後，讀者們有甚麼感想？

就救援領域而言，世界的繩索技術並非源遠流長，在全球都是近年才興起的事物。而且，這項技術明顯地仍在原有基礎上逐步更新和變化的。以日本而言，雖然繩索技術被引入消防界的時間點和世界相差約 20 年，但從目前的情況看來差距不大，甚至已達到世界頂尖水準。

此外，觀乎日本國內繩索拯救的裝備配置和運用現況，在全國 723 間消防總局中已有 98% 具備繩索拯救裝備，而完全沒有配備的消防總局只得 16 間。相對地，救援工作完全使用靜態繩的有 29 間消防總局，救援和消防皆使用靜態繩的有 23 間消防總局，合計 52 間消防總局已轉型為繩索拯救。

值得一提的是，同時併用靜態繩和三股繩的消防總局佔 84%，全國大多數消防總局仍在運用兩種繩索拯救技術。（資料來源：2022 年 GRIMP JAPAN 調查）

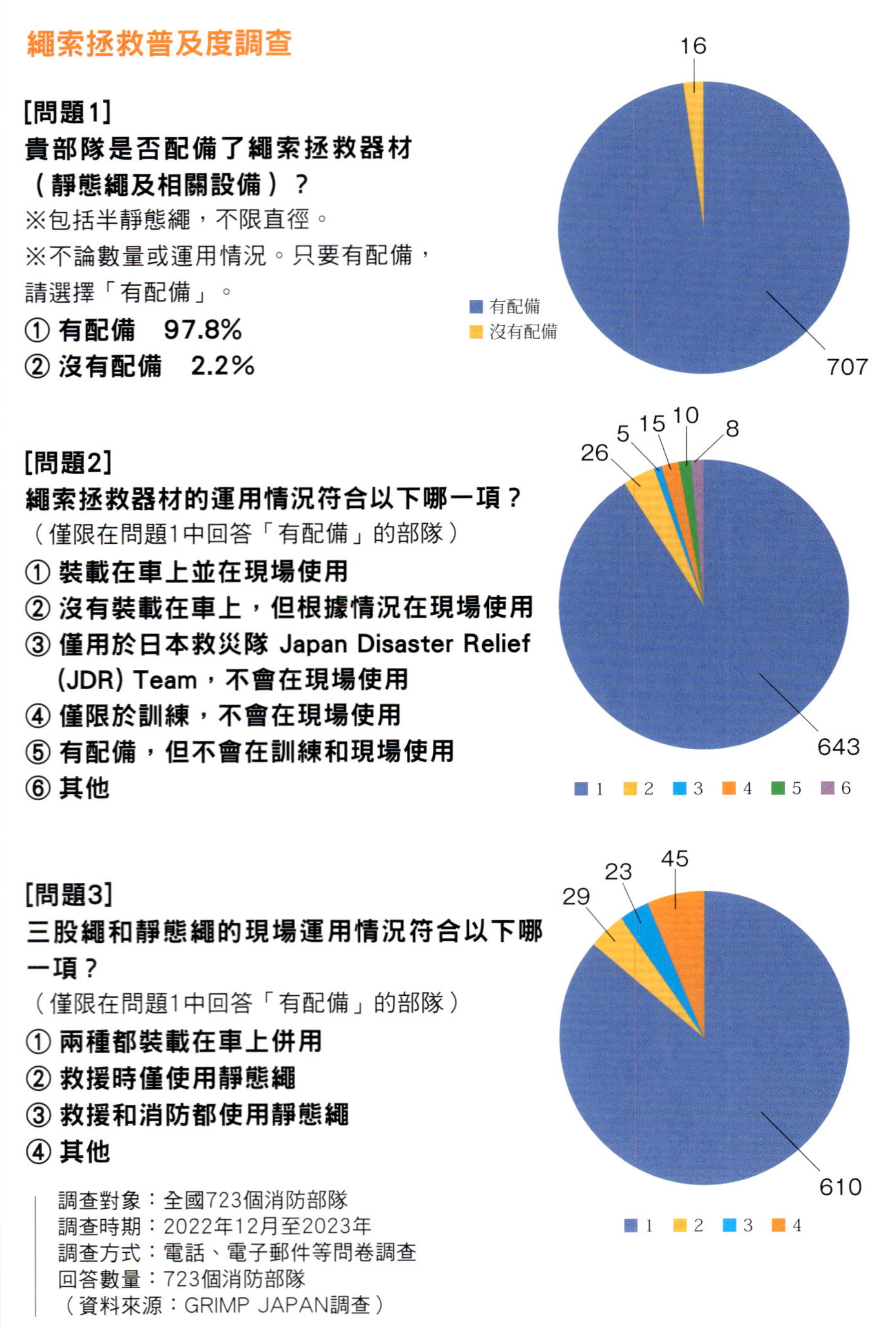

繩索拯救普及度調查

[問題1]
貴部隊是否配備了繩索拯救器材（靜態繩及相關設備）？
※包括半靜態繩，不限直徑。
※不論數量或運用情況。只要有配備，請選擇「有配備」。

① 有配備　97.8%
② 沒有配備　2.2%

[問題2]
繩索拯救器材的運用情況符合以下哪一項？
（僅限在問題1中回答「有配備」的部隊）

① 裝載在車上並在現場使用
② 沒有裝載在車上，但根據情況在現場使用
③ 僅用於日本救災隊 Japan Disaster Relief (JDR) Team，不會在現場使用
④ 僅限於訓練，不會在現場使用
⑤ 有配備，但不會在訓練和現場使用
⑥ 其他

[問題3]
三股繩和靜態繩的現場運用情況符合以下哪一項？
（僅限在問題1中回答「有配備」的部隊）

① 兩種都裝載在車上併用
② 救援時僅使用靜態繩
③ 救援和消防都使用靜態繩
④ 其他

調查對象：全國723個消防部隊
調查時期：2022年12月至2023年
調查方式：電話、電子郵件等問卷調查
回答數量：723個消防部隊
（資料來源：GRIMP JAPAN調查）

世界與日本唯一的不同是甚麼？世界是變化中並持續更新，而日本擁有兩種標準，僅此而已。

思考未來的繩索拯救

從如何做（How to）至為何做（Why to）

近年大幅變革的繩索拯救，究竟改變了甚麼？

其實技術層面而言，並沒有太大改變；真正改變的，是對繩索拯救的「認知」和「思考模式」。繩索拯救在「哨子（Whistle）」和「剪刀（Scissors）」的大原則下，其實存在着多樣的思維和拯救方式，其中包含了思維的「闊度」。

日本隊伍自2016年參加國外比賽開始，從評審環節學到了繩索拯救的思考模式：「為甚麼要這樣做？」。評審員在比賽期間會詢問參賽隊伍「為甚麼要這樣做？」，只要參賽隊伍能解釋當中的理由而且合理，即使或與標準作法不同，也不會被扣分。這反映了在國際上拯救員對繩索拯救存在多樣的理解，重要的是他們能夠解釋自己的使用理由。

2022年在和歌山縣舉行的GRIMP JAPAN Rope Rescue Meeting（RRM）。

過去日本的繩索拯救傾向注重技術（如何做 How to），透過忠實地複習從訓練中學到的技術。而在國際繩索拯救現場，拯救員重視「為甚麼要這樣做（Why）」的理由，實踐「思考理由的繩索拯救」。他們明白在「哨子和剪刀」原則下，思維也存在着不同的「闊度」，答案可以多於一個。因此，原本被認為是不同的繩索拯救系統，事實上都是相同的東西；原本被認為不可行的方法，在某些情況下卻是可行的。這些新的理解和認知，在日本國內迅速傳播開去。因此，未來考慮繩索拯救的首個重點是，思考「為甚麼要這樣做（Why）」，而不是「如何做（How to）」。

行動檢討會議要反思為甚麼要這樣做（Why）而不單是如何做（How to）。

迅速與安全

第二個重點則是「拯救行動」。使用繩索的技術可分為軍事、運動、工業、救援等多個領域，縱使做的事情相似，但「使用情境」卻截然不同。救援行動除要安全確實地處理，還需要根據緊急程度和嚴重程度作現場判斷。

「迅速」和「安全」在某程度上是對立的。例如，追求迅速的極致可被視為「運動」，追求安全的極致可被視為「工業」。那麼救援應該如何定位？基本上應該和注重安全的工業一樣。然而在此基礎上，有時必需大幅轉向追求「迅速」，這正是救援行動的特點。

可以用紅綠燈來比喻繩索技術。「紅燈停」、「綠燈行」，那麼黃燈呢？一般是「黃燈停」。這比喻放到運動和工業領域，大概也是「黃燈停」。不過，在軍事行動和救援行動中，可能會是「黃燈在盡可能注意安全的情況下通行」。

不過這並非隨便判斷的。作者特意提出這一點，是為了讓讀者思考救援行動的特殊性，提升繩索拯救技術。請再三注意，這絕不意味着拯救期間可以隨心所為。

一位國外消防員有次看到日本的繩索拯救行動後，對那種在極端情況下沒有任何穩固點也能使用的技術，他們對此表示「這是一項了不起的技術，但這是日本的標準嗎？」接着說：「我們也會遇到極端情況，那時我們亦必需竭盡所能處理救援行動，但這意味着會增加各種風險。所以，我們認為不應把這些極端的情況作為標準。首先要有符合安全標準的基本技術，再在此基礎上要有應付緊急情況的應變能力。這不是必要嗎？」這句話，說出了今後我們在繩索拯救應有的發展方向。

拯救員要理解救援行動的特殊性，並根據緊急程度和嚴重程度採取適當的應對措施，就必需先掌握安全可靠的拯救技術。這種安全可靠的標準，是在緊急情況下做出正確判斷和應對的基礎，這也就是救援行動。當掌握能夠安全行動的可靠技術之後，第二個非常重要的關鍵，就是要具備根據各種情況適當判斷的能力。

正確答案不只一個

如前文所述，繩索拯救有多種思考模式，而且思考模式存在不同闊度。使用的技術時也會因現場情況而有所不同。拯救員需綜合以下情況，如現場環境、拯救員技能、傷者的緊急和嚴重程度，決定現場行動細節。

未來繩索拯救的方向，應是培養「理解並接受差異的能力」：

- **接受救援行動中存在的灰色地帶**
- **不要只關注差異，而要關注共通的重要原則，理解其背後的闊度和理由（Why）**
- **為此，拯救員應考慮其原理、原則和理由（Why）**

這種能力，能讓拯救員理解各種繩索拯救技巧和思考模式。差異不再是差異，不同的繩索拯救方式也可以更加簡單地被接納；從安全可靠的基礎出發，根據緊急程度適當地調整行動細節，拯救員就能完成救援。

「如何理解和接受繩索拯救」，是未來在繩索拯救上重要的思考關鍵。

學習繩索拯救的理由

如前文所述，日本使用了 40 多年的救援方法屬於前人努力的結晶，是一套完善的技術。它使用了直徑 12mm 的尼龍三股繩，通過在繩上打結，掛上鎖扣，有時配合滑輪設置各種系統來進行拯救行動。

然而，這套完善的救援方法也存在潛在的風險。

三股繩救援法可以説是「依賴人的方法」，依賴拯救員打的繩結和個人力量等。其中特別依賴的是「保護」。三股繩因扭的結構，表面凹凸不平，還會因拉伸而大幅改變繩索粗細，所以很難以器具「抓住」，只能用人手抓或用身體壓住等方式保護。此外在攀爬繩索時，也會受個人握力、體力和技術的影響。

隨着時代發展，建築物越來越高，其結構越來越複雜，相應的技術和裝備也在不斷進步。使用符合國際認證標準的繩索和裝備，在大樓外牆、橋下、水壩、風力發電機等地方進行高空工作的工人也在增加。此外，由於氣候變化導致自然災害頻生等各種情況，災難也變得更加複雜。

傳統救援方法的「不確定性」，已成為要安全可靠地處理災難時的一大風險。為了消除這種不確定性，世界各地持續更新繩索拯救技術，使其更加安全可靠，也更具適應性。使用低延展率和可搭配多種裝備的繩索，可以減少因延展而造成的損失，提高工作效率，使拯救時即使鬆手也不會讓救援負荷下墮。

這並不代表有兩種繩索拯救技術，而是為了達致更安全可靠，適應性更強的繩索拯救技術自然地升級了。

無論採用何種方式，只要使用繩索的救援方法都是「繩索救援」，並且是持續更新至更安全、更具應變能力的救援技術。

學習繩索救援的理由很簡單。沒有不去做的理由！

繩索拯救的傳授方式

傳授繩索拯救知識和技術的方式其實很簡單，只需閱讀裝備附帶的說明書並理解其性能，傳授必要的基本打結方法、穩固點的概念和設置方法、根據現場情況使用系統的方法即可。本書按照這一順序編排，方便作為參考書使用。

但是，氛圍是傳授知識技術時的重點，以下將會介紹「傳授時的氛圍」。

在災難現場中進行救援時，需要用到心、技、體各方面能力，這點和以前一樣。不過，若然要仔細地說有甚麼不同，那就是「平靜地行動」。去國外參賽時，讓我驚訝的是高水平的國外隊伍，總是沉著冷靜地行動；行動時耳中所聽的，都是平靜地所傳達的必要信息而非叫喊聲，然後迅速完成救援。當問到該支隊伍為甚麼這樣行動，他們回答：「救援行動需要的是冷靜。叫喊不單導致失去冷靜，也會妨礙傳達必要的信息。叫喊或許能消除自己的不安，但這也反映應對災難的訓練不足。其實，訓練時應同樣沉著冷靜地進行，這才能在災難現場中做到相同的表現。」

這點在溝通的時候也很重要。如果信息發出者能冷靜地說明理由，信息接收者應更能掌握行動細節。

「確實的知識帶來勇氣，
準確的技術帶來成果，
誠摯的心是一切的原動力。」

冷靜理性地說明理由，才能更好地傳授確實的知識和準確的技術；掌握了確實知識和準確技術的拯救員，便能獲得勇氣和誠摯的心。知識、技術、勇氣、誠摯的心，與災難現場中的冷靜密不可分。

繩索拯救有時會在像水中或火中一樣危險的環境下進行，為了在這種環境更安全地行動，作者希望大家能「在訓練期間沉著冷靜，認真仔細地說明行動理由」。

第 2 章

基本篇

兩點連接的思考方式

裝備

繩結

穩固點

機械增益系統

岩角防護

兩點連接的思考方式

日本國內法例修訂

在2016年（平成28年1月1日）起實施的《勞動安全衛生規則》修正中，關於使用繩索進行高空作業時必需有兩點連接有以下規定：

《勞動安全衛生規則》第539條第2項（設置生命線）：

在進行繩索高空作業時，除了連接身體保護具的「主繩」以外，還需要設置1條符合下墮制停要求的「生命線」（即後備繩Backup Rope）。

《勞動安全衛生規則》第539條第3項（主繩等的強度等）：

主繩和生命線應分別固定在工作位置上方不同的堅固繫穩物，不能鬆脫。

也就是說，除了主繩外，還需要後備繩（即生命線）共2條繩索，而且需要分別緊結在不同的堅固繫穩物上。這一點已在規則中明確註明了。

在進行繩索高空作業時，「2繩·2點」是基本原則。另外，《勞動安全衛生規則》中所說的「繩索高空作業」，是指在以下場所的行動：

在高度2m以上而難以設置工作平台的位置使用升降工具，勞動者依靠升降工具支撐身體進行的作業（不包括在40度以下斜面的作業）。

除了設置生命線，關於「繩索高空作業」還收錄了特殊教育、繩索強度、鎖扣和扁帶強度等內容。因此，從事繩索高空作業的人員必需理解這些內容後才進行高空工作。

了解國際標準 ISO22846

不僅在日本，全球各地在進行繩索高空作業時，也規定採用兩點連接的「2 繩・2 點」原則。

國際標準化組織 International Organization for Standardization（ISO）於 2003 年制定了規定繩索作業基本內容的標準。該標準規定了繩索高空作業的基本原則，收錄如下：

ISO22846-1的部分摘錄：

- **雙重保護原則（例如：主繩和後備繩）**
- **工作系統和後備系統必需直接連接在安全帶上**

此外，作為歐洲統一標準的 EN 標準，關於繩索作業的基本事項也有以下內容：

EN標準的部分摘錄：

- **高空作業員必需一直連接在多條繩索上**
- **多條繩索必需分別固定在不同的穩固點上**
- **當主繩失效時，後備繩制停下墮**

由此可知，不僅在日本，國際標準也收錄了關於兩點連接的內容，可見全球重視「2 繩・2 點」原則對繩索作業的重要性。

哨子和剪刀原則

如前文所述，在拯救行動中必需嚴格遵守「2 繩·2 點」原則來設置系統，但像使用水平或斜向繃緊繩的複雜系統，僅憑「2 繩·2 點」的原則有時難以設置。在這種情況下，利用「哨子和剪刀」的原則來審視系統，就能更容易理解所設置的系統是否保持了兩點連接，是否存在缺陷。

首先哨子測試（Whistle Test）代表在救援過程中，如果哨子在非預期的時間響起，即使鬆開手上操作的裝備，救援負荷（傷者或拯救員）也不會下墮到地面。其次剪刀測試（Scissors Test）是指，即使用剪刀剪斷繩索或扁帶等裝備的任何一處，救援負荷也不會下墮到地面。按照這種思路，如果在拯救期間鬆手也不會掉落，剪斷裝備任何一處亦不會掉落的系統，就確保了兩點連接。

問題　在下面的 1 和 2 中，哪一個系統沒有確保兩點連接，不符合「哨子和剪刀」原則？

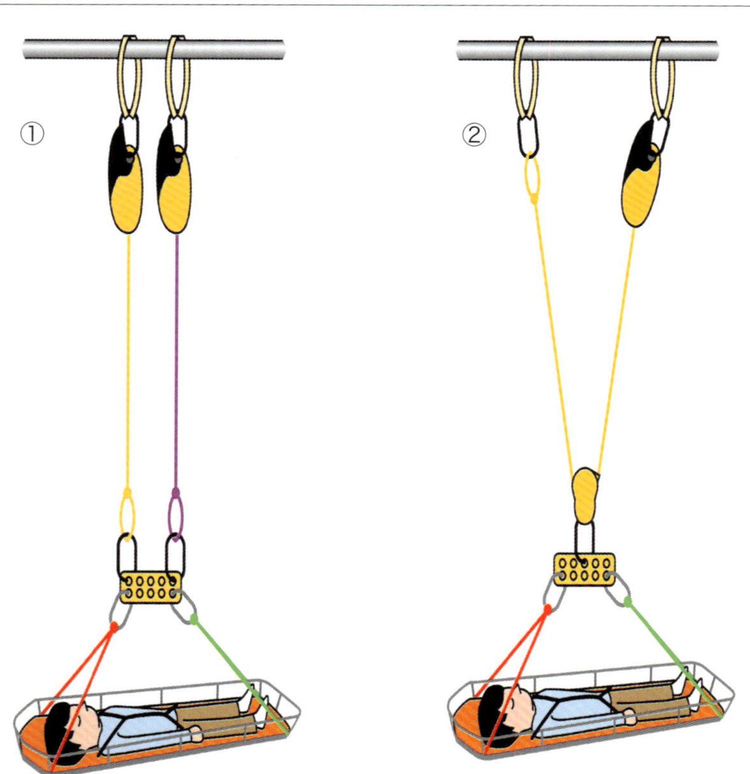

答案	**即使因哨子聲而鬆開手上操作的裝備，救援負荷也不會從系統1或2下墮，但如果剪斷1條繩索，唯獨系統2會下墮。所以，答案是系統2。**

對於「哨子和剪刀」原則，有各種各樣的看法。例如關於剪刀，繩索和扁帶等纖維類工具必需設置不管剪斷哪裏都不會掉落的系統，但鎖扣、滑輪和分力板又如何呢？

從剪刀可以剪斷的想法來看，鎖扣和滑輪也需要第二點作後備連接以確保安全。另一種看法是，鎖扣和滑輪等裝備需不斷檢查異常與否，如果在裝備的承重範圍內使用，則不需要第二點作後備連接。這種想法雖與可以被剪刀剪斷的原則不同，但也是正確的。

採用哪種想法來運用都沒有問題，但重要的是所有使用者對此要有共識。

兩點連接：後備滑輪系統

如果將 2 條繩索分別通過 2 個單滑輪沒有任何問題；但如果設置了雙滑輪，需要在甚麼情況連接第二點作後備呢？

在雙滑輪的連接點上安裝 2 個鎖扣如何？如果產品規格認可的話，在確保兩點連接上沒有問題，但考慮到雙滑輪的側板或連接點可能斷裂又如何？

對於需要在甚麼程度上連接第二點作後備有各種看法。因此，團隊內部應認為所有裝備都需要連接第二點作後備確保安全？還是只有鎖扣需要後備連接？這種共識很重要。

其中一種方法是，以短連接作為雙滑輪的後備，以確保兩點連接。

第二點連接作後備的例子1：
沒有後備連接的滑輪

第二點連接作後備的例子2：
有後備連接的滑輪

分力板也要重疊 2 塊使用嗎？

為了確保兩點連接，分力板也需要重疊 2 塊使用嗎？

分力板基本上不會因人為因素而故障，不會像鎖扣那樣忘記鎖上。此外，它是 1 塊金屬板，如果是正規廠商的產品，強度是可以信賴的。因此，不需要重疊 2 塊分力板來使用，甚至更多人認為 1 塊就足夠可靠。

考慮到反覆使用導致發生金屬疲勞等故障因素，用 2 塊也沒有問題；可是這會使裝備數量變多，所以所有使用者同樣都需對此有共識。因此，在拯救行動中會使用下圖所展示的各種裝備，但重要的是所有使用者要就哪些裝備需要連接第二點作後備，如何設置後備系統上達成共識。

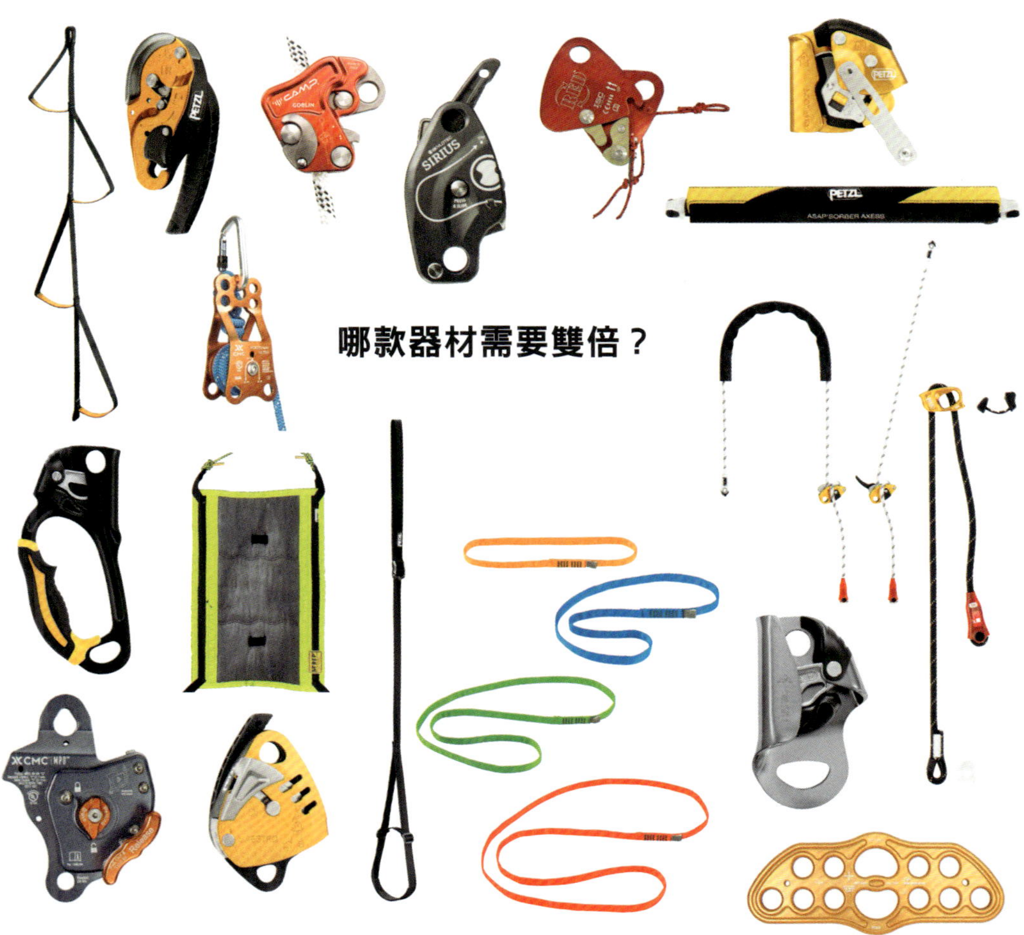

裝備

個人裝備

在繩索拯救中使用的裝備有各種標準。標準即是「要製造這樣產品」的規定；在日本有日本產業標準 Japanese Industrial Standards（JIS），但 JIS 是工業用標準，沒有涵蓋所有繩索拯救所需的標準。放眼世界，除了前面介紹的 ISO 或 EN，還有美國消防協會 National Fire Protection Association（NFPA）和國際攀山聯盟 Union Internationale des Associations d'Alpinisme（UIAA）等。其中，繩索拯救所需的個人裝備有以下一些裝備及其標準，在此介紹其中一部分。

需要注意的是，同一種裝備可能獲得多個標準認證，但這裏只收錄 EN 標準。

除了個人裝備之外，我們將介紹團隊裝備。市面上有許多不同品牌的產品，以下介紹的只是器材的種類及用途，並不代表我們推薦這些器材。
此外，雖然我們介紹了救援行動所需的個人裝備和團隊器材，但實際使用時，使用者務必先理解每個器材的說明書內容，並按照指示操作器材。

頭盔
Helmet
工業用 / 登山用頭盔
規格：EN397、EN12492
目的：保護頭部免受下墮物傷害

後備裝置
Backup Device
規格：EN12841 typeA
目的：制停下墮、滑落、失控下降等

上升器
Ascender
規格：EN12841 typeB
目的：繩索上升

安全帶
Harness
規格：EN361
目的：確保使用者的安全

挽索
Lanyard
規格：EN354
目的：限制工作範圍，防止裝備掉落

下降器
Descender
規格：EN12841 typeC
目的：繩索下降

鎖扣（Carabiner）

鎖扣是連接下降器和後備裝置等絕不可缺少的裝備。鎖扣的形狀分為O型、D型和梨形。某些有自動鎖定功能的鎖扣，在鬆開鎖門時會自動鎖定，需要根據用途選擇適合的形狀。

Rock Exotica RockO Up-Lock 鎖扣
EN362 EN12275

- 重量：73g
- 斷裂強度：縱軸25kN，橫軸11kN，閘門開啟6kN
- 開口寬度：24mm

安全帶（Harness）

安全帶由多條織帶組成，可減少身體從安全帶中滑出或胸腹部被壓迫的風險。使用時需要按照2019年（平成31年1月2日）實施的「安全使用下墮制停器具指南」。

另外，有的安全帶沒有配備胸式上升器Chest Ascender（胸升），或需要將胸式安全帶和座式安全帶組合使用等不同類型。

PETZL
FALCON + TOP-CROLL-L

- FALCON 重量：915g（size1）/ 945g（size2）
- TOP-CROLL-L 重量：600g

下降器（Descender）

下降器是連接在主繩，可讓身體保持在繩索上，控制下降速度的裝備。除了下降，還可用於繩索上升或拖拉系統（Hauling）、拉緊繩索。關於標準，主要使用符合 EN12841 typeC 的裝備；根據裝備不同，有具備防驚慌制停功能或較高效率滑輪等各種類型。

❶ PETZL I'D S EN12841 typeC

- 適用繩索直徑為10mm至11.5mm的「I'D S」和12.5mm至13mm的「I'D L」
- 「I'D S」的最大工作負荷250kg（救援時）
- 在「I'D S」的情況下，150至250kg的下降需要使用制動鎖扣來控制速度
- 下降速度需控制在2m／s（雙人荷重使用時需控制在0.5m／s）

❷ Climbing Technology Sparrow 200R EN12841 typeC

- 適用繩索直徑11mm
- 最大工作負荷210kg
- 利用內置的回鈎，在下降時能無需額外添加鎖扣，即可增加摩擦

❸ CAMP Giant EN12841 typeC

- 適用繩索直徑9.9mm至11.5mm
- 最大工作負荷210kg（使用10mm至10.9mm）／250kg（使用11mm至11.5mm）
- 斷裂強度荷重20kN

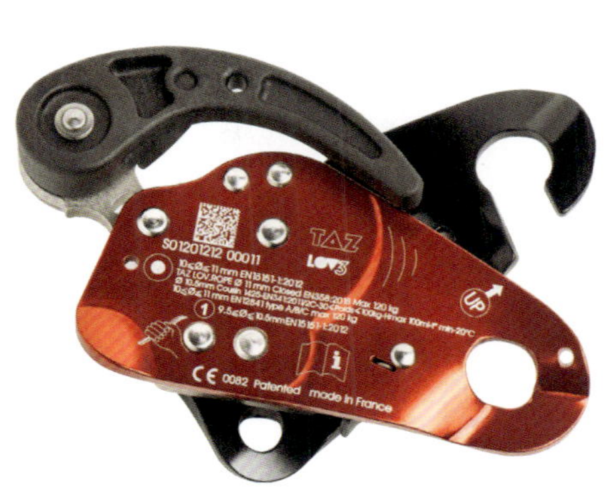

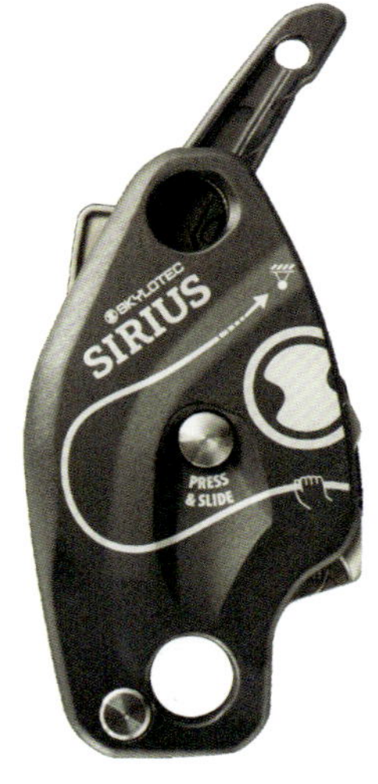

④ **TAZ Lov3 EN12841 typeABC**

- 適用繩索直徑10mm至11mm
- 最大工作負荷200kg（救援時）
- 可安裝在承重或繃緊的繩索上，適用於下降和攀登

⑤ **Skylotec Sirius EN12841 typeC**

- 適用繩索直徑10mm至12mm
- 最大工作負荷250kg

後備裝置（Backup Device）

將後備裝置連接在連接了下降器的主繩的另一條繩索上使用，這條後備繩可在主繩斷裂時制停救援負荷下墮，緩減衝擊。

另外如果在 40 度以下的斜面或梯子攀登時滑腳，也可制停下墮。注意事項是，要一直確保後備裝置保持在較高位置使用，避免下墮係數變大。在救援系統中使用時，需要收緊繩索，避免繩索鬆弛。

① **PETZL ASAP LOCK EN12841 typeA**

- 必需與製造商指定的勢能吸收器一起使用
- 通常與ASAP'SORBER AXESS一起使用
- 連接到安全帶的止墜連接點
- 與ASAP'SORBER AXESS一起使用時，在救援中可承受最大荷重250kg
- 最大允許下墮係數為2
- 為防止下墮時與障礙物接觸，需在使用者的下方預留稱為「淨空距離」的最低限度空間。淨空距離需考慮下墮距離、ASAP LOCK鎖定距離、勢能吸收器展開長度、使用者身高、繩索延展率和1m安全距離等因素
- 需確保繩索一直能夠順暢地從ASAP LOCK滑過，並注意保持繩索不鬆弛

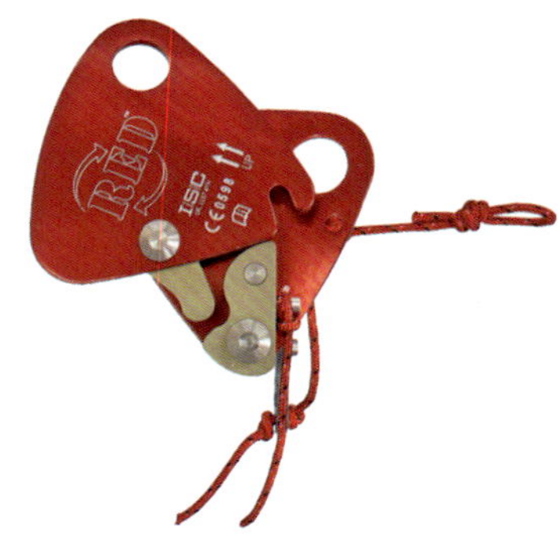

❷ CAMP Goblin EN12841 typeA、B

- 適用繩索直徑10mm至11mm
- 通常使用時可承重120kg，救援時可承重200kg
- 需要使用Goblin的專用挽索
- 透過按下本體側部的按鈕，可以切換到上升模式

❸ ISC RED EN12841 typeA

- 適用繩索直徑10.5mm至11mm
- 最大工作負荷可達240kg
- 需要與動態繩挽索一起使用
（包括鎖扣在內，總長度需控制在80cm以內）

上升器（Ascender）

在上升時，連接在主繩上輔助上升的裝備。另外根據產品不同，也可在拖拉時以之加設機械增益系統。

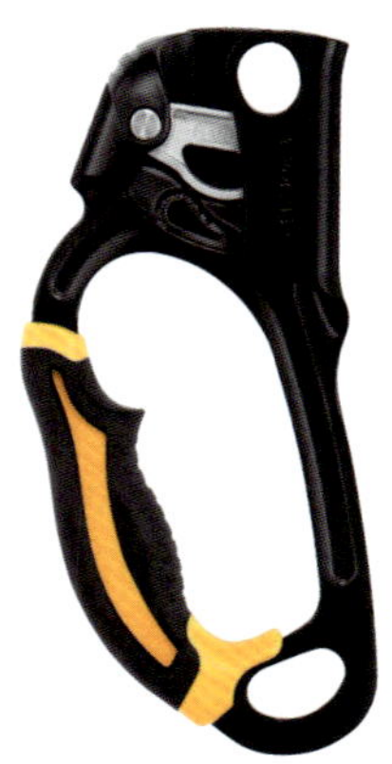

❶ PETZL Ascension EN12841 typeB

- 適用繩索直徑8mm至13mm
- 最大工作負荷140kg

❷ Climbing Technology Quick Roll EN12841 typeB

- 適用繩索直徑10mm至13mm
- 最大工作負荷140kg
- 與滑輪一體化的上升器，方便於攀登

❸ 腳繩 Foot Tape

- 與上升器一同在繩索攀登時使用
- 可調節長度的伸縮帶

④ 繩梯環（Etriers）

・配合上升器使用，用於繩索攀登
・有4個腳圈

⑤ CAMP Turbofoot EVO

・在繩索攀登時，與胸升或手式上升器Handled Ascender（手升）結合使用，使用者能更有效和更快速上升
・適用繩索直徑8mm至13mm

可調節挽索（Adjustable Lanyard）

在地形不好的地方，或想在繩索上保持姿勢而使用的可調節挽索。可用於工作定位，或限制工作範圍系統以防止接近有下墮風險的區域，但不能用作後備裝置制停下墮。

① PETZL Grillon EN358 EN12841 typeC

・最大工作負荷140kg
・繩索長度有多種選擇，從2m到20m不等
・也可用作穩固點（EN795）或水平生命線

② PETZL PROGRESS ADJUST-I EN358

・最大工作負荷140kg
・也可用作穩固點（EN795）

團隊裝備

為了救出傷者，岩角防護裝備、用於拖拉的裝備、擔架等團隊裝備必不可少。

要注意，各種裝備的數量不是愈多愈好。考慮到裝備搬運，在用於救援的各種救援系統中，掌握維持最少所需裝備的能力也很重要。

與個人裝備一樣，以下將介紹部分團隊裝備的種類及其標準。

基本裝備

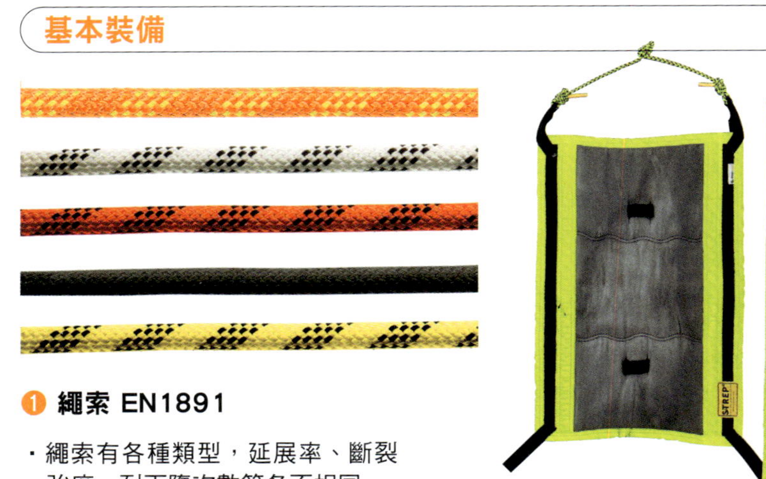

❶ 繩索 EN1891

- 繩索有各種類型，延展率、斷裂強度、耐下墜次數等各不相同
- EN規格分為A型和B型，繩索拯救必需使用更嚴格的A型繩索

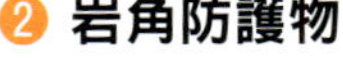

❷ 岩角防護物

- 保護繩索，免受銳利角或高溫表面磨損割斷的裝備
- 分為布製和金屬製等類型。當繩索在粗糙表面／銳利角邊緣上，下放或提升負荷移動時，不宜使用防護布，而應設置金屬製岩角滾輪

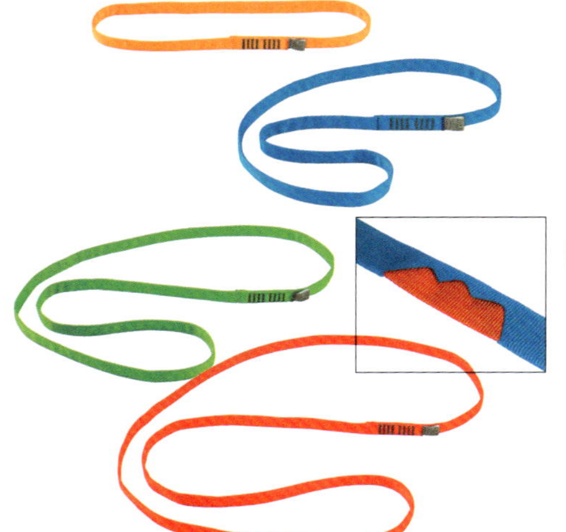

❸ 扁帶環 EN795

- 連接繩索至繫穩物的必需品
- 用於鋼筋或混凝土塊等有銳利角邊的結構時，需要防護該結構或在扁帶環上使用防護套，有些產品預先安裝了防護套
- 有尼龍和Dyneema等各種材質

高效下降器及機械增益裝備

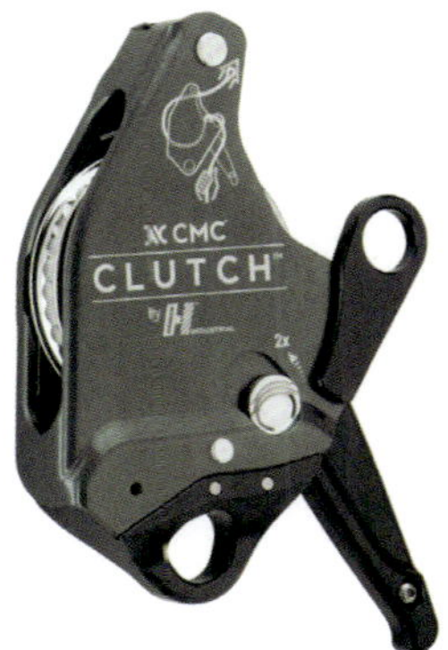

❶ CMC Clutch EN12841 typeC

- 適用繩索直徑有10.5mm至11mm和12.5mm至13mm兩種
- 最大工作負荷272 kg
- 配備22kN的連接孔，可用於機械增益系統
- 相比其他下降器，具有更高的拖拉效率，因此可以快速提升

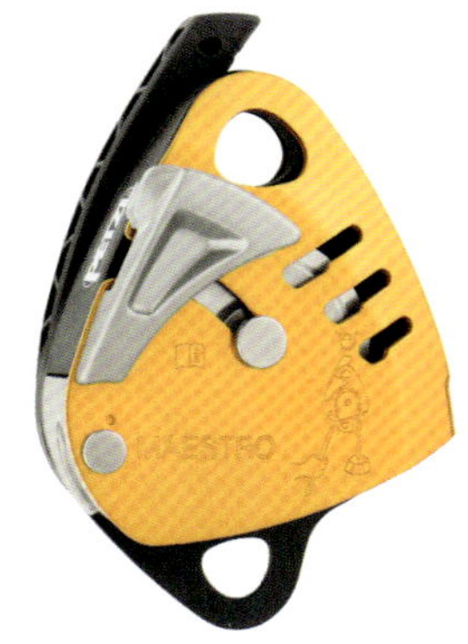

❷ PETZL MAESTRO EN12841 typeC

- 結合了滑輪和下降器功能的下降器
- 適用繩索直徑10至11.5mm的「MAESTRO S」和12.5至13mm的「MAESTRO L」
- 「MAESTRO S」最大工作負荷250kg

❸ CMC MPD

- 結合了滑輪和下降器功能的下降器
- 可用繩索直徑分為11mm和13mm
- 作為滑輪使用的斷裂強度為49kN
- 作為下降器使用的斷裂強度為20kN
- 29kN的連接孔可用作機械增益系統

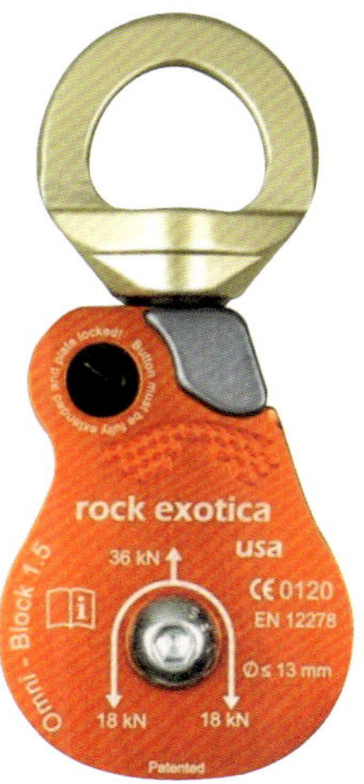

❹ Rock Exotica Omni-Block CE EN12278

- 滑輪具有萬向功能，即是在負重狀態也可改變滑輪方向
- 無需卸下鎖扣即可裝卸繩索

⑤ PETZL Roll Clip Z EN12278

- 易於連接穩固點，適合連接裝備的鎖扣型滑輪
- 適用繩索直徑7至13mm
- 最大工作負荷4kN，縱軸斷裂強度為20Kn

⑥ CMC Knot Passing Pulley EN12278

- 可通過繩結的滑輪

⑦ PETZL BASIC EN12841 typeB

- 較大的下孔適合輕鬆扣入挽索和腳繩的鎖扣
- 適用繩索直徑8至11mm
- 標稱最大負重140kg

⑧ PETZL RESCUCENDER EN12841 typeB

- 適用於拖拉系統的機械增益系統和防止繩索回動的裝置
- 適用繩索直徑9至13mm
- 開始滑動負荷4kN
- 標稱最大負重140kg

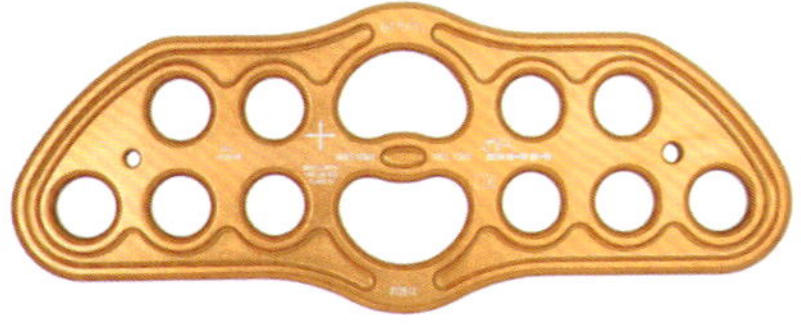

⑨ 分力板

- 有多個能整理穩固點的連接孔，設置多物式穩固點

⑩ AZTEK

- AZTEK可作為4:1或5:1機械增益，它亦可作自我保護Self Belay。由於收納在小巧的包袋裏，可作為常備的救援套件

高處轉向設置裝備

將細引繩穿過樹頂或高處結構，藉此在高處設置新轉向的裝備。另外像Arizona Vortex，也有可在現場既有結構以外設置高處轉向的裝備。

❶ 投擲繩包和重物

- 1.6至3mm的投擲繩與重物組合使用。重物輕重不一。重量輕則易於控制，但相比較重者，穿透樹枝等障礙物的能力較弱

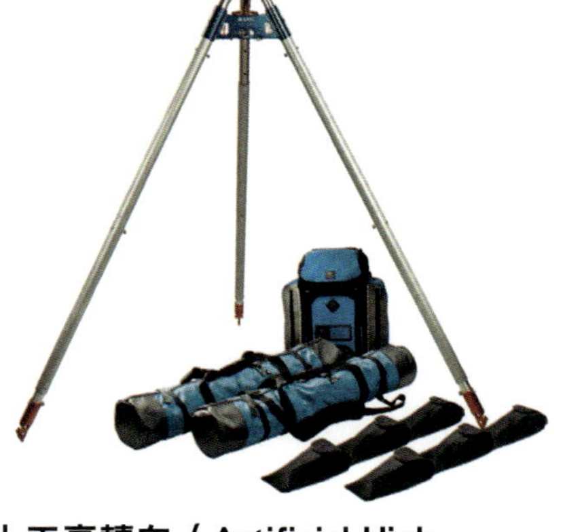

❷ 人工高轉向（Artificial High Directional）救援腳架

- 在高處沒有繫穩物的環境下，可設置Arizona Vortex等救援腳架作高處轉向。除了常規的三腳架（Tripod），也可根據現場情況作兩腳架（Bipod）或獨腳架（Monopod / Gin pole）使用。另外，腳架上有多個插孔，以便調整長度和位置

❸ Big Shot拋繩器

- 可準確地遠距離發射投擲繩及重物

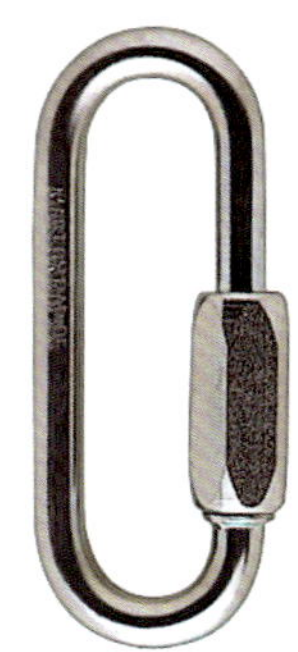

④ 樹皮保護器（Cambium Saver / Friction Saver）

- 兩端有金屬環的穩固點扁帶
- 除了讓繩索順暢地滑動外，還能保護樹幹

⑤ 快連接 / 梅龍鎖（Quick Link）

- 鋼製橢圓型快速連接環
- 比鎖扣更小，用扳手（士巴拿）鎖緊可長期使用，用於設置高處轉向等

擔架

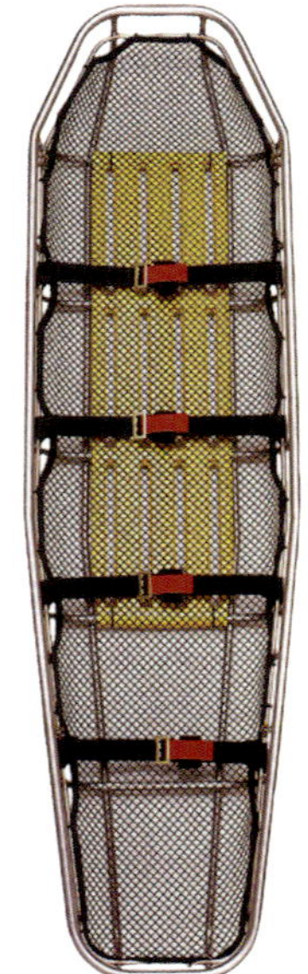

船型擔架

- 有全封閉式，可在地面拖動的船型擔架，和為輕量化、減小風阻而採用網狀底部的款式
- 另外有一體式和可拆式設計，後者便於攜帶

SKED捲式擔架

- 可將傷者牢緊地固定的擔架，用於狹窄空間等救援場合，在有限空間內拖拽搬運，由於它可以水平和垂直懸掛，因此也可以用作繩索拯救

擔架吊帶的設置方法

擔架吊帶的設置方式繁多，假如能把它設置成可輕鬆地在垂直和水平之間轉換，就能應對各種拯救行動。將懸吊的傷者穩妥地固定在擔架後，當拯救路線中有部分狹窄空間需要短暫垂直擔架時，擔架的垂直水平轉換系統尤其有效。為此，在擔架腳側設置 AZTEK，可以讓擔架輕鬆地在水平與垂直之間轉換變化。

此外，為了防止傷者在擔架轉為垂直時下滑，有時需要設置腳板和胸部固定帶。

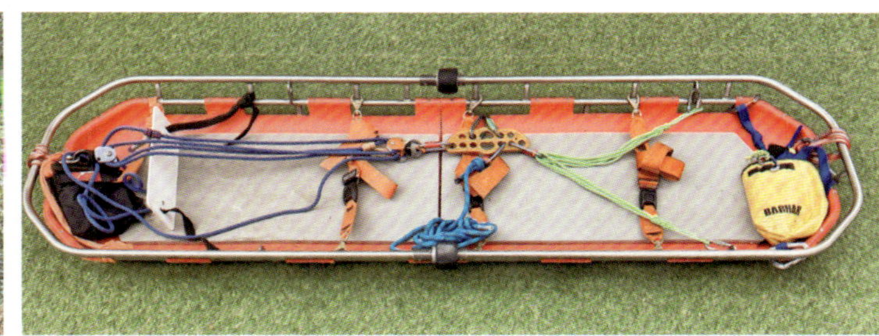

為了在救援時方便收回擔架，會在頭側或腳側位置使用扁帶環等設置手挽帶。

繩結

世界上的繩結種類不勝枚舉。根據繩索類型（如絞合繩和編織繩）、材質（尼龍、聚酯和芳綸等）或直徑大小等，所使用的繩結均各有不同，本書無法一一收錄。因此，本節將介紹繩索拯救之中最常用的 9 個基本繩結。另外，打所有繩結的要點是遵循以下三個步驟：Tie（打結）、Dress（調整）、Set（固定）。不恰當的繩結不僅會減弱強度，還會增加檢查拯救員的負擔。適當收緊鬆弛部分，在繩索末端預留適當長度，打出讓人一目了然的整齊繩結，可以讓整個系統更安全。

※ 各種繩結的強度減弱值大約為 20 至 40% 之間，僅根據各種參考文獻整合得出的參考值。

結 (Knot)

主要用作防止繩端鬆脫

1. 雙反手結（Double Overhand Knot）

反手結（Overhand Knot）的環繞部分加至 2 圈，用作防止繩端鬆脫。打在繩索末端內側約 20cm 處，可提高緊急情況下的通用性。

[所需繩長：約 40cm]

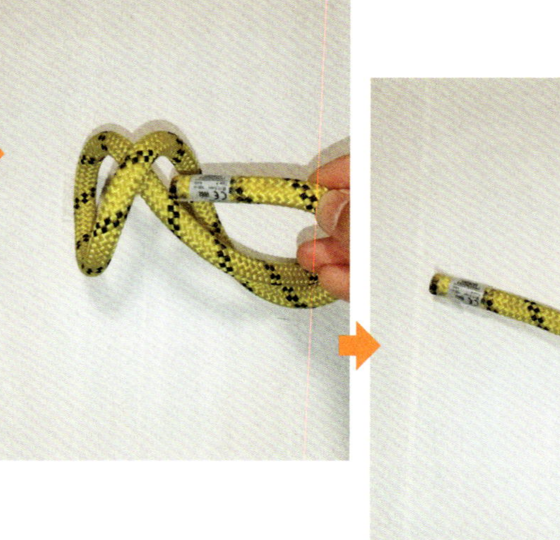

2. 8字結（Figure Eight Knot）

單獨使用時用作防止繩端鬆脫，是後頁介紹的雙 8 字結和雙圈 8 字結之基本形狀。

[所需繩長：約40cm]

主要用於將繩索連接到繫穩物

1. 雙8字結（Figure Eight on a Bight）

利用繩索的折返部分（Bight）製作 8 字結。可製作大小固定的繩圈，步驟簡單；繩圈大小可任意調整，通用性高。另外也可以 8 字結為基礎，以反穿（Follow Through）的方式穿過並緊貼現有物體，亦即是反穿 8 字結（Figure Eight with a Follow-Through）。

[所需繩長：約 100cm]

2. 雙圈8字結 （Double Figure 8 On a Bight / Double Loop Figure 8 / Bunny Ear）

將雙 8 字結的繩圈製作成 2 個。這繩結在製作 2m 範圍內的雙物式穩固點時很有用，可通過改變 2 個繩圈的大小來選擇設置固定分散或自動均分（Self-equalised）穩固點。即使繫於單一繫穩物，雙圈 8 字結在高負荷下也不容易完全收緊繩結，能容易解開。

[所需繩長：約 180cm]

3. 阿爾卑斯蝴蝶結（Alpine Butterfly Knot）

可在繩身製作繩圈。製作的繩圈沒有方向性，即可在任何方向受力。阿爾卑斯蝴蝶結兩端伸出的繩索也可受力使用，配合不同設置目的。另外，假如繩索受損，這繩結可「避開」破損部分，暫時防止斷裂。

[所需繩長：約70cm]

4. 稱人結（Bowline Knot）

可製作容易調整大小的繩圈，惟不常單獨使用基本的稱人結，通常使用改良型的稱人結，如圖所示的是優勝美地稱人結。另外，需要特別注意打開繩圈的負荷，即所謂的繩圈負荷（Ring Load），因為這可能導致此繩結鬆開。

[所需繩長：約90cm]

5. 雙反手索結（Double Overhand Noose / Barrel Knot）

可製作在受力時會自動收緊的繩圈。能直接綁在鎖扣或分力板等器材上，受力時會把它夾緊，防止意外轉動。如果被綁物體較大，要注意繩圈負荷（Ring Load）過大或使之鬆開。

[所需繩長：約55cm]

半結 (Hitch)

1. 雙套結（Clove Hitch）

受力時會收緊的繩結。在繩身製作雙套結，可設置成簡易穩固點。需注意的是此繩結會因受力變化而鬆開。

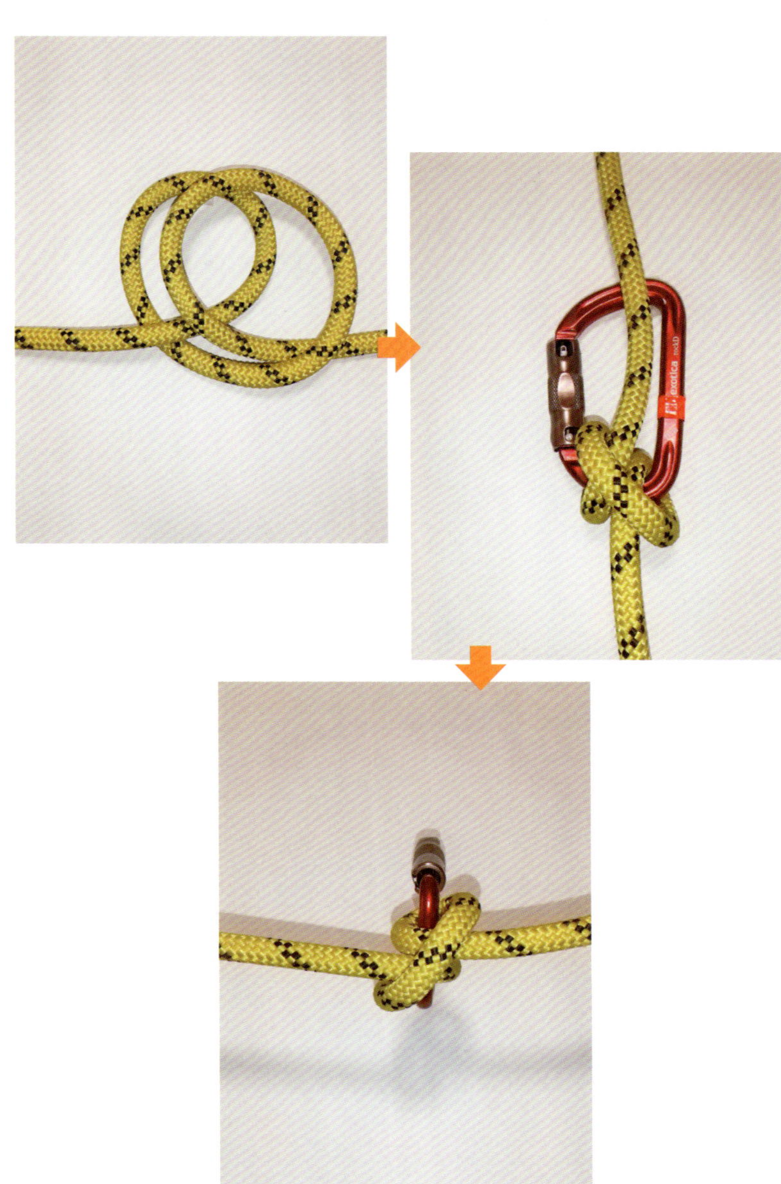

2. 雙接繩結（Double Sheet Bend）

用於連接同一或不同直徑的繩索。用 1 條繩索的末端及其繩身打雙接繩結，可製作 1 個繩圈。將這個繩圈套住物體，可輕易地製作稱為閃電穩固點（Blitz Anchor）的簡易穩固點。另外，單獨使用雙接繩結很可能鬆開，因此一定要回穿防止末端鬆脫。

[所需繩長：折返側約35cm，環繞側55cm]

不同直徑繩索的模樣

9mm連接5mm。

11mm連接5mm。當直徑差異較大，無法適當收緊繩結時，可增加環繞次數，改為三接繩結等。

穩固點

穩固點是繩索拯救系統的核心。如果穩固點移位或崩塌，不但延誤拯救行動，還會曝露拯救員和傷者於風險中。和打繩結一樣，針對不同的繫穩物，穩固點有不同的設置方法。從日常生活中獲得的經驗來看，數百 kg 到數 t 負荷也不會動搖的東西，能作為繩索拯救穩固點的繫穩物。如果單一繫穩物不夠牢固，就應該選擇以多個繫穩物組合起來分散負荷的方法來設置穩固點。

檢查穩固點唯一絕對的原則就是不能崩塌，但是過於追求高強度而導致攜帶裝備的重量增加，妨礙拯救行動就本末倒置了。拯救員應充分判斷工作負荷，不用過度追求高強度。最重要的是設置必要且充分的穩固點。本節將穩固點構成要素分為裝備、結構物評估（繫穩物選擇），以及實際穩固點設置等三部分介紹。

1. 裝備

設置穩固點的裝備種類繁多，設置時沒有規定必需使用某種裝備。相反，拯救員應發掘各種器材組合的無限可能性和根據現場情況靈活取捨。

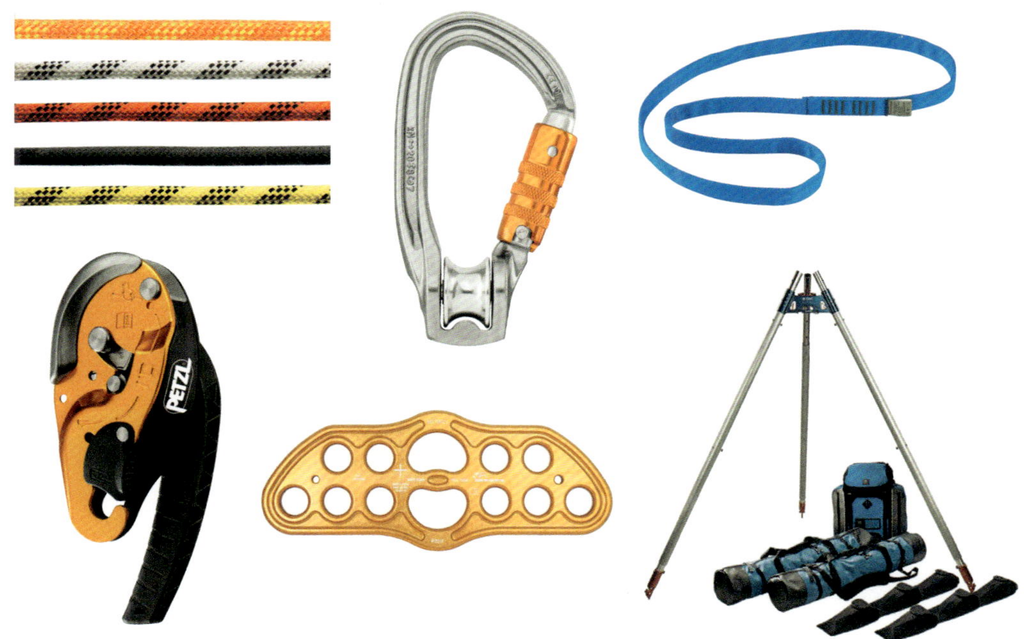

結構物評估（繫穩物選擇）

設置穩固點時，最重要是作為繫穩物之結構物、樹幹及岩石等的重量、摩擦和強度。對於符合 ISO 規格或 JIS 規格標準的結構物，只要符合規格且沒有明顯異常，就能安心用作繫穩物，設置穩固點。然而，拯救現場並非經常有這樣方便的結構物。為了決定「使用甚麼/ 使用多少/ 怎樣使用」繫穩物來設置穩固點，拯救員應事先學習相關知識，在現場適當地評估結構物的安全性（繫穩物選擇）。

1. 人工結構物

直接固定在地面或建築物上，而且可用作繫穩物，設置繩索拯救穩固點的人工結構物，包括電線桿、街燈柱、欄杆、鋼架、圓環等。一般高 12 至 13m 的電線桿，在距地面 1m 處水平施加約 10t 的力也不會斷裂，以之作為繫穩物有充分的強度。雖然許多人工結構物都是按規則製作和設置的，但並非所有結構物都專為繩索拯救而設，所以最終必需由拯救員自行判斷其使用方法。拯救團隊可自行制定現場繫穩物強度測試的方法。

鋼架
有的以工字鐵或方通組成。假如鋼架有銳利角，需注意保護繩索。此外，亦要注意焊接不良、生鏽，或有眼螺栓（羊眼圈）鬆動。

橋樑欄杆
行車天橋欄杆（防撞欄）十分堅固，但它們基本上是為了承受從橋內側到外側的力而建造，因此如果從橋外側到內側施力時需額外注意。

圓環
使用預設的圓環時需注意不要造成剪切負荷（Shear Load），直接掛上鎖扣會因金屬摩擦而磨蝕鎖扣，建議使用扁帶等。

電線桿
常見而堅固的繫穩物，使用位置愈接近底部愈堅固。

2. 自然物

2.1 樹木

一般來說，樹幹粗而枝葉繁茂的樹，粗大根部在泥土中廣泛扎根，能在對拉時提供一定強度；因此以樹幹作為繫穩物時，要選擇樹幹粗而枝葉繁茂的樹。過去的研究中，對針葉樹代表樹種扁柏進行拉倒測試時，記錄了直徑 20cm 和距離地面 20cm 高的樹幹，可承受接近 10t 的力。（引自玉手三棄寿、樫山德治、笹沼たつ、高橋亀久松『立木的拉倒測試』日本林學會誌 第 47 卷：210-213，1965 年）可是，樹是活的生命體及狀態千差萬別，所以選擇以樹作繫穩物時，有幾個注意重點讓讀者參考。

樹木作為繫穩物的檢查要點：

- **樹種**（整體上闊葉樹比針葉樹更硬）
- **枝葉茂密程度**（枝葉繁茂的樹，其根部大多數更發達）
- **有沒有真菌類**（即使沒有明顯腐爛，長有真菌類的樹也可能脆弱）
- **有沒有明顯的樹洞**（可能被蟲蛀空或積水腐爛）
- **樹幹有沒有明顯彎曲**
- **地面是否陡峭或岩石地**（導致根部穩固度較低）
- **是否有土石崩塌的可能性**

在足夠粗的樹幹上設置穩固點

儘量在低位置設置穩固點以確保安全係數。

以樹幹設置的雙物式穩固點

2.2 岩石

巨大的岩石也可作為繩索拯救的穩固點，選擇以岩石作繫穩物時需考慮包括以下 3 個重點：

- **是否穩定**
- **有否足夠重量**
- **繩索或扁帶會否鬆脫**

自然的岩石大多是從某處滾落後偶然停在那個位置，有時會以微妙的平衡靜止。因此，必需用超過工作負荷的負荷（力矩）來徹底檢查是否會移動。其次是重量，在日本可用作繫穩物的一般岩石有安山岩和花崗岩，據説它們的密度為 2.5 至 2.8t/m³。在現場估算密度和體積來選擇繫穩物後，繩索或扁帶又是否能固定而不會意外鬆脱？如果繫穩物負荷變動較大需要特別注意，一直監視岩石周圍。

3. 車輛

車輛作為可移動的繫穩物非常方便，救援工作車等在改裝階段就預設了實用便利的繫穩物。一般車輛也可利用車輛底盤、輪胎、車軨、拖車鉤等作為繫穩物。

選擇以一般車輛作繫穩物的考慮重點包括：

- **重量**
- **地面狀況**
- **受力方向**

車輛的重量當然是愈重愈有利。為了防止使用期間輪胎浮起，拯救員要掌握車輛的重量平衡，建議使用重量更大的一端作為繫穩物。地面狀況會對輪胎的摩擦力產生很大影響。以下是概念圖。

如果輪胎老化了？下雨？漏油？…… 現場情況千差萬別，時刻也在變化。以報廢車輛作車輛拯救訓練時，拯救員可順道進行拉拽測試，能有效地在團隊內達到共識。

最後是受力方向，即使是貨車，如果沒踩刹車掣，人力也能輕易移動。拯救員必需知道使用車輛作為繫穩物時，假設受力方向與輪胎滾動方向一致的話，其工作負荷取決於刹車性能。應付以上各種情況的共通原則是必需採取一切可行的措施，如熄匙、拉手掣、取下車匙、放置車輪楔子抵住輪胎、鎖住軚盤、考慮地面坡度等，防止車輛啟動。

錯誤示範

如將扁帶環沿輪胎滾動方向繞在輪胎下方，輪胎滾動的話會使扁帶環輕易鬆脫。

輪胎變形或車輛浮起的話，繞在輪胎下方的扁帶環亦會容易鬆脫。

受力後，穩固點或會因輪胎轉動而移動。

在輪胎周圍設置穩固點時，要注意將扁帶環設置在哪裏和如何設置。一般來說，輪胎與地面僅有明信片大小的接觸面積，如果將扁帶環繞在輪胎下方，可能會輕易鬆脫。另外，不要在強制輪胎左右旋轉的方向上施力。

實際穩固點設置

上文已經介紹穩固點的重要性，但穩固點實際上應如何設置呢？

我們常常被迫在各種環境下執行拯救行動。在高處、黑暗、極寒等不穩定且危險的現場設置穩固點時，應儘量減少複雜的操作，如反覆打繩結等。這既可以防止人為失誤，亦可快速安全地設置穩固點。

接下來將介紹繩索拯救中最簡單的穩固點設置方法。

以扁帶環設置穩固點

1. 籃形半結（Basket Hitch / Three-bight）

以扁帶環環繞着繫穩物，這設置方法因有 3 個摺疊點而得名，可以提供該扁帶環的 2 倍強度。

2. 桶結（Choker Hitch）

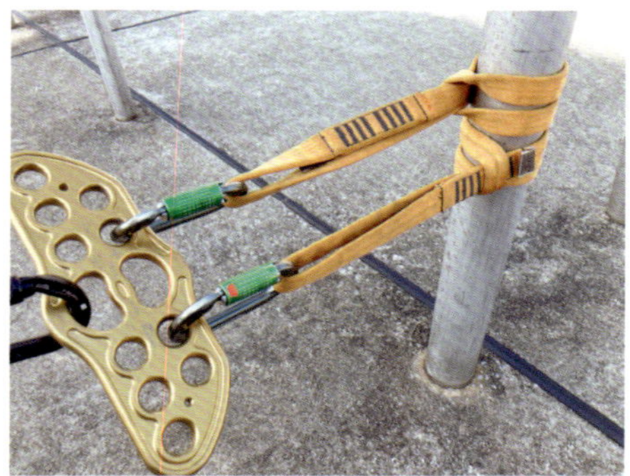

這方法的優點是能將繫穩物綁緊，穩固點不輕易向下滑落，但穩固點強度會減弱到扁帶環強度的 2/3。需注意如右圖所示，如果扁帶環過度折彎，強度會減弱至 1/3。

以繩索設置穩固點

除了使用長度固定的各種扁帶，亦可以繩索設置能任意調整長短多小的穩固點。調整長短多小的難易程度，則取決於所使用的繩結和下降器的組合。為了清晰展示穩固點的模樣，下圖中的穩固點只有一點連接。設置類似系統時，你應增加多一組器材，以確保有兩點連接。

1. 僅以繩結調整繩長的穩固點

1-1. 雙接繩結回穿

用一邊繩端打雙接繩結回穿形成繩圈作為穩固點，並在餘下的繩身打雙8字結，以鎖扣連接到穩固點上。這方法可以巧妙地利用餘下的繩索作為繩索系統，不會浪費長繩的剩餘部分。

1-2. 阿爾卑斯蝴蝶結、雙套結等

以阿爾卑斯蝴蝶結或雙8字結的繩圈來作為穩固點使用，以雙套結設置穩固點時較容易調整大小。讀者可根據情況決定以打好的繩圈直接作為穩固點，或集中到分力板上。

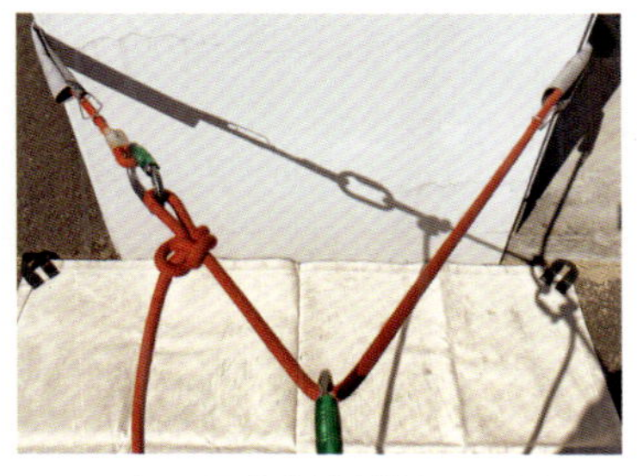

以阿爾卑斯蝴蝶結設置繩圈作的穩固點。

以鎖扣將阿爾卑斯蝴蝶結連接到分力板的穩固點。

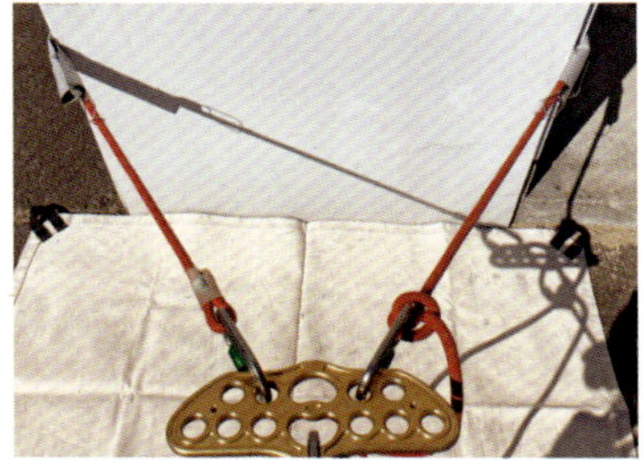

以鎖扣將雙套結連接到分力板的穩固點。

2. 以下降器調整繩長的穩固點

以下降器和繩索組合而成的穩固點。利用下降器設置穩固點，優點是可以輕鬆快速地調整尺寸。另外，它亦可以任意組合不同的繩索和下降器。圖中這種是可調節挽索，雖然相對輕巧，但其繩索長度受限。

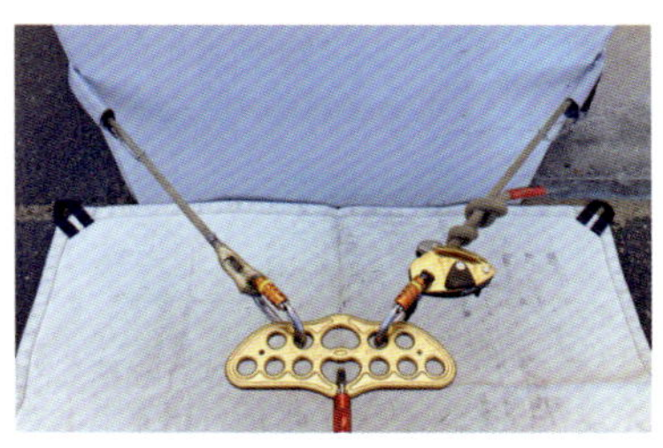

機械增益系統

能設置出有多少效率的機械增益（Mechanical Advantage）系統？哪真是能在現場使用的東西嗎？配合多少人用哪個系統能拉起幾公斤的東西？

在繩索拯救中不同的情景都會使用機械增益系統。顧名思義，機械增益系統可以倍增力量，即使人手較少也能穩定地提升救援負荷。

當然，有優點就有缺點，理解這些後才能小心運用機械增益系統，以下將介紹機械增益系統的結構和應用。

機械增益系統的結構

接下來，將介紹機械增益系統的結構，以及現場運用所需最低限度的機械增益系統。以下計算撇除了滑輪等效率和摩擦阻力等的考慮因素；實際拉起重物時需要額外增加 α 的力量。

定滑輪

以繩索末端懸掛着 100kg 的重物作例子。

把繩索另一端從下而上穿過上方轉向的定滑輪，折返，並用 100kg 的力拉住重物，重物就會懸空不動；要拉起這個重物，便需要 100kg+α 的拉力。總之，定滑輪只是改變力的方向，沒有機械增益的效果，這種改變繩索走向的滑輪便稱為「定滑輪」。

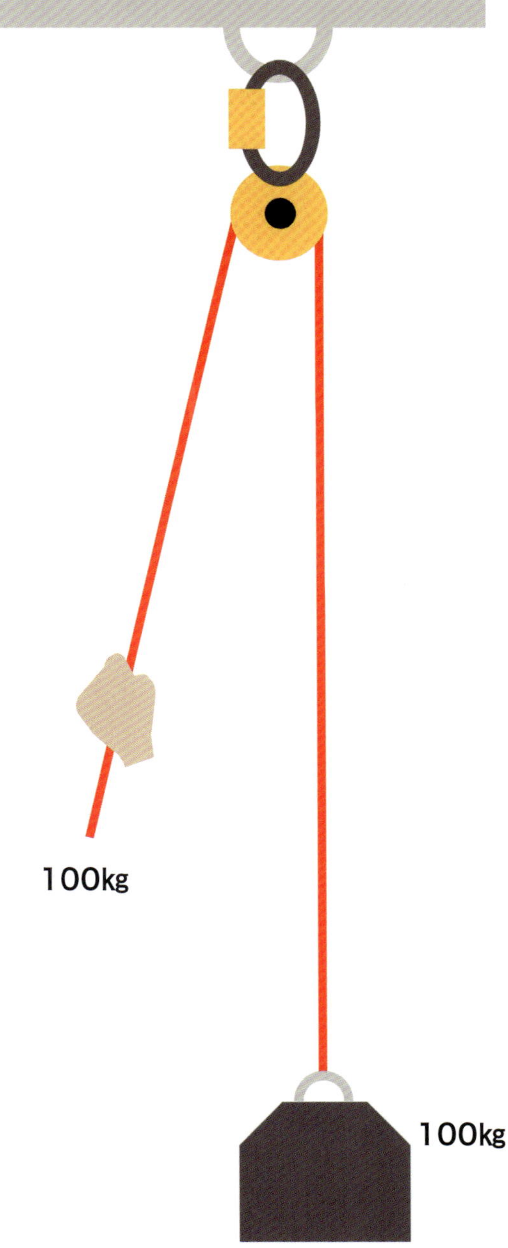

動滑輪
（2:1機械增益）

每當拉動繩索末端，滑輪就移動，重物隨之被拉起。這種在拖拉時移動的滑輪稱為「動滑輪」，再利用這個滑輪產生的效果構建機械增益系統。

理論上，從動滑輪伸出來左右兩端繩索的力相加，可以用比實際負荷更小的力拉動重物。例如，假設滑輪下方懸掛着 100kg 的重物，在具備動滑輪的情況下，由於左右繩索的力相加，以 50kg 的力拉住繩索末端，重物就會處於停止狀態。也就是説，用繩索末端 50kg+α 的力，就能拉起重物，這個系統稱為 V 型設置（V Rig）。

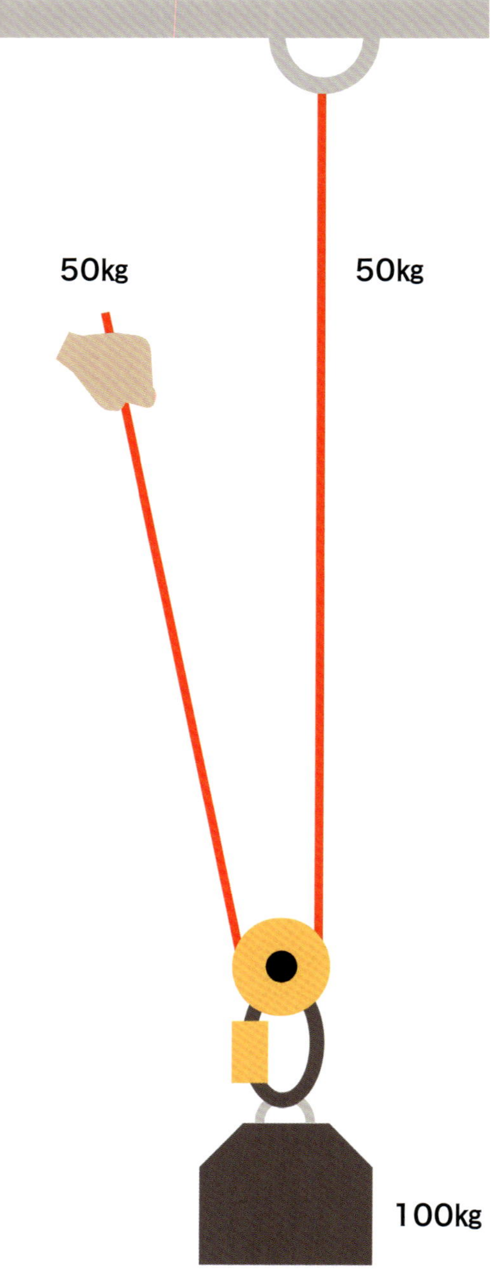

3：1機械增益

3：1機械增益系統結合了定滑輪和動滑輪，由於繩索像Z字形般走動，也稱為Z型設置（Z Rig），以下將應用定滑輪和動滑輪的說明內容作基礎來思考。

這裏用A表示定滑輪，B表示動滑輪。

從被拉動的繩索末端開始，往穩固點方向逐個滑輪考慮計算。例如，假設拉動繩索的力為①，由於B是左右繩索的力相加，所以變成「①＋①＝②」的力。

接着上方的A，只是改變力的方向，最初的①力原封不動地折返，到達B的位置前。

最終B的②力和經由A傳來的①力相加，變成③的力。

3：1機械增益系統在繩索拯救中被廣泛使用，例如高角度拯救、繃緊繩拯救、非繃緊繩拯救等，幾乎所有設置都有使用。

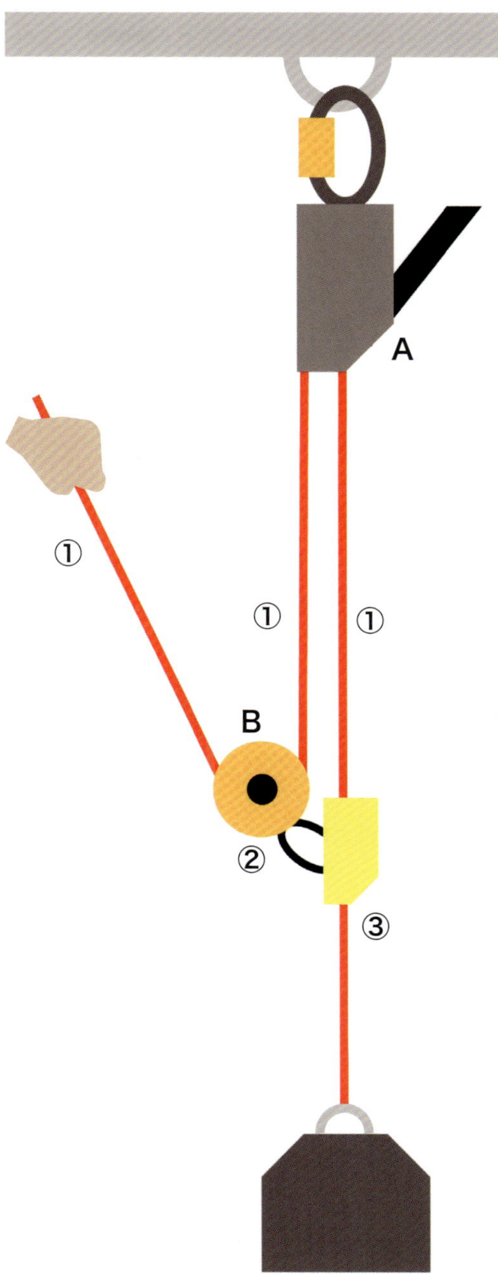

● 5：1機械增益

5：1 機械增益系統有各種設置方法，這裏介紹是在現場行動中能有效使用的系統。

右圖的系統稱為簡單 5：1 機械增益系統（Simple 5），以 A1 和 A2 表示定滑輪，B1 及 B2 表示動滑輪。

和 3:1 機械增益系統的說明一樣，從被拉動的繩索末端開始，往穩固點方向逐個滑輪考慮計算。

假設拉繩索的力為①，①的力經由 B2 和 A2 折返到 B1。在這個過程中，有 4 條繩索經過 B2 和 B1，每條都加上了①的力。

由於動滑輪是左右繩索的力相加，B1 和 B2 各自加上了②的力。

此外，最初施加的①力原封不動地傳到 A1，改變力的方向折返。

最終 B1 與 B2 的各②力和經由 A1 折返的①力相加，變成⑤的力。

另外，為了清晰展示說明，動滑輪的部分用兩個單滑輪來表示，但在實際應用中，此處可以使用雙滑輪。

5：1 機械增益系統在難以用 3：1 機械增益系統提升 2 人重量等情況下使用。

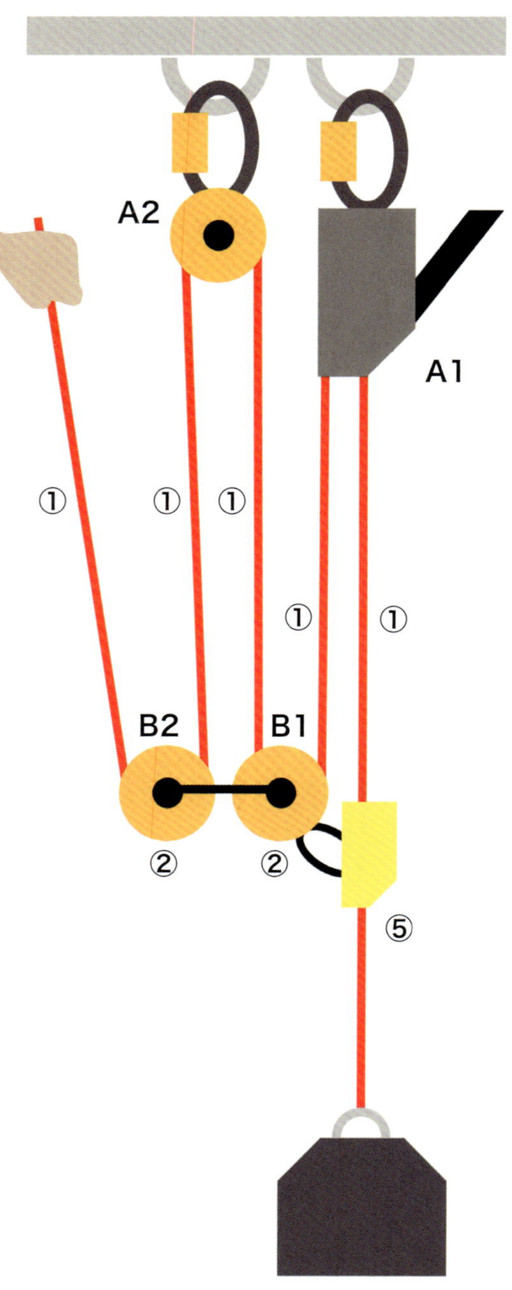

機械增益系統的應用

在實際現場使用機械增益系統時，會因不同裝備所產生的大小摩擦力而損失相應程度的效率，所以拯救員應該要對自己所擁有的裝備具一定了解。

在拯救現場提升傷者時，拯救員需要根據提升距離、現場拯救員人數和重量、地形、活動地點的穩定性、傷者的狀態等考慮因素，設置適當的機械增益系統。

雖説如此，但並不複雜，只要在訓練中重複練習就能養成這方面的能力。繩索拯救可以結合後文將要説明的繩索操作技術，透過設置更小型的機械增益系統，在任何情況下都能迅速穩定地拯救傷者。

並非在任何情況下，都需要加設機械增益系統。如果人手充足，不加設機械增益系統也可以完成救援。

本書目前已說明了機械增益系統的結構，但在實際現場運用時，機械增益的效率或會基於各種因素而有所變化。機械增益系統有以下 3 種關於效率的概念：

- **理想機械增益** Ideal Mechanical Advantage（IMA）
- **理論機械增益** Theoretical Mechanical Advantage（TMA）
- **實際機械增益** Actual Mechanical Advantage（AMA）

理想的機械增益（IMA）

這是早期學習機械增益系統理論時，最經常被提到的概念。

雖然在實際現場加設系統時，滑輪、鎖扣，以至銳利的岩角邊等各個部分均會產生摩擦阻力。但計算理想的機械增益時，我們並不考慮摩擦阻力及各種環境因素；如右圖所示，都假設為 100%。

機械增益系統的相關概念將於後文再作說明。

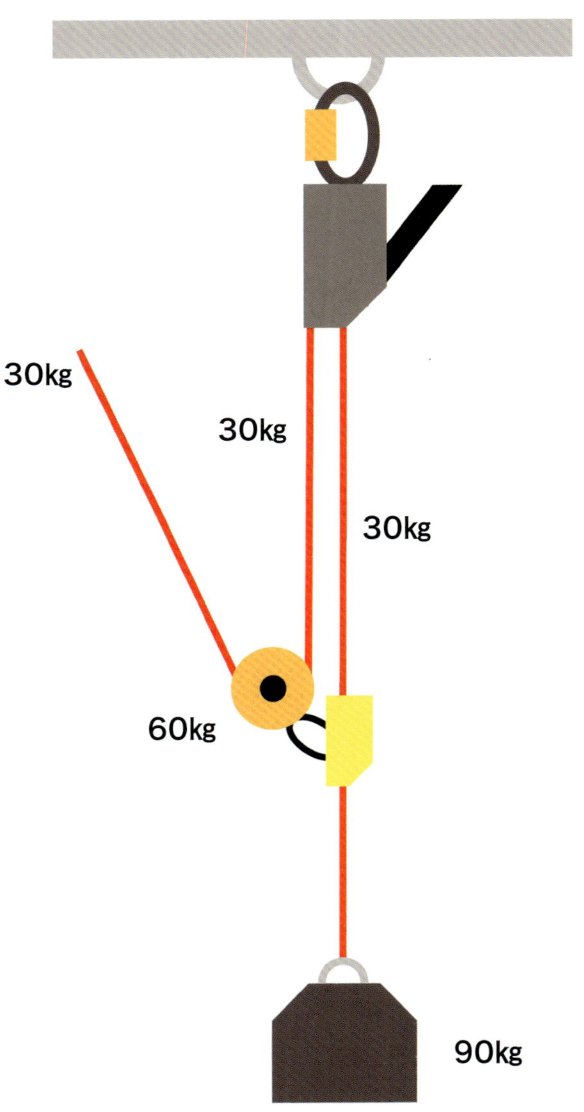

理論上的機械增益 (TMA)

相對於不考慮摩擦阻力等的理想機械增益系統，理論機械增益考慮了滑輪效率、繩索在銳利角邊改變方向時的摩擦阻力等各種損失後，得出的機械增益效率。

事先在理論上計算這個理論機械增益，就能知道應該在哪個位置設置效率高的滑輪比較好。

問題	這個系統能提升多少 kg 的重量？另外，以哪款滑輪（90% 或 85%）設置成動滑輪和定滑輪較好？

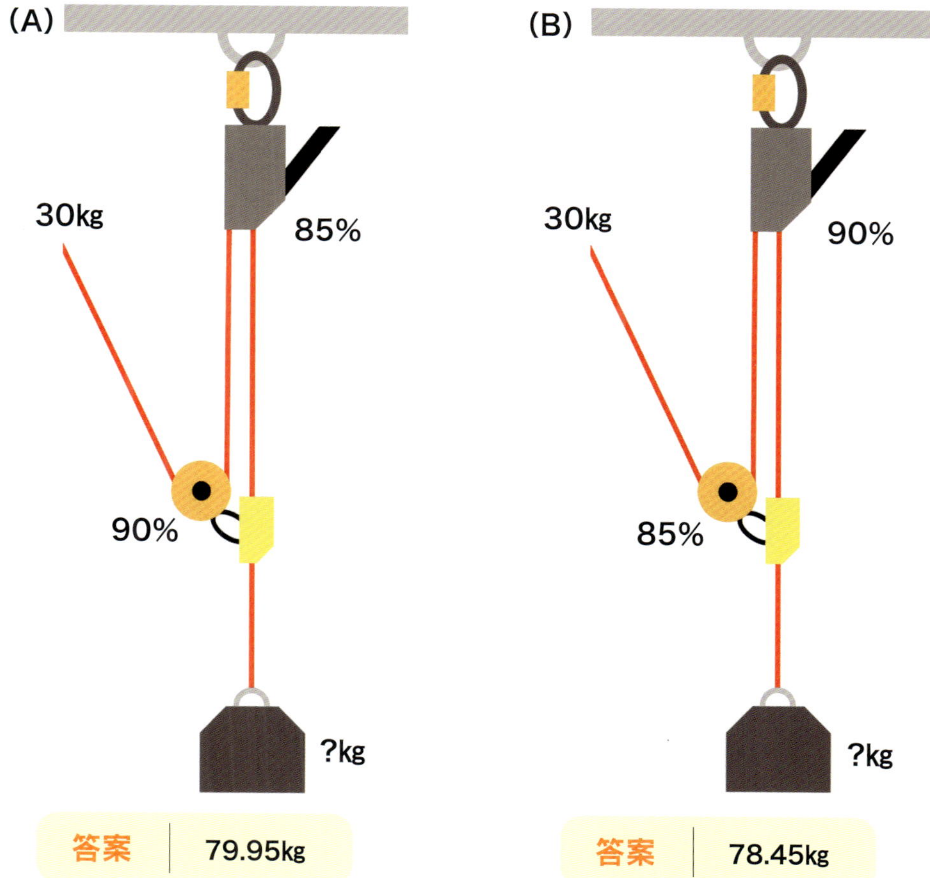

答案	79.95kg

30+（30×0.9）+{（30×0.9）×0.85}
=79.95

答案	78.45kg

30+（30×0.85）+{（30×0.85）×0.9}
=78.45

答案	從上述答案可知，在動滑輪部分設置高效率的滑輪，可以提高整個系統的效率。因此（A）系統的效率更高。

實際的機械增益（AMA）

事故現場並非必然對拯救行動有利，穩固點也不一定設於方便的地方，甚至現場的地勢崎嶇得無法穩定站立。另一方面，如果繩索通過之處遇着障礙物就必需避開，或無可避免地在繩索摩擦障礙物的情況下繼續拯救傷者。

因此，實際的機械增益效率難以在現場立即計算並得出精確的數值。可是，在考慮和不考慮之間會存在很大差異。拯救隊隊長需要根據現場情況，以及隊員人數和能力加設適當的機械增益系統，而這些考慮事項往往無法通過日常的訓練所預見。

所以拯救員需參考過去的案例來設想將有可能發生的情況，並在自然地形或建築物等地反覆訓練，就能培養在各種情況下判斷採用適當機械增益系統的能力。

● 機械增益系統會增加繩索的使用長度和拖拉距離嗎？

以機械增益系統來倍增力量的代價，是會增加繩索的使用長度和拖拉距離。下面以 3:1 機械增益系統作為例子：

圖①　　圖②

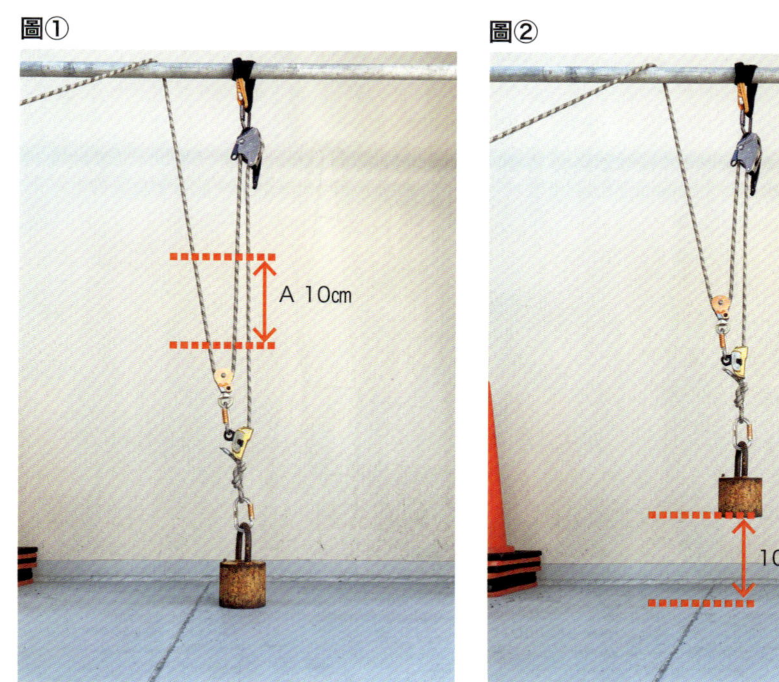

例如，在圖①的設置下想把重物提升 10cm。

圖②所示若要把重物提升 10cm，需要拉動 A 部分 3 條繩索各 10cm，結果需要完全拉完「3 條 ×10cm=30cm」的繩索，就能把重物提升 10cm。

由此可見機械增益愈增加，拖拉的繩索距離也會愈長，這就是機械增益系統的原理。

加設機械增益系統所需裝備

加設機械增益系統時，常有人疑問：「在系統設置的過程中，能否使用帶有尖齒的繩夾來抓住穿過動滑輪的繩索？」

要解釋為甚麼可行，需要考慮具尖齒的裝備的工作負荷是多少。還有，該裝備要多大力才能撕破繩索外皮？機械增益系統的動滑輪又會產生多大力？以下為相關數據以供參考。

- **繩夾使用說明書……最大工作負荷為1.4kN**
- **EN12841 typeB**
  對繩索造成破損的負荷……4kN以上
  最大工作負荷……1人用≧100kg / 2人用≧200kg
- **實際上撕破繩索外皮的力……約4kN至6kN**
- **機械增益系統動滑輪部分受到的力（2人重量）…… 約1.4kN至2.0kN**
- **根據Petzl/ALTERIA 網站所述**
  以3:1機械增益系統拉緊繩索時，在其動滑輪配置有尖齒裝備，如Basic，並測量那裏的負荷。

測量到的負荷沒有超過3kN，低於繩夾可能破壞繩索的數值範圍。雖然3kN這個值超過了Basic的標稱最大負重，但在這個階段使用者還沒有對繃緊繩施力，這數值處於容許範圍內。

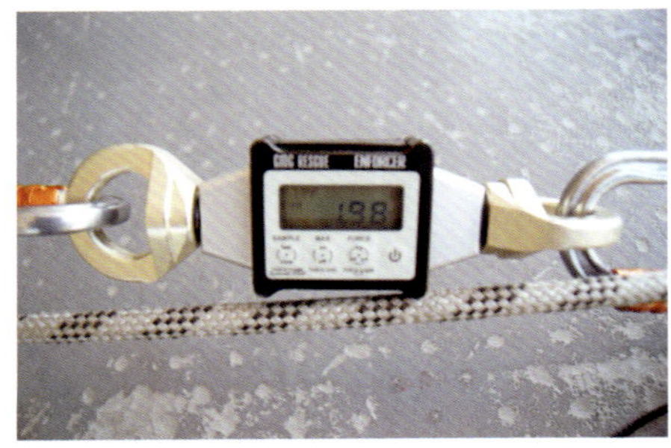

這張照片顯示懸掛着190kg重物，鋪設了岩角墊（STREP公司以耐磨性很高的材質生產），用3：1機械增益系統提升時，動滑輪部分承受到的力的數值。

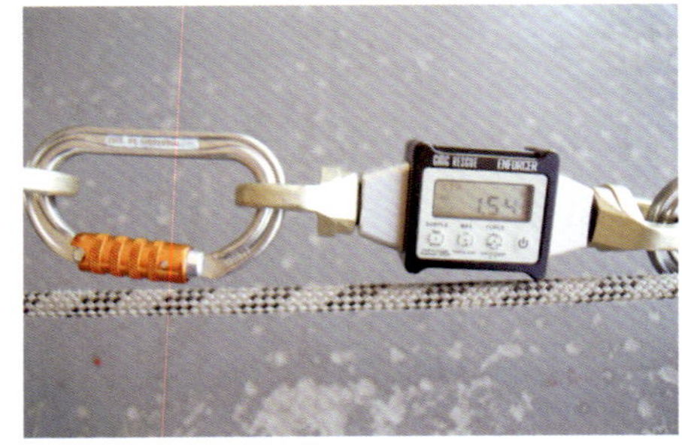

這張照片顯示懸掛着190kg重物，鋪設了岩角滾輪（由BARHAR公司生產），用3：1機械增益系統提升時，動滑輪部分承受到的力的數值。

使用機械增益拉緊繃緊繩

在拯救行動裏如何拉緊繃緊繩……不使用機械增益系統？3：1？5：1？……

在低處拯救傷者等需要提升的情景中，除非使用繩索絞盤，否則近乎肯定會加設機械增益系統。極端地説，當需要提升物件時使用高機械增益效率（5：1或6：1機械增益系統等），不管多少人拉也沒問題。

然而在拉緊繃緊繩時，兩端都連接在穩固點或設置在下降器等處而不會移動；越用力拉，繩索和穩固點上的繃緊程度便越大，過度拉緊會導致裝備破損或穩固點崩塌，發生事故。

因此，使用者之間需要事先確認裝備的斷裂強度或工作負荷，從而決定能安全使用的數值範圍。此外還需要反覆訓練，直到掌握使用自己擁有的裝備，單人大概能把繩索拉緊至甚麼程度，程度大概是多少kN。

繃緊程度會因繩索長度、角度、立足點、機械增益效率、人數、人的拉力等各種因素而產生變化。但是，如果能根據繩索的緊繃程度預測多少kN，便知拉緊至哪個程度便差不多了。為此，必需通過日常訓練掌握自己的能力，從而降低發生事故的風險。

Petzl提供了參考數據，收錄在本書P.248的繃緊繩拯救一節。

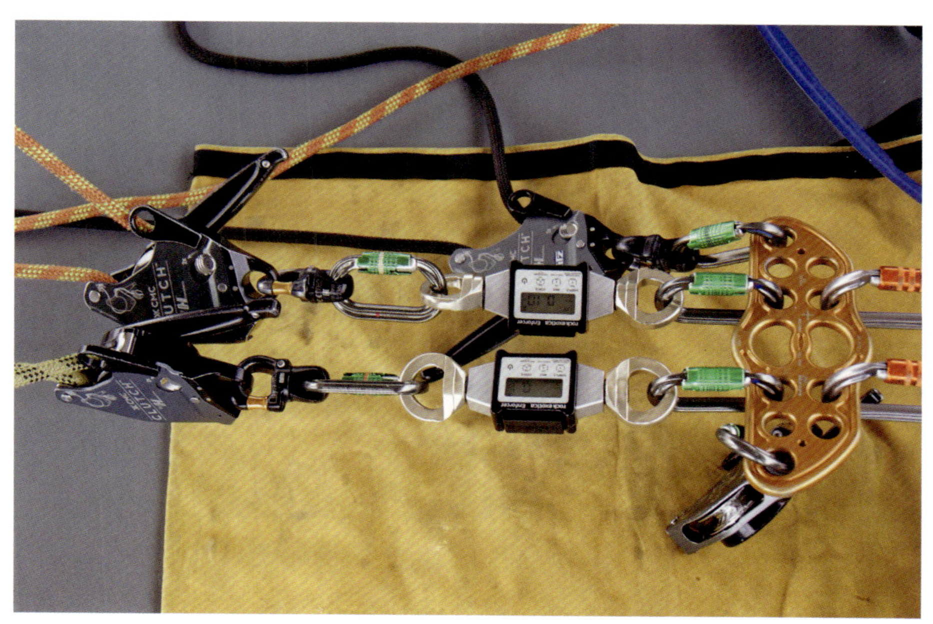

根據自己的判斷力評估裝備性能

每個裝備都有使用說明書，基本上需要按照說明書來使用。不過，救援時僅憑說明書所述的使用方法，卻未必可以把傷者救出。這裏需要考慮是，這些裝備的性能到底是如何。

使用說明書畢竟只提供基本的使用方法說明，而在實際現場可能必需採用書中內容以外的使用方式。對於說明書沒有列明的使用方法，部分廠商會公開各種實驗的結果數據以供參考。

如前文所述，廠商也會表示「即使超過了 BASIC 的標稱最大負重，但在容許範圍內」。由此可知在裝備使用方面，說明書上是存在沒有指明的灰色地帶。

使用者需要認真思考那些灰色地帶，才開展行動。使用裝備的是人，使用哪個方法是由那個人所決定；不能僅憑看過照片就認為沒問題，而是需要認真思考，根據合理的理由設置自己的系統，這一點很重要。

岩角防護

拯救員會在怎樣的地方及怎樣進行以繩索拯救傷者的訓練？以下是一些假設例子。

- **在標準訓練場地的兩邊，以水平的繃緊繩救出傷者**
- **以標準訓練場地頂部穩固點和底部穩固點，設置斜向繃緊繩救出傷者**
- **使用標準訓練場地後方穩固點和前方頂部穩固點，從低處把傷者救出**

在標準場地反覆訓練當然很重要，它能讓你掌握基本的應用技術，但僅憑這訓練就足夠嗎？實際的拯救現場又如何？

由於受張力的繩索，在平台角邊摩擦時有機會被切斷，所以拯救過程中需要避免受張力的纖維物直接磨到平台角邊。不過，實際現場卻佈滿混凝土、岩石、生銹的扶手、工字鐵、車輪、護欄等很多可能切斷纖維物的物體，而且過程中無法避開。另外，上方亦可能近乎沒有可靠的繫穩物。

2017年（平成29年），關於繩索高空作業的《勞動安全衛生規則》部分修訂，其中註明了「在突出物等因接觸而導致主繩或後備繩切斷的地方應設置防護物和採取措施防止切斷」。請注意，要成功完成拯救行動，就必需儘量降低纖維物被切斷的風險。

——絕對不會斷——

不，世上沒有絕對。為了保護自己的生命，安全地救出傷者，行動時絕不能掉以輕心。相反，拯救員應常常抱持「説不定」的懷疑眼光，觀察周圍，識別危害因素（Hazard），降低風險（Risk），這點尤其重要。

岩角防護有各種方法，但要掌握其性能和風險，使用符合用途的裝備是相當重要。

軟質防護物
鋪設式防護物

軟質鋪設式防護物亦稱為「防護布」，由厚實的布料製成，四角可以掛上下墮制停用的鎖扣等工具。主要用途是保護固定不動的繩索，例如拯救員上升下降的個人進出繩，免受鋭利角邊磨損割斷。

如果要防護的角邊很鋒利，可以把防護布摺疊 2 層進一步加厚，或者考慮設置後文要説明的硬質防護物。

對於移動中的繩索，例如提升下放系統的繩索，僅用防護布會產生很大摩擦阻力，而且防護布被割破導致下方鋭利角邊外露的風險非常高，故此應避免以之保護移動中的繩索。

包裹式防護物

以長條形防護套直接包裹着繩索，同樣可以保護繩索免受鋭利角邊割斷。有的產品更附有夾子，方便夾在繩索上防止改變原本的設置位置。

和防護布一樣，適合保護靜止不動的個人進出繩索，不適用於提升下放系統的繩索（移動的繩索）上。

硬質防護物 鋪設式防護物

有塑膠製或金屬製的款式，可以根據岩角邊形狀而選擇使用。與軟質防護物不同，繩索與硬質鋪設式防護物的摩擦阻力小，耐久性高，因此可以讓提升下放系統繩索（移動的繩索）免被鋭利角邊割斷。金屬製防護物的耐久性比塑膠製更高，摩擦阻力更小，可以説保護性能更高。

另一方面，在硬質物料下面鋪上軟質物料，可以降低硬質物料滑動的風險，萬一繩索從硬質物料上滑走，也可以降低繩索直接暴露在鋭利角邊的風險。

目前市面上有各類硬質鋪設式防護物，以下將介紹其中一部分。

波紋管

本來是用於排水管等的塑膠筒，而不是專門用作拯救的裝備，但將那個筒切成所需的長度和半圓形來使用。由於其表面有溝槽，可以將繩索放置在每個溝槽中，令繩索不容易横向滑動，因此被廣泛使用。

岩角墊（Edge Mat）

由特殊材質製成，與繩索之間的摩擦阻力小，對提升下放系統的繩索有很高耐磨度。雖然它的耐磨度不如金屬製防護物，但較大面積的岩角墊可以覆蓋更大範圍的鋭利角邊，避免繩索被割斷，而且可以將它摺疊收納。

下面的照片是在結構物平台邊緣的 90 度直角上鋪設岩角墊，亦適合保護自然地形的岩石和樹幹等鈍角部分。雖然説其摩擦阻力小，但仍比金屬製防護物大。

岩角墊的使用例子

岩角防護器（Edge Guard）

金屬製，耐磨度高，摩擦力小；由於形狀固定，較適合保護具 90 度直角牆邊的結構物。此外，其隔板結構能使繩索不會橫向滑動接觸岩角。

岩角滾輪（Edge Roller）

由多塊金屬板連接而成，板與板之間組裝了滾輪。由於連接部分可動，尤其能夠好好貼合結構物的角邊。此外，在拖拉時設置岩角滾輪，可以兼顧岩角防護和拖拉效率。

要防護怎麼樣的岩角？

並非所有繩索接觸的位置需要鋪設防護物。拯救員需仔細觀察那些位置，如果判斷繩索沒有被磨損的風險便不需要鋪設防護物，只要一絲不放心就要進行保護。

下一頁的照片示範讓繩索懸掛 180kg 重量（2 人負荷），並在鐵平台邊滑動 75cm 三次，測試繩索的損耗程度。結果外皮完全破損，而內芯也有一些損傷，顯示了拉緊的纖維物在角邊上橫向滑動時所出現的風險。

雖然不可能在事故現場測試所有條件，但至少要意識到當受拉緊的纖維物接觸到銳利角邊，會被切斷的風險十分高。拯救員不應被個人的偏見所困，要客觀掌握當下情況，識別及消除危機之處，藉此將風險降低。

平台角邊繩索破損的例子

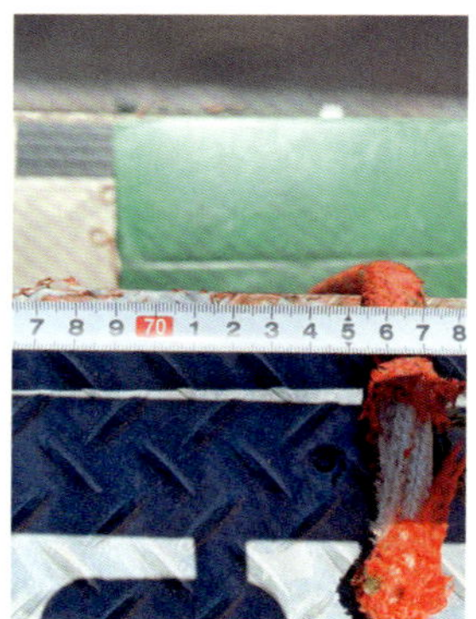

懸掛180kg（2人重量）重物，經3次滑動75cm後。

以主繩 - 保護繩系統下降約 30m，懸掛 2 人負荷（約 180kg）時，波紋管被磨穿了。換言之，即使是硬質防護物，某些不當的使用方法仍導致繩索磨損的風險。

不當使用方法

應對這類風險的對策是改用雙主繩系統 Two Tensioned Rope System（TTRS），或進一步減慢繩索的下放速度，減輕對防護物造成的摩擦與熱力。當然，如果預計要長距離下降，亦可避免使用塑膠而改用金屬製的防護物，以降低風險。

※ 主繩 - 保護繩系統及雙主繩系統請參考 P.132

第 3 章

實踐知識篇

繩索技術（Rope access）

穩固點

繩索拯救系統的設置方式

高處下放救援・低處提升救援 / 高角度救援

非繃緊繩救援系統（Non-tension line rescue）

繃緊繩救援系統（Tension line rescue）

繩索技術（Rope access）

繩索技術是指使用繩索、全身式安全帶和其他相關設備，使技術員能夠獨自下降、上升和橫移的一種技術。這項技術在高空工程、檢查、清潔等工業領域有着巨大的發展。它特別重視安全，引入了「風險評估（Risk Assessment）」和「故障安全（Fail Safe）」等概念。

雖然它是在工業界發展起來的知識和技術，但現在已經成為日本消防救援工作不可或缺的一部分。原因是 2016 年（平成 28 年）和 2019 年（平成 31 年）分別關於高空作業和下墮制停設備的法例修訂，原則上規定了在沒有棚架的情況下，除主繩以外，高空工作還需要設置後備繩，並佩戴全身式安全帶。

此外，由於本次修訂，導致日本國內工業界的繩索技術人員增加，隨之而來發生事故的可能性也變得更高。有鑑於此，在消防救援層面也明顯需要掌握符合國際標準的繩索技術。

如果使用這種繩索技術，便可以安全任意地接近橋下或建築物之間狹窄縫隙等，雲梯車無法到達的各種低處與高處。消防救援以團隊為基本單位，構成團隊的個人能力直接決定團隊的能力水平。因此，拯救員要訓練其繩索技術。提升個人技術非常重要，不但可以及早接觸和照顧傷者，並且作為團隊可以嘗試各種各樣的戰術，從而提高現場救援的效率。

本節將以工業繩索技術為基礎，介紹用於現場行動的消防繩索技術。

下降（Descending）

救援現場之中，大多數是下墮事故所引起；為了及早接觸傷者，下降技術顯得更為重要。

※ 所需裝備請參考第2章基本篇「裝備—個人裝備—下降器—後備裝置」

❶在一條繩索上安裝後備裝置，另一條則安裝下降器。

❷下降時一隻手握住下降器伸出的繩索制動端，通過操作下降器的手柄、改變握繩的力度和角度來控制下降速度。下降途中需要鬆開制動手來工作時，應先鎖定下降器的手柄。

上升（Ascending）

當在高空作業的工人因某種事故或病發而需要被拯救，或拯救員在下墮事故中下降至低處接觸傷者後，需要返回上方操作平台的時候，運用上升技術是必要的。

※ 所需裝備請參考第 2 章基本篇「裝備—個人裝備—上升器—後備裝置」

可以使用胸式上升器（胸升）和手式上升器（手升）作上升攀登。

❶在一側繩索上安裝後備裝置，在另一側繩索上安裝胸升和手升。

❷踩着連接手升的腳繩站起來，便可以讓胸升向上移動。要注意，需要一直將後備裝置向上移動。

❸剛上升時，由於無法利用繩索本身的重量讓繩索順暢地通過胸升，因此技術員需要以雙腳夾着繩索下端，或用右手牢牢按住繩索。

其他方法

上升過程中，地面助手可握住繩索下端，讓上升者順暢地上升。

技術員也可用下降器和手升上升。踩腳繩站立起來，向上拉動下降器的繩索制動端。這種方法適用於需要上升一小段距離後再下降的情況，或岩角防護員在平台外低處把擔架搬越崖邊時調整位置。要注意是，不適合長距離攀爬，因為它需要大量的體力。

升降模式轉換（Changeover）

繩索裝備讓技術員可以在下降途中轉為上升，或在上升途中轉為下降。

A. 從下降轉為上升

❶ 安裝手升，踩腳繩站立起來，在下降器上方安裝胸升。

❷ 將體重轉移到胸升上，移除下降器並從繩索上脫離。

B. 從上升轉為下降

❶ 在胸升下方安裝下降器。

❷ 安裝手升，踩腳繩站立起來，從繩上移除胸式上升器。

❸ 為了保持在原來位置，不會降低，向上拉從下降器伸出的繩索制動端，穩定你的位置後移除手升。

進出平台邊（Difficult edge clear）

在沒有高處轉向的環境中，單憑繩索進出平台或懸崖存在較大的下墮和受傷風險，因此拯救員必需事先充分訓練。以下將介紹使用手升和腳繩的基本技巧，以及不使用額外設備而攀越平台邊的應用技巧（僅限下降）。

以上升器和腳繩進出平台

❶安裝下墮制停裝置以靠近平台邊。在平台邊緣握着主繩，預先拉緊繩索鬆弛部分，並將距離平台邊一個拳頭位的繩索部分，安裝到下降器上。

❷確保了下降系統有兩點連接後，將連接了腳繩的手升安裝在主繩上，隨後將腳穿過腳繩。

③安裝完所有器材後，握住手升，慢慢將身體移出平台外。此時將體重轉移至以腳踏實的腳繩，保持站立姿勢，以防意外下墮。

④技術員慢慢蹲下來，將體重從腳繩轉移到下降器上。確認穩定後，從主繩移除手升和腳繩，開始下降。

以上是移出平台外後下降的動作，如果是上升進入平台內，按照相反次序進行即可。

進階方法

❶ 安裝後備裝置和下降器的基本技巧，與前文方法相同。

② 技術員用一隻手肘支撐，慢慢放下一隻腳。技術員要避免下降得太快，這樣即使繩索或器材互相纏繞着或出現故障，也能夠返回上方。

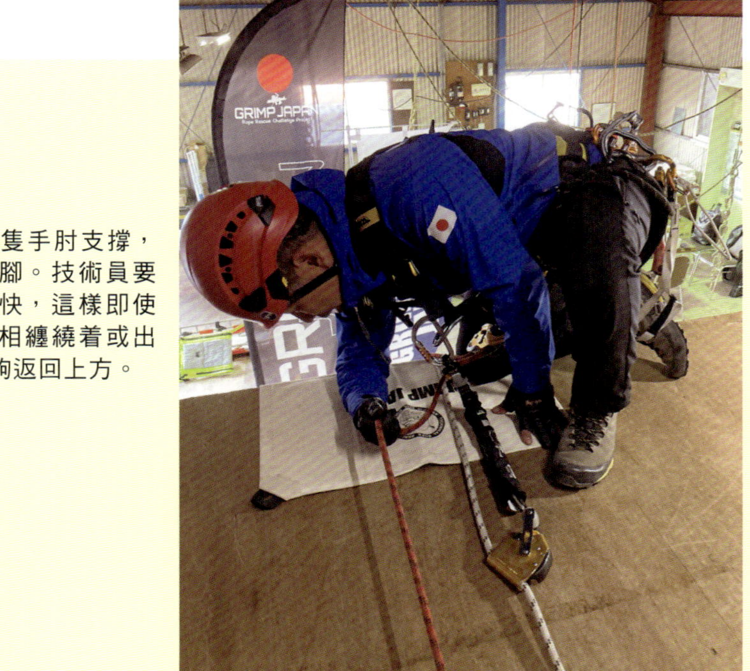

③ 放下雙腳，用雙手支撐全身體重。此時如果沒有問題，慢慢將體重轉移到下降器上。注意不要被平台邊卡住，將後備裝置向下拉以越過平台邊，開始下降。

技術員通過訓練可以掌握下降技巧，安全下降。但是，從上升模式攀入平台內高處時，技術員幾乎不可能單靠身體動作完成。讀者需要參照基本技巧中所介紹的以手升和腳繩攀入平台內高處的方法。

繩過繩轉移（Rope to rope transfer）

可以從正在上升或下降的繩索上，移動到另一組繩索上。通過這項技術，不僅可以垂直移動，還可以進行水平橫移。

注意事項

在繩過繩轉移時，發生故障可能導致擺盪。如果判斷即使發生擺盪也沒有危險，就重點考慮其下墮風險，儘量保持至少兩點連接。如果判斷擺盪危險的話，就要在繩索間移動時一直保持四點連接。作為參考標準，如果繩索間距離超過2m，可以判斷有較高風險發生失控的鐘擺效應。

❶ 確保下降器已設置在繩索上。

❷ 將第二個後備裝置和胸升連接到另一組繩索。

③ 使用下降器下降時，可以移動到另一組繩索上。

④ 完全移動後，移除連繫在第一組繩索上的器材。

一對一掛接拯救（Pick-off rescue）

繩索技術員經訓練後，能即時拯救在旁邊一起工作但突然動彈不得的同伴。各種救援方法之中，最基本是下文介紹的一對一掛接拯救。此方法強調以最少器材迅速拯救傷者，並注重緊急和應急部分。在消防繩索救援中，主要應用在狹小場所這類難以傳送擔架的環境，能迅速解除懸空傷者的裝置如胸升，並將之救出。

※ 這裏介紹的是拯救員從下方接觸傷者的流程，若是從上方接觸的情況，則省略首兩個介紹的步驟。

❶ 拯救員以傷者的後備繩作為主繩，沿着它上升到傷者位置。

②到達傷者附近後，將上升器切換為下降器。在從下方接近時，切換後還需要進一步上升，為了避免浪費體力，在切換時要確保自己的位置不會下降，因此在將體重轉移到下降器之前要把繩索制動端往上拉，充分收緊繩索，避免繩索鬆弛。

③切換後，進一步上升到與傷者相同的位置。此時，務必將拯救員的後備裝置重新安裝在傷者上方以減低下墮係數。

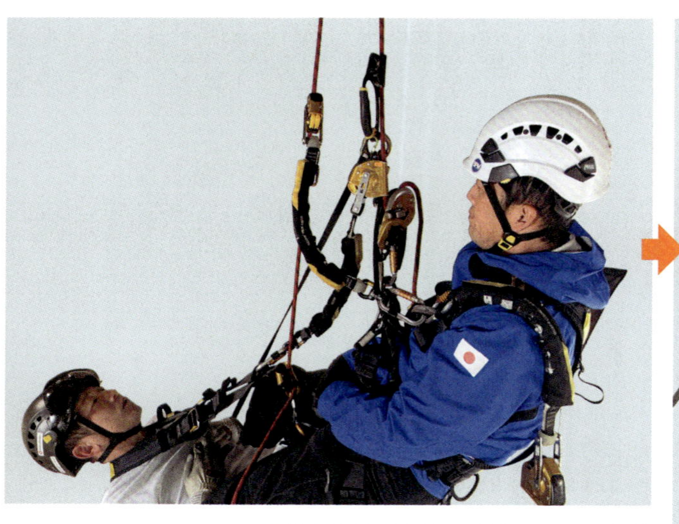

④ 為了設置移除傷者胸升的高處轉向和與拯救員連接，拯救員的位置要比傷者高大約幾十 cm。

⑤ 用一條短連接（2 至 3 個鎖扣的長度），將傷者安全帶胸部連接點與拯救員下降器的鎖扣連接，再用牛尾繩作長連接確保傷者的第二點連接，完成後就可以分別移除傷者的後備裝置和胸升。

⑥ 以反向平衡（Counter Balance）方式移除傷者的胸升。反向平衡方式會受到體重影響，但是通過組裝細而短的繩索加設機械增益系統，也能透過不依賴自身體重的方式把傷者的胸升移除。

⑦ 圖為準備以反向平衡方式移除傷者胸升的姿勢。拯救員只要牢牢地踩實腳繩，並抓住傷者安全帶的腰部連接點附近向上提，便可以輕鬆移除胸升。

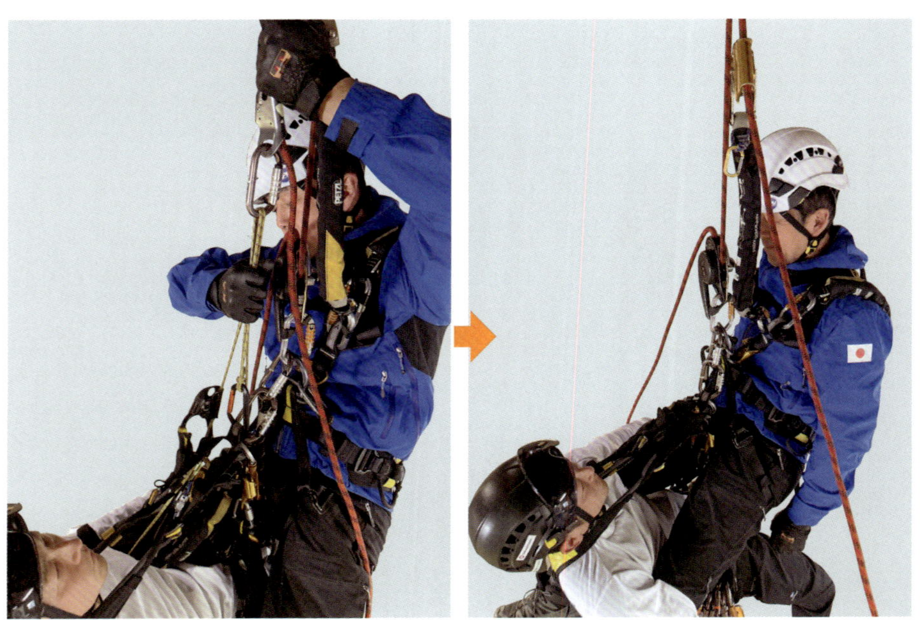

⑧ 移除傷者的胸升，完全懸吊在拯救員的下降器後，就可以準備下降。如果繩索互相纏繞着，或沒有正確確保兩點連接等情況，拯救員可能會連同傷者一起無法脫離，因此開始下降前一定要全面檢查確認。

⑨與傷者一起下降（即所謂的雙人負荷）時，因下降器失控而導致下墮的風險非常高，所以各種下降器的說明書均指示，要通過額外的設備或動作在繩索上增加高於正常情況的摩擦阻力。拯救員在下降時應按照這些指示增加阻力，同時注意下降速度不要過快。

最新技術

通過將腳式上升器 Foot Ascender（腳升）和膝式上升器 Knee Ascender（膝升）組合在一起的系統，可以像跑步一樣快速上升，這個系統在日本被稱為「繩索火箭系統」。

你也可以用腳升配合胸升上升。踩腳升站立起來，向上推動胸升。因為腳升對繩索下端施力，所以不需要用右手按住繩索或用雙腳夾住。

穩固點

在「基本篇」的穩固點章節中，介紹了裝備器材、結構物評估，以及實際的穩固點設置。本節將建基於「基本篇」的知識，介紹如何在現場各種狀況下設置穩固點以應對不同需求。設置方法雖然林林總總，但本節所介紹的是相對簡便，而且所需裝備器材數量較少的方式。

1 多物式穩固點（Multipoint anchor）

如同「基本篇」所介紹，穩固點的唯一絕對原則是絕不能崩塌。為此，需要選擇堅固的繫穩物來使用，但在現場可能沒有合適的堅固繫穩物，或者雖有堅固繫穩物但位置不佳而不利拯救行動。在這種情況下，可以利用多個繫穩物，並借助繩索或扁帶環設置出堅固的穩固點。

當個別繫穩物較弱，需要將數個繫穩物結合起來形成堅固穩固點的時候，需特別注意，儘量把繫穩物與穩固點之間使用扁帶環或繩索所形成的夾角收窄。這是所謂的分散受力概念，如下圖所示，當扁帶環或繩索形成的夾角角度變大時，負荷不會分散。相反，穩固點負荷會原封不動甚至放大了，並施加在每個繫穩物上。原本是為了增強穩固點而結合多個繫穩物，這樣反而設置了更危險的穩固點。即使繫穩物很堅固沒有強度疑慮，但為了不對所用的裝備器材施加過大負荷，也需以 120 度以下作為設置標準。

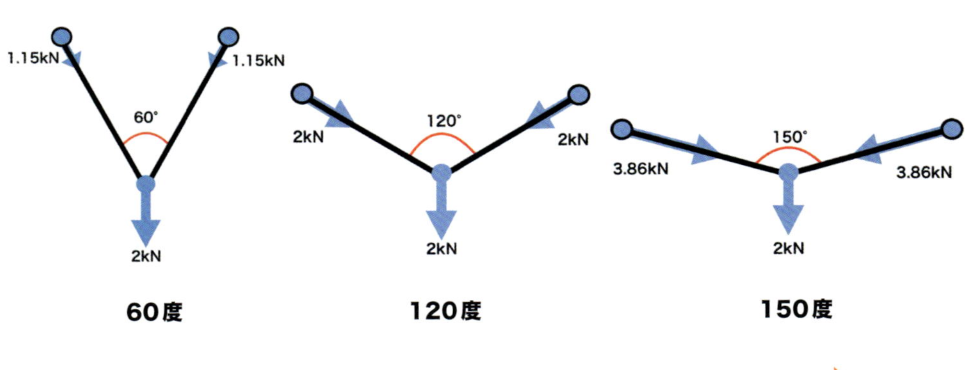

雖然説要追求盡可能的窄角，但具體而言甚麼標準才算好？以下將介紹「90 度標準」。90 度稱為直角，是人眼直觀容易判斷的角度。將大拇指和食指像下圖這樣擺成 L 字形，就能立即成為現場可用的 90 度量角器；以之在現場設置盡可能保持 90 度角或以下的穩固點，就能更輕易地降低風險。

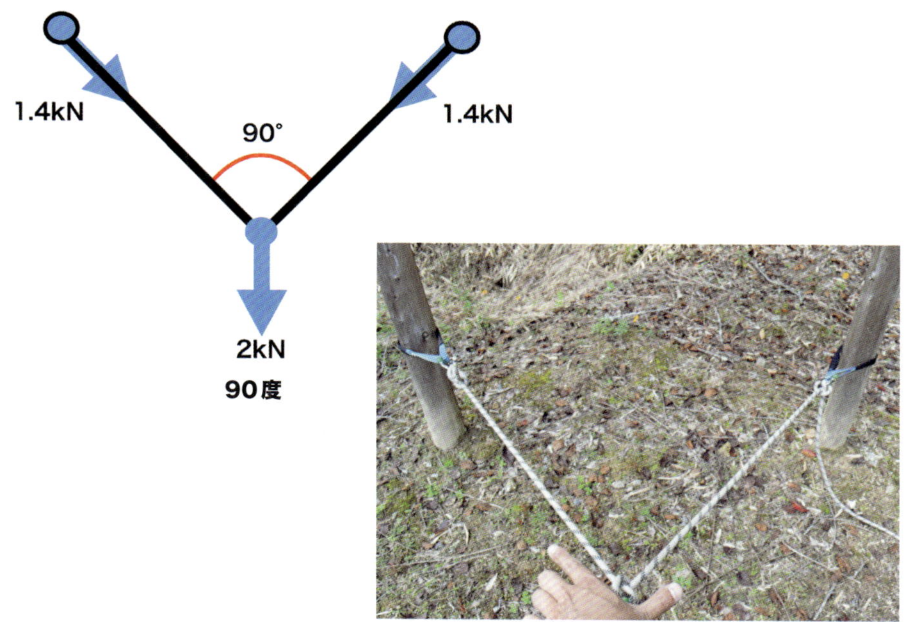

實際的 90 度角穩固點

1.1 多物式穩固點的兩點連接概念

正如設置穩固點後續的救援系統需要兩點連接，在多物式穩固點中，繫穩物與穩固點之間的兩點連接也很重要。兩點連接的原則是，為已有足夠強度的單點連接系統設置不會失效的後備系統，而非因為負荷很大才需要兩點連接。多物式穩固點會大量使用扁帶環和繩索，根據「哨子和剪刀」原則，至少需要多 1 條繩索或扁帶環來配合另一條繩索或扁帶環。但是，並非只要 2 條繩索或扁帶環就足夠，而是需想像「如果這裏斷了（損壞了）會怎樣？」。關於多物式穩固點，需要從絕對不能崩塌的角度出發思考，以下將介紹作者所整理的數種兩點連接概念。

多物式穩固點可根據其組成繫穩物之間的關係，大致分為以下兩種：

◯各個繫穩物均十分堅固，但位置上不方便使用，因此設置多物式穩固點。
◯當對繫穩物的強度有疑慮，將多個繫穩物集中起來設置成多物式穩固點。

每種模式還會根據狀況再進一步細分，透過以下概念圖說明。

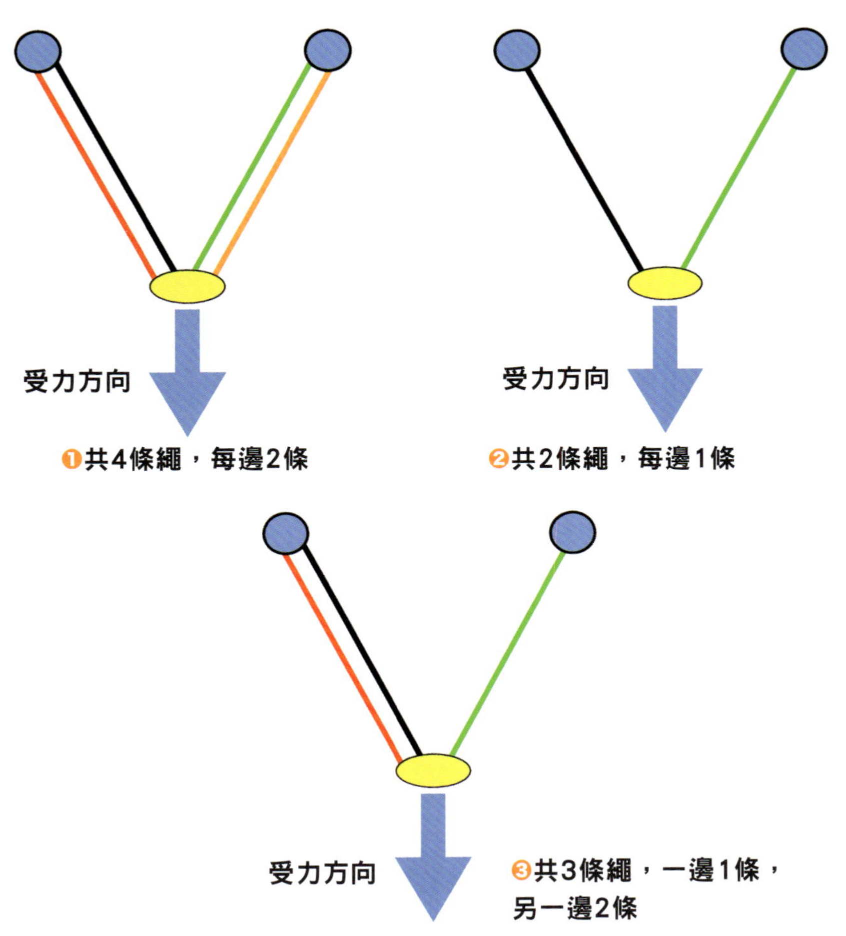

如果強度夠高，則有三種可能性的模式，但要考慮選擇每種模式的理由。

首先，第一種情況是 2 組各 2 條共 4 條繩索的模式。這模式讓兩邊均各有兩點連接，即使其中一條斷裂，穩固點也不會移動。這系統的安全性可被視為最高。但需注意是，這種模式並非為了用 4 條繩索攤分負荷而設置，而是為左右兩邊各自準備後備系統。

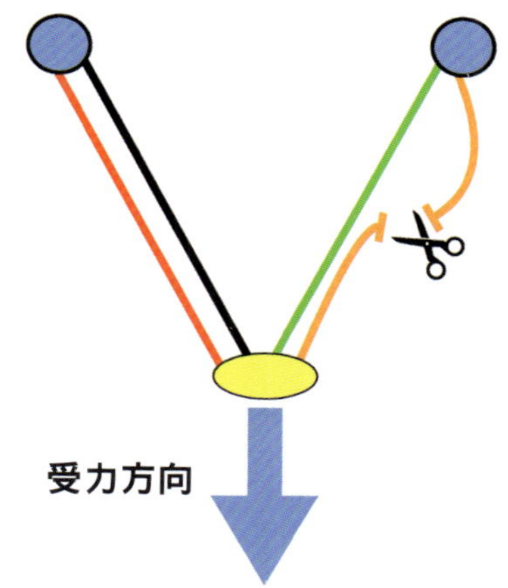

4條繩（每邊2條）其中1條斷裂了

其次是左右各 1 條共 2 條的模式。如果這系統的任何 1 條繩索斷裂，穩固點會移動到剩下的繫穩物與受力方向垂直的位置。隨着這個移動，從穩固點延伸出去受力的繩索也可能會橫向滑動。此時，如果繩索接觸到銳利而沒有保護的角邊，可能會割斷繩索。而且，懸吊在提升下放系統的救援負荷可能會大幅擺盪。

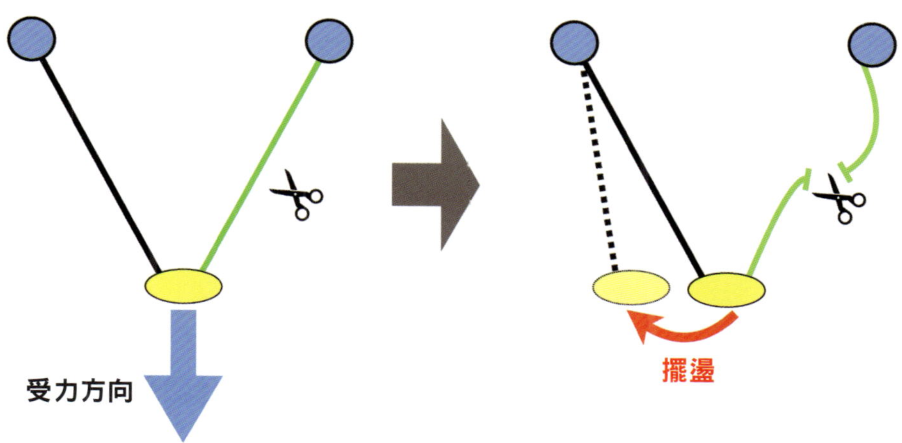

兩側各有1條繩，其中1條斷裂了

如果前方的岩角已經防護好，即使承重的繩索磨擦到也不太可能切斷，或者如果估計不會擺盪到那麼大的程度，就可以使用左右各 1 條（共 2 條）繩索製成的多物式穩固點。這設置是綜合繫穩物之間的距離，或是從穩固點至崖邊的距離等因素考慮而決定的結果，很難制定絕對標準，但假如穩固點會因繩索斷裂而擺盪超過 1m，那就不應該選用這模式。

只有其中一邊有 2 條繩索的第三種多物式穩固點模式，有點像上述兩種模式的混合體，在不希望穩固點往該方向移動的另一邊，設置多 1 條繩索作後備。另一邊的 1 條繩索則是考慮到即使該繩索被切斷，其影響亦相對較小，是個為了簡化或減少裝備器材數量並追求迅速行動的設置。

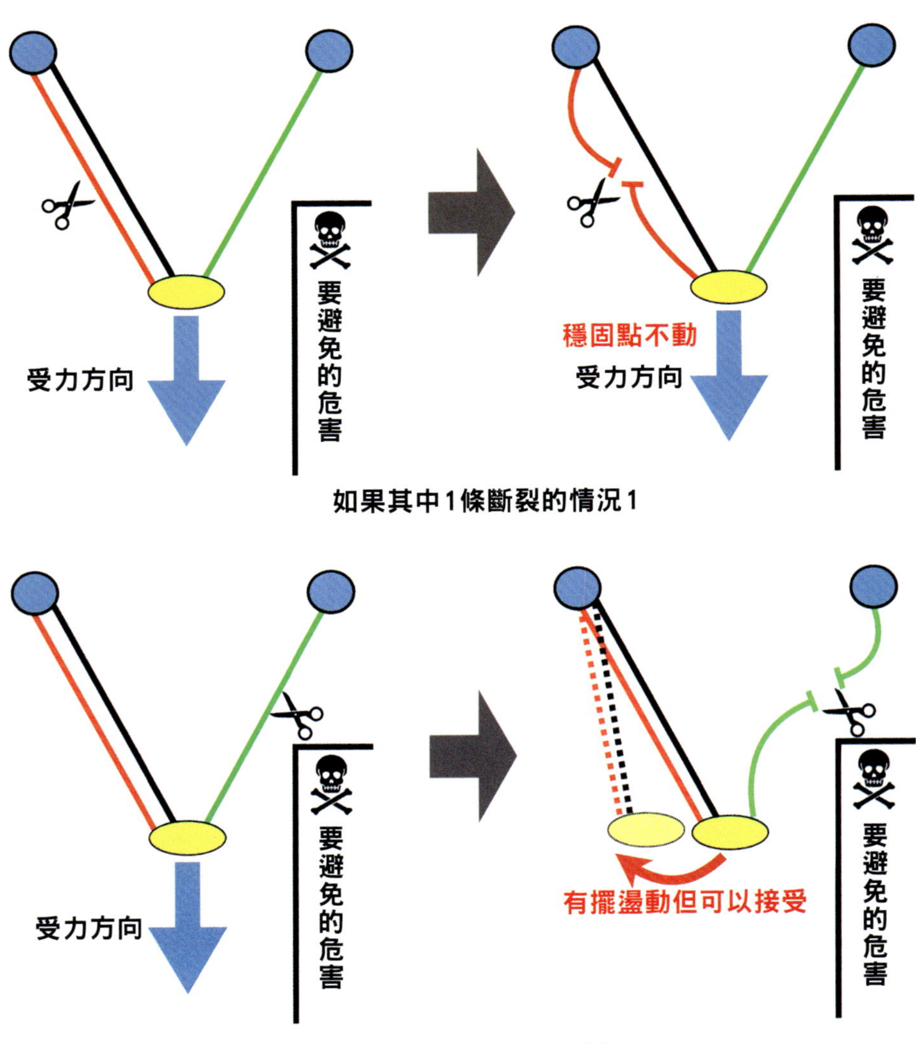

當對繫穩物的強度有疑慮，將多個繫穩物集中起來設置成多物式穩固點

雖然單獨一個繫穩物會令人不放心，但將兩個以上結合起來，就能設置一個堅固的穩固點。當每個繫穩物均與穩固點有兩點連接，即使其中1條繩索的某處斷裂，整個穩固點也不會崩塌。此時，如果設置自動均分Self-equalised（均力）穩固點，萬一繫穩物崩塌，整個穩固點可能會承受很大的衝擊力，因此建議設置固定分散的穩固點。

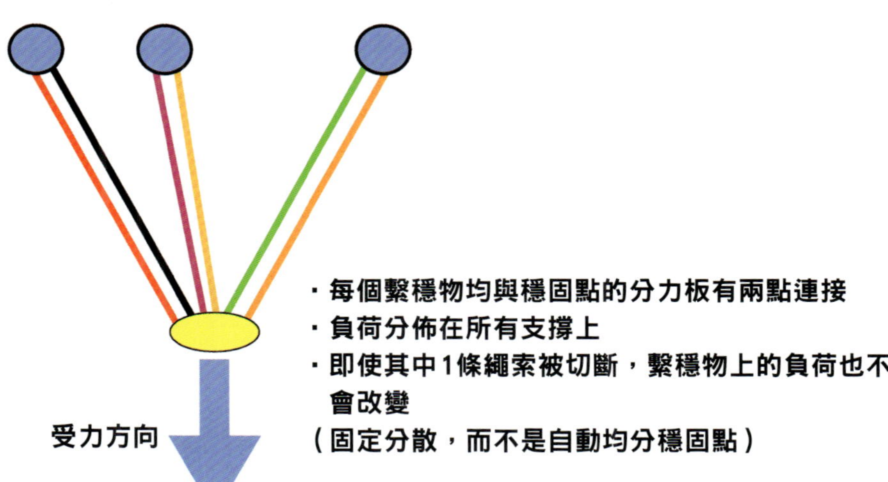

如果仍擔心集中多個繫穩物的穩固點強度不足，要將其視為一點連接的話，就需要再準備另一套獨立的一點連接系統。圖中示範了一個例子，拯救員需要根據現場狀況，運用到目前已介紹的穩固點設置概念，自行判斷穩固點是否已具備了有足夠強度的兩點連接。

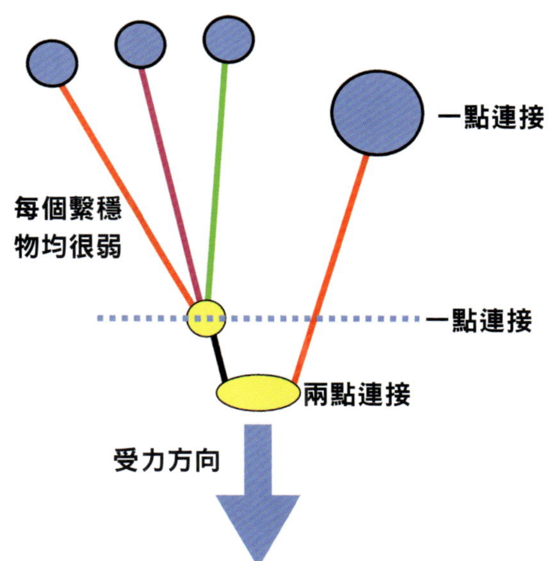

此外，當使用強度不足的繫穩物，需要適當分散負荷。雖然要根據繫穩物的強度來判斷要分散多少負荷，但不能忘記，多物式穩固點與繫穩物之間所形成的角度，會決定每個繫穩物分別承受多少負荷。拯救員應根據現場狀況判斷，應先決定穩固點位置，還是根據繫穩物的強度而決定穩固點設置。

在繫穩物強度不確定的情況下，以上介紹的兩點連接系統均假設負荷適當分佈並且繫穩物不會倒塌的。如果繫穩物倒塌，多物式穩固點的移位將根據所使用的設備和繩索而有所不同，拯救員在訓練和身處現場時，預想穩固點崩塌的可能情況。

關於多物式穩固點的兩點連接總結

到目前為止，我們以繩索斷裂等風險為基準來判斷適當的多物式穩固點。然而，從一開始就假設繩索或鎖扣會斷裂是否實際？每天檢查和測試裝備器材，全面地防護岩角邊，受力前徹底實施雙重檢查……如果這些步驟均徹底執行，或許就不會發生導致穩固點崩塌的裝備器材斷裂情況。

然而，世上並不存在「絕對」不會斷的繩索或扁帶環，也沒有「絕對」不會斷裂的鎖扣。最終的檢討標準，還是要視乎自己對這些器材能達到哪種程度的信任。這裏介紹的穩固點概念，都是從「如何應對假設風險」的角度出發。如果評估認為沒有風險，選擇更簡便而堅固的穩固點會更有效。團隊需要對「甚麼是風險」有共識，並充分考慮降低該風險的措施。

1.2 固定角度多物式穩固點（Multipoint fixed angle anchor）

適用於受力方向已確定且變動較小的情況。雖然非常簡便且能快速設置，但因為在設置時穩固點受力方向被限定，因此在前方行動時無法在大範圍移動。

以 2 條扁帶環設置雙物式穩固點

以 4 條扁帶環設置雙物式穩固點

以長扁帶用 Big Fat Knot（BFK）設置雙物式穩固點

以長繩用 Big Fat Knot（BFK）設置雙物式穩固點

以雙套結設置雙物式穩固點

※ 需注意雙套結在負荷變動較大時，容易鬆動並移位。

1.3 可移動角度多物式穩固點（Multipoint moving angle anchor）

這是一種稱為自動均分的穩固點，當受力方向改變時，穩固點也會隨之移動，可以涵蓋前方行動的廣泛範圍，缺點是繫穩物上的受力方向可能一直在變化。根據繫穩物的設置狀況，可動範圍可能會變窄。而且，如果一方的繫穩物崩塌，扁帶環或繩索可能會滑脫，穩固點會移動很多（設置方法錯誤的話，甚至會完全滑脱崩塌）。因此，不建議在相對較弱的繫穩物之間設置自動均分穩固點。

※ 為了清晰展示，圖中的雙物式穩固點只有一點連接。設置類似系統時，應設置增加多一條扁帶環和鎖扣，以確保系統有兩點連接。

基本的雙物式自動均分穩固點（扁帶環）

如果不在扁帶環扭半個圈就連接鎖扣，它會於繫穩物崩塌時輕易從鎖扣滑走。

死亡三角

照片中的扁帶環使用方式是被禁止的「死亡三角」，雖然是為了分散負荷而用扁帶環環繞 2 個繫穩物，但考慮合力的話，這個扁帶環使用方法反而會加重繫穩物的負荷。

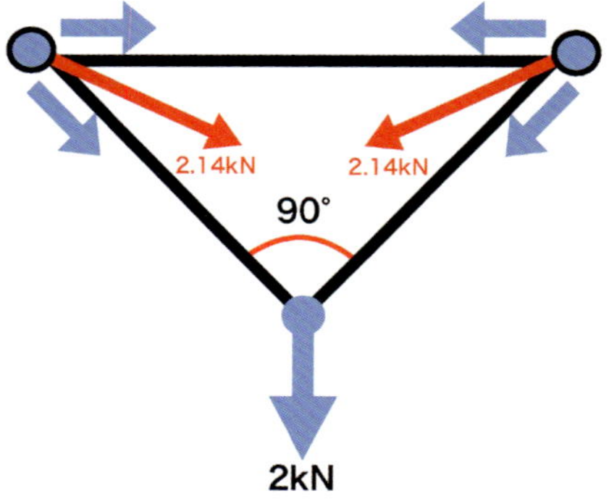

為避免不必要的風險，要注意不要形成「死亡三角」。

以雙接繩結所製作的繩圈來設置的雙物式穩固點

以在繩索中段對疊的繩耳，打優勝美地稱人結來設置的雙物式穩固點

以雙圈 8 字結來設置的雙物式自動均分穩固點

※ 為了清晰展示，圖中的雙物式穩固點只有一點連接。設置類似系統時，應設置增加多一組繩索和鎖扣，以確保系統有兩點連接。

1.4 以其他裝備設置多物式穩固點

使用下降器和預組拖拉系統，可以建立可輕鬆調整角度和長度的多物式穩固點。負荷能力和制停方法（鬆開手時打結和鎖定）因所使用的器材而異，因此有必要參考使用說明書和準確的技術資訊。

使用下降器（Petzl 製造的 I'D S）和預組拖拉系統（HARKEN 製造的 Wingman）創建的多物式穩固點

2. 頂部穩固點設置（Top anchor）

以下將介紹，如何以操作平台正上方手無法觸及等高處繫穩物設置穩固點。在高處準備穩固點時，重要的是設置該穩固點的高度。當然要考慮方便自己的操作，但在操作提升或下放系統時，也要考慮是否能充分發揮頂部穩固點的功能。這裏介紹高處繫穩物上懸掛的穩固點，可分為完全懸掛系統，以及配合底部穩固點系統兩種。

完全懸掛系統例子1

如果判斷不需要岩角防護，就只用繩索設置系統。

完全懸掛系統例子2

在高處的工字鐵以防護套包裹着扁帶環，以隔開鋭利角邊。

底部穩固點系統適用於低處有牢固的繫穩物，而穩固點需要安裝在高處的情況。如果以下降器和繩索設置，則可以輕鬆調節高度，使其通用於不同場景。請注意，在底部穩固點系統中，高處繫穩物所承受的是懸掛負荷的兩倍。

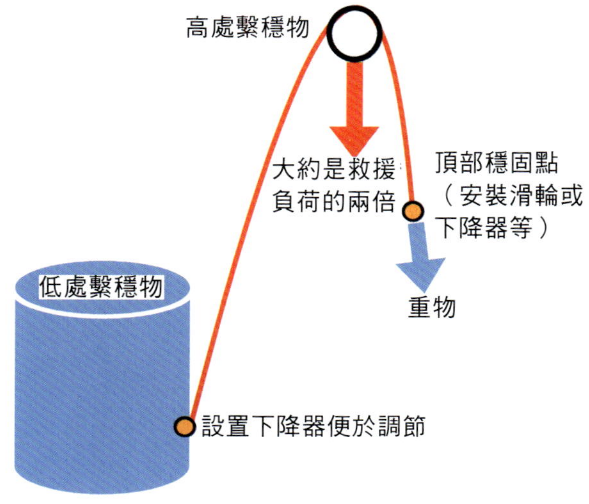

底部穩固點範例 1（使用下降器）

※ 為了清晰展示，圖中的底部穩固點只有一點連接。設置類似系統時，應設置增加另一點系統（下降器、扁帶環和鎖扣），以確保有兩點連接。

底部穩固點範例 2（繩索直接繫綁在樹底）

底部穩固點系統使用方法的例子

在樹上設置穩固點並安裝下降器，將繩索繞過上方的樹幹並垂下作為攀爬上樹的繩索系統，這樣就能在上空任意地移動，設置穩固點。

利用投擲繩設置懸掛式頂部穩固點的方法

如果粗大樹枝、橫樑、工字鐵等高處繫穩物的上方有足夠空隙，就可以投擲投擲繩等，穿過並拉起設置穩固點所需的繩索。此時，對上方繫穩物的岩角防護可採取以下方式：

將防護布或防護套固定在繩索或扁帶環上，同時將其放在頂部。

將投擲繩拋向高處的繫穩物。

用夾子等工具固定防護套，並拉起繩索。

將防護套設置在需防護的位置。

另外準備1條繩索，事先設置好防護布等。

設置拉起用的繩索。

拉起防護布。

將防護布設置在需防護的位置。

在作為穩固點的繩索中途設置扁帶類器材以避開岩角。

安裝扁帶環並拉起繩索，此時要確保避開的部分比扁帶更長，足夠鬆弛。

將扁帶環設置在要防護的位置。

3. 漂浮穩固點（Floating anchor）

拯救員需緊記，任何人能達到的地方都有機會成為救援現場。然而，該處附近並非總是有方便而堅固的繫穩物，甚至可能操作平台內空無一物，無法設置個人保護。在這種情況下，拯救員可設置漂浮穩固點，以此安全地展開行動。漂浮穩固點又稱（Beach Head Anchor），意即「登陸據點、前線基地、立足點」，漂浮穩固點可以說就是繩索拯救中的前線據點。它亦是上文提到的多物式穩固點之延伸，基本上設置更加堅固，不會上下左右晃動。

關於浮動式穩固點的設置，有以下規則：

① 後方的繫穩物各自都獨立而堅固

② 需要從前方固定，稱為前側拉繩

③ 透過把穩固點向下壓，從而抑制上下晃動

照片中的浮動式穩固點使用了 Gin pole，因為方便且堅固。不過，並非一定要使用 Gin pole，還可將繩包、大石塊、樹樁等與分力板組合起來一起設置。

照片中面向前方是活動側。黑色和白色虛線之間的紅色夾角範圍就是穩固點的可受力範圍。如果超過這個受力範圍，穩固點就會很容易崩塌，需要特別注意。

浮動式穩固點是為了將拯救行動所需的穩固點功能（個人及拯救系統）集中一起，並設置在最危險的前線，因此稍微移動便可能直接導致危險事故。而且，也需要根據負荷能力和受力方向，盡可能設置得更寬廣。

4. 安裝式穩固點

如前文所述，並非總會有隨時都方便使用的繫穩物，有時候還需要自己安裝掛片。做法是，在岩石或混凝土以錘鑽鑽孔，再以繫穩螺絲安裝不鏽鋼或鋼製的掛片。關於規格和詳細的施工方法，使用時請參考各掛片的說明書。

5. 人工高轉向（Artificial High Directional）救援腳架

在國際上，繩索拯救中會使用稱為人工高轉向 Artificial High Directional（AHD）的救援腳架，使拯救行動更安全有效，如 ARIZONA VORTEX、TerrAdaptor、Falcon、RollGliss 等。不同的 AHD 產品在使用方法上存有差異，無法一概而論「要這樣使用」；但基本原則都是相同的，這裏將介紹使用 AHD 時的共通注意事項和有效使用例子。

CMC　ARIZONA VORTEX

PMI　TERRADAPTOR

使用 AHD 時有數個注意事項。首先，AHD 的接地部分必需完全固定，確保不能有任何移動；若然所謂「腳」的部分能夠移動，將會非常危險。

固定方法有以下幾種：

- 以螺絲或螺絲釘固定在繫穩物上
- 以扁帶或織帶綁在繫穩物上
- 將腳部零件抵住繫穩物的溝槽或角落或插入柔軟的地面
- 設置以強大力量壓制 AHD 的腳在地面上的系統，利用與地面的強摩擦力防止腳滑動

以上方法既能單獨使用，也可以組合出多種方法讓操作更穩定。

其次需要正確預測合力（Resultant force），避免造成拉倒 AHD 的負荷。AHD 腳的數量會決定 AHD 自立或不自立，後者情況下需要稱為固定繩（Guyline）的繩索來使 AHD 自立。固定繩雖然因 AHD 的種類而有差異，但一般使用 2 到 4 條，利用滑輪組或下降器等裝置組成機械增益系統，最重要把 AHD 拉緊至不會晃動。我們亦要以 AHD 即使沒有固定繩也能因合力而自立為目標，決定 AHD 的受力方向。

在實際操作中總在變化，力的方向不斷移動。由此產生的合力會被固定繩吸收，從而可以穩定AHD。可是設置拯救系統時，絕對不能讓固定繩承擔全部負荷。

以三腳架（Tripod）於沙井進行拯救
合力的方向在正下方，是最穩定的形狀。

獨腳架（Gin pole/Monopod）輔助提升救援
固定繩等均勻地拉緊。

獨腳架（Gin pole/Monopod）輔助提升救援
可以輕鬆跨越脆弱的欄杆，使擔架穩定地進出平台邊。

只要腳部不動，而且救援系統的合力在 AHD 特定範圍內，一般不會出現問題。另一方面，確實有詳細的規則來確保問題不會出現，我們需學習基礎物理並熟悉使用說明手冊。更重要的是，如果能訓練到自己能想像受力分佈，AHD 一定會成為強而有力的輔助。

以三腳架拯救傷者

即使在不穩定的岩石區域，如果有穩定的高處轉向，也可以在較少晃動的情況下進行救援。

以三腳架拯救傷者

可以將腳放在牆上，與胸部齊高，從而提升高度。

總結

在「實踐知識篇」的穩固點章節，展示了穩固點的種類、設置方法，以及裝備器材的有效使用例子。過程中提到，每個人類能進入的地方都有機會成為救援現場，故我們必需具備在任何環境都能設置堅固安全穩固點的知識與技術；即使是原本認為沒有穩固點的現場，但隨着知識、技術和經驗的累積，或許會有全新發現。此外，不僅要設想「沒有繫穩物」的極端情況，還要再次思考「如何才能準備堅固好用的穩固點」。穩固點設置是繩索拯救的基礎，為了自己和傷者的安全，相關人士必需追求設置最佳的穩固點。

繩索拯救系統的設置方式

消防繩索救援系統的兩款提升下放系統

「主繩-保護繩系統」與「雙主繩系統」

繩索拯救需要使用兩條繩索將傷者從低處提升到高處、從高處下放到低處、斜向上下移動，或是左右水平橫移；這兩條繩索被稱為「主繩與保護繩」，在各種現場行動中被廣泛運用。

2016 年（平成 28 年）修訂的《勞動安全衛生規則》規定，在 2m 以上高度和 40 度以上斜坡或牆壁等難以設置工作台的「繩索高空作業」場所，必需設置能夠持續支撐技術員體重的主繩，以及在意外發生時保護生命的「生命線」（《勞動安全衛生規則》第 539 條第 2 項）。因此，除了主繩外，還需要設置用於連接下墮制停裝置的生命線，這條生命線便相當於保護繩。

這項修例也適用於日本消防員，往後在遵守法例的情況下行動，有必要比以往更加慎重地考慮和研究「主繩與保護繩」這兩條繩索的使用方式。

除了遵守法例，使用兩條繩索最重要的意義是甚麼？就是保護拯救員和傷者的生命，並安全迅速地展開行動；不論在訓練抑或正式救援行動，均必需確保自己和傷者的安全。為此，我們不能只依靠「別人所說的」或書上寫的"How to"，而是要以「我們認為所以這樣"Why to"」的思考模式，設置不會失效的兩點連接系統。

那麼，有哪些繩索系統是不會失效的？兩款系統分別是：

1. 由總是承擔 100% 重量的主繩，以及在正常情況下不承擔重量，只在主繩斷裂等意外下抓住下墮重量和制停下墮的保護繩，兩者所構成的「主繩 - 保護繩系統」。（詳見 P.132）

2. 由兩條繩索同時分擔重量，各自承擔一部分的「雙主繩系統 Two tensioned rope system（TTRS）」。（詳見 P.145）

這兩個提升下放系統已在世界各地被設計、測試和使用，並且就哪個系統更優勝，爭論從過去至現在一直持續。

兩款系統均正確

「兩款系統都是正確的，每個人都可以選擇適合自己的系統。」

「哪個系統更優勝？」其實這個問題不應該爭論，而是應該考慮如何為各自團隊找到最合適的方案。作者首先要解釋是，在消防繩索拯救中，對於「兩款系統中哪個更優勝」或「選擇哪個才正確」等問題沒有標準答案，反而是「兩款系統都是正確的」。

近年由於社交媒體發展，我們身處在一個容易獲取各種資訊，並且能夠將其付諸實踐的時代。可能因此會看到闡述主繩 - 保護繩系統優越性的資訊，或留意提倡雙主繩系統較理想的論點；即使參與訓練時，亦可能遇到類似的情況。然而，救援系統並不存在完美的系統，因為所有系統必定同時兼備優點和缺點。

每個組織的特點和人手不同，所需的繩索拯救系統亦有所不同。我們應該思考的不是「因為某人說了，某處寫了，所以就是這樣」的“How to”模式，而是「因為我們這樣認為，所以是這樣」的“Why to”模式。

由於日本不存在有關救援設備的標準以及繩索拯救手冊，所以作者一直在向海外尋求答案。但是，沒有手冊也意味着可以靈活運用海外的各種想法與方法，使其適合自己使用。這裏不是美國，也不是歐洲。換言之，這裏不必遵循 NFPA 或 EN 等其他國家標準；國家不同，其法律、思考模式、災害形態、建築物和人也各有不同。

以下我們將介紹「主繩 - 保護繩系統」和「雙主繩系統」兩款系統的各種優缺點和操作方法，但強調兩款系統都是正確的，在現場行動中選擇採用哪個系統由讀者們自行決定。請仔細考慮和理解每個系統的優缺點，評估現場情況，在遵守法律的同時，選擇認為正確的系統。

系統

主繩 - 保護繩系統

（100% 主繩 0% 保護繩）

專用主繩專用保護繩（DMDB）/ 單一主繩分離保護（SMSB）

主繩 - 保護繩系統所指在一套系統中，由 1 條主繩承擔所有的負荷，並設有 1 條備用的保護繩，以備主繩斷裂時制停下墮。它起源於 1980 年代北美提出的雙普式結保護（Tandem Prusik Belay），2010 年以後逐漸普及的 VT 普式結保護、以配備自動制停功能的下降器作保護，以及使用 PETZL ASAP 的保護等各種系統，均在世界各地使用，並有不同的名稱。

其中具代表性的名稱有專用主繩專用保護繩 Dedicated Main Dedicated Belay（DMDB）和單一主繩分離保護 Single Main Separate Belay（SMSB）兩種，雖然還有眾多其他名稱，但沒有一個是官方正式命名的。

主繩 - 保護繩系統的特點是操作相對簡單，兩條繩索的角色分工與操作方式明確。如前文所述，不同的保護繩系統各有不同的最大制停力和最大制停距離。最大制停力 Maximum Arrest Force（MAF）指的是當其中一點連接斷裂時，另一點連接承受的負荷。最大制停距離（Maximum Extension）則指其中一點連接斷裂前後，兩點連接轉移受力的距離差，也稱系統最大延伸。

當主繩斷裂瞬間，負荷會轉移到保護繩，如果保護繩放鬆了，便會增大這兩個參數。因此，保護繩應盡可能收緊，沒有多餘而過鬆的繩長就最為理想。不過，當使用雙普式結保護，或以下降器保護下放負荷時，很難完全把多餘過鬆的繩長收緊，而使用 ASAP 則相對容易做到。

專用主繩專用保護繩（DMDB）= Dedicated Main Dedicated Belay——Base Camp Innovation-Kirk Mauthner

單一主繩分離保護（SMSB）= Single Main Separate Belay——Rigging For Rescue

隨着系統中繩索變長，保護繩無可避免地會因為繩索本身的重量越來越重，而被拉出多餘而過鬆的繩長。為了解決這個問題，有人考慮轉而採用讓主繩和保護繩同時受力的雙主繩系統。據 Kirk Mauthner 先生在 2005 年提議，可以以繩索長度會否超過 30m 作為轉換系統的考慮標準。

後來，有人提出當擔架照顧員攀越平台邊時滑腳，導致從大約腰高 1m 的高度下墮；撞到牆面時，主繩 - 保護繩系統比雙主繩系統更安全。因此，建議在攀越平台邊緣時使用主繩 - 保護繩系統，通過後則轉換為雙主繩系統等，自此便出現了各種結合兩款系統的方法。主繩 - 保護繩系統在下墮時更安全的原因，據説是即使繩索磨到平台角邊，兩條繩索也不容易同時被切斷，隨時有效的自動制停功能可望將下墮距離降到最小。（這詳見後面 P.154 關於 EMBC2016 的比較測試）

接下來，讓我們介紹和反思主繩 - 保護繩系統的各種類型，以及各自的優缺點。

三種保護繩系統

以下將列舉並探討三個典型的主繩 - 保護繩系統。

需要設有保護的場景主要分為提升和下放兩種情況。提升時，無論採用哪種保護方法，均要給予額外繩長的操作，因此這三種方法一直啟動着自動制停功能。相反，危險的是下放時候，以下便針對下放時的要點進行說明。

雙普式結保護

自 1980 年代以來，它是在日本和全球普及的保護方法。這個系統的優點是成本低，輕便而且易於攜帶。如果以適當的操作方法使用，絕對能夠發揮保護功能。不過，由於下放時需要單憑人力用手握住普式結部分，並解除制停功能以鬆出繩索下放負荷等原因，據説從 1990 年代到 2010 年左右，在北美發生的大多數事故都與之有關。

儘管有些國外文獻記錄，就算鬆手也能通過哨子測試，即能抓住繩索制停下墮，但同時也有案例顯示，拯救員沒有注意到主繩斷裂而且抓住了普式結部分繼續放繩，結果導致事故發生。

此外，雙普式結保護是通過在送出繩索的雙手之間製造鬆弛，以確保保護繩系統不會受力。可是，這種鬆緊因操作員而異，當主繩斷裂，保護繩的最大制動距離會因操作員不同而有所增減。也就是說，人為因素如反應時間、握力或普式結打法會在保護繩功能上增加等諸多變數，導致各種後果。換言之，這是個需要相當操作技術的系統。正因如此，北美某些地區近年從雙普式結保護轉向使用 ASAP 的保護，但直到今天，它仍然是一種被廣泛認同和使用的保護方法。

使用具有自動制停功能下降器的保護繩系統——下降器保護

接下來將介紹使用具備自動制停功能，即在操作過程中即使鬆手，也能制停的下降器進行保護系統。Kirk Mauthner 先生和 Mike Gibbs 先生曾分別在 2005 年國際高山救援委員會 International Commission for Alpine Rescue（ICAR），以及 2007 年國際技術救援研討會 International Technical Rescue Symposium（ITRS）上闡述其有效性，讓這方法自此普及至今。

這種方法最大的優點是，下降器基於其結構，在操作過程中即使鬆手也能制停流動的繩索；與雙普式結保護同樣以人力鬆繩，但並非通過拉動手柄送出，而是通過故意傾斜下降器按需要鬆繩，或通過拉動手柄短暫停用自動制停功能。自動制停功能不會被完全解除，制停繩索功能不受人的反應時間或其他人為因素影響而持續發揮作用。換言之，這是一種讓下降器長期啟動自動制停功能的方法，可以說有更大機會成功制停下墮。

缺點在於裝置的種類繁多，從下降器的種類、型號的新舊，以至操作方法也有所不同。換言之，如果用於保護的下降器改變，方法也必需改變；方法愈多，代表需要的訓練時間就愈長，在操作時發生人為失誤的可能性也愈高。再者，由於具備自動制停功能，在操作時試圖拉走多餘放鬆的繩長時，很容易立即將負荷從主繩轉移到保護繩，而處理這種情況需時，可能會延誤拯救行動。

另一方面，放鬆了的繩愈長，系統中繩索的總長度便愈長，傷者或擔架照顧員下墮至地面或撞到尖銳岩面的可能性亦提高。儘管它是個具備可靠制停功能的系統，但同時是一種操作非常困難的方法。話雖如此，如果規定了所使用的下降器，並經過反覆訓練，這保護方式亦是一種能夠安全可靠地制停下墮的方法。

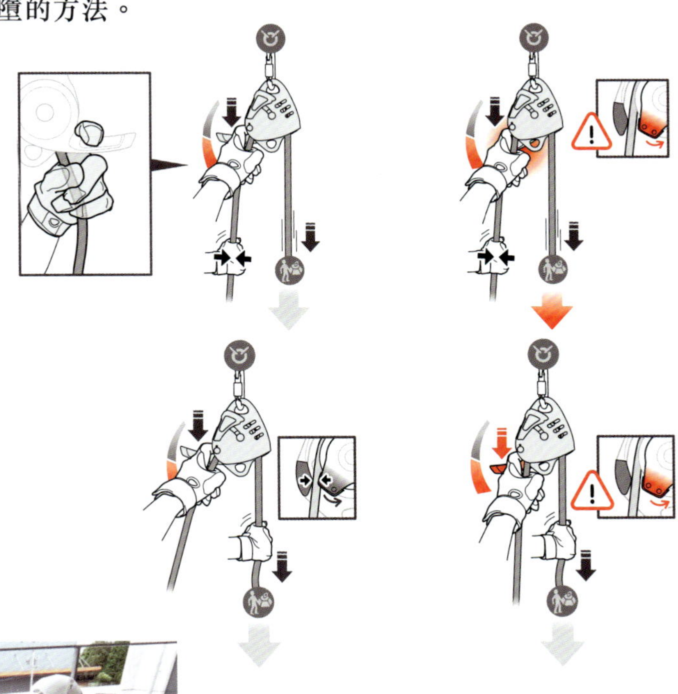

圖中是使用 CMC Clutch 的保護方法。用一隻手將繩索送入，用另一隻手送出繩索，是種相對簡單的方法，但需要儘量減少放鬆了的繩長，並注意避免負荷轉移到保護繩上。

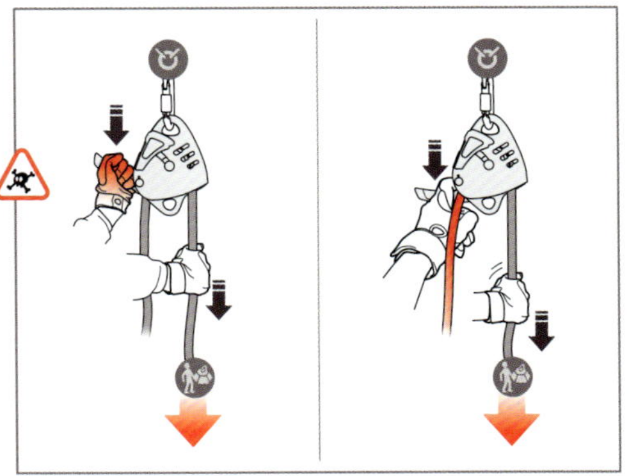

使用 Petzl 公司製造的 Maestro 進行保護的方法。如果沒有經過訓練，這是一種稍微困難的技術。

使用ASAP的保護繩系統

圖中是使用 PETZL ASAP 的保護繩系統，ASAP 是一種用於工業繩索的後備裝置。2017 年，Petzl America 的 Jeremiah Wangsgard 先生在專業繩索技術員協會 Society of Professional Rope Access Technician（SPRAT）會議上，針對關於將其設置在穩固點上使用的技術發表補充說明。

本段省略 ASAP 的規格和性能等詳情，請讀者參閱使用相關說明書，簡單來說，當與繩索連接的 ASAP 以一定速度滑動時，ASAP 會抓住繩索制停下墮，是個十方方便的設備。

與下降器保護相同，ASAP 最大優點是其制停繩索的功能，與使用者的反應時間或其他人為因素無關，更大機會能制停下墮。此外，假若與特定的勢能吸收器組合使用，更可以將最大制停力控制在一定數值以下。

與下降器保護不同，由於 ASAP 內置了旋轉的鎖定滾輪，故不需要憑人力送出繩索，操作時只需抓住制動端，感受到手上有負荷的同時釋放繩索，就能在發生意外時發揮保護作用。憑藉這一功能，只要抓住繩索的制動端，就可以盡可能減少多餘繩長，成為另一個優點。當主繩斷裂時，ASAP 會自動抓住繩索，勢能吸收器按下墮衝力的大小或會展開，使最大制停力不超過一定數值。換句話說，人為失誤發生的可能性較小，能夠可靠地將最大制停力控制在一定範圍內，通過減少多餘繩長可以降低系統的最大制停距離。

另一方面，這方法的缺點是需要熟悉與 ASAP 配合使用的特定勢能吸收器之操作。與下降器不同，ASAP 雖然具有自動制停功能，但要發揮這個功能，需要繩索達到一定的滑動速度，在達到該速度之前，繩索仍會從設備中流動。此外，所使用的勢能吸收器的展開長度會因所承受負荷，或是系統中的繩索長度等各種因素而有所不同，這會增加最大制停距離。方便的設備或裝備往往也存在需要注意的風險，讀者使用時必需先理解這一點。

（右圖）由於提升時會使保護繩鬆弛，因此要從經過轉向鎖扣後的制動端拉走多餘繩長。

關於與 ASAP 配合使用的勢能吸收器的性能

讓作者進一步介紹使用 ASAP 作為保護繩系統時，需要注意的事項。

使用 ASAP 或 ASAP Lock 時，必需與符合 EN355 標準的專用勢能吸收器配合使用（個別情況除外）。這是為了讓勢能吸收器在下墮時吸收衝擊力，使其不會過大，從而保護繩索和懸吊在繩索上的人。

選擇使用 ASAP 保護方法時需要注意「確保適當的淨空距離」。原因是，ASAP 之所以發揮保護功能，是因為配合使用的勢能吸收器會展開，從而緩減衝擊力。換句話說，衝擊力愈大，勢能吸收器需要展開的長度就愈長，最大制停距離亦愈長。

另一方面，如果不考慮勢能吸收器在大約多大的衝擊力下展開，便有可能導致墮地（Ground Fall）等嚴重事故。此外，在穩固點與平台邊距離很近的情況下使用時亦需要注意，如果不考慮勢能吸收器的展開長度或繩索延展等因素來設置，ASAP 本身可能會卡到平台邊的 90 度直角，嚴重影響其下墮制停性能。

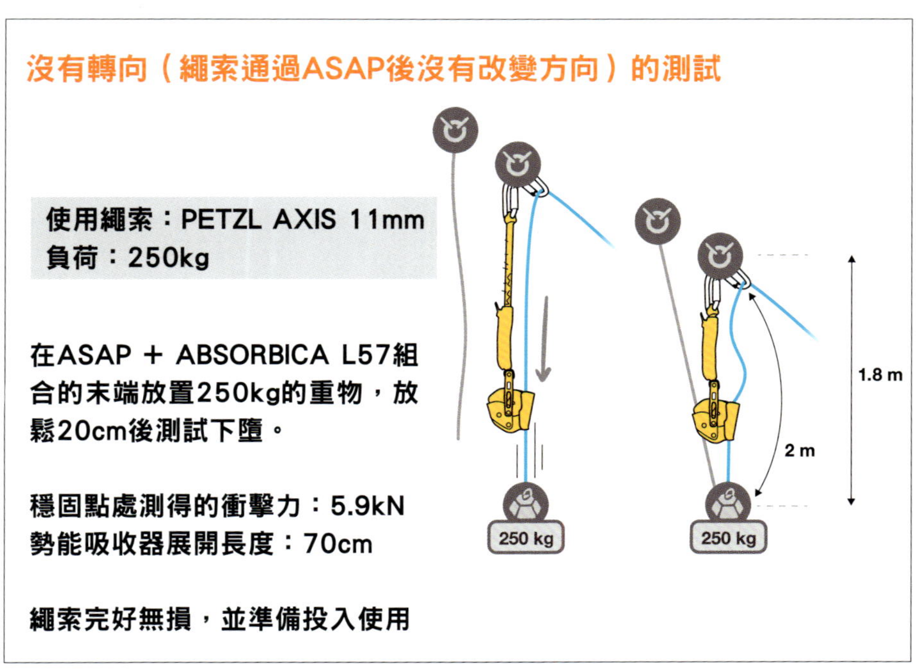

上述是把 ASAP 直接設置在上方的頂部穩固點之情景。救援負荷為 250kg，雖然稍微重一些，但即使只下墮 20cm，也會導致 70cm 長的勢能吸收器展開以吸收衝擊。這種情況下的衝擊並不會通過如平台邊的 90 度直角邊緣，因此衝擊力會直接傳遞到 ASAP。從勢能吸收器的展開長度考慮，最安全是盡可能拉走多餘繩長，把繩索系統儲量收緊。

以OXAN（Petzl 鋼質鎖扣）和 RESCUE（Petzl 高效滑輪）作轉向的比較測試

使用繩索：PETZL VECTOR 11mm
負荷：250kg

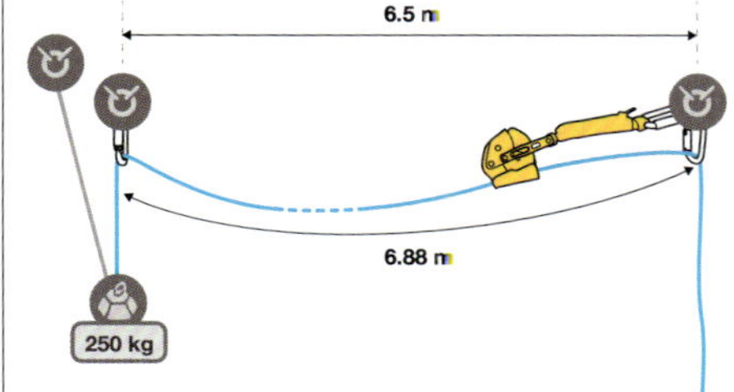

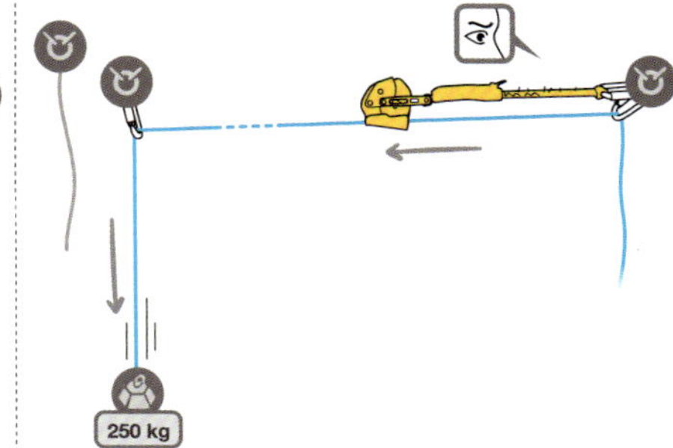

ASAP + ABSORBICA L57	ASAP + ABSORBICA L57
利用 OXAN（鋼質鎖扣）作轉向在繩索懸掛250kg的重物，橫向放鬆38cm進行下墮測試。	利用 RESCUE（高效滑輪）作轉向在繩索懸掛250kg的重物，橫向放鬆38cm進行下墮測試。
在穩固點測得的平均衝擊力：5.3kN	在穩固點測得的平均衝擊力：5.5kN
勢能吸收器的展開長度：45cm	勢能吸收器的展開長度：46cm
負荷下測得的平均衝擊力：7.1kN	負荷下測得的平均衝擊力：6.18kN
繩索無破損，立刻可再次使用。	繩索無破損，立刻可再次使用。

如圖所示，測試的場景為從後方穩固點到轉向的距離是 6.5m，並且會經過 90 度直角邊緣，或者是繩索通過高處轉向的場景。

左邊可視之為使用耐熱性的塑膠、波紋管或有摩擦阻力的鎖扣，或高處轉向以防護岩角，右邊可視之為使用岩角滾輪或滑輪來防護岩角。

難以想像 250kg 的荷重從 38cm 高度下墮的情況，但其實這份技術資料所記錄的，可能會在擔架越過平台邊的時候出現。在擔架越過平台邊時，提升下放系統無可避免地會把繩索放鬆了一定額外長度。一旦拯救員們放手，這長度就會變成下墮的高度。所以，越過平台邊之際是在繩索救援過程中容易發生事故的時刻。

與在上方頂部穩固點直接建立系統的模式不同，由於經過 90 度直角邊，繩索會產生一定的摩擦阻力與角邊分散了負荷，從而減少了勢能吸收器的展開長度。從之前的測試結果而言，兩種具有摩擦阻力的岩角防護模式並無差異。可是，真的這樣下結論嗎？到目前為止，本書所參考的是由 Petzl 發佈，有關在穩固點上使用 ASAP 保護繩系統的測試結果。現在考慮的問題是，僅憑這些測試結果是否完全代表 ASAP 的最大制停距離。

要留意，最大制停距離不僅僅是勢能吸收器的展開長度。主繩斷裂，負荷突然轉移到沒有受力的保護繩上，繩索會延展。此外，ASAP 的鎖定滾輪在抓住繩索並制停下墮之前，需要一定的反應時間；在 ASAP 起作用前，繩索會在 ASAP 內通過一定距離。除此之外，還需顧及繩結受力延展等各種因素。

繩索的延展長度又會因所使用繩索的不同而異，要預測有一定難度。在 Petzl 發佈的技術資訊測試結果中，只收錄了勢能吸收器的展開長度，但沒有繩索在 ASAP 內通過的距離。因此，以下讓我們追溯這些測試的來源。

關於使用 ASAP 設置在穩固點的技術資訊，Petzl America 的 Jeremiah Wangsgard 先生在 2017 年於鳳凰城舉行的 SPRAT 會議上，發表了關於 ASAP 作為穩固點保護繩系統的見解，隨後被加入為 Petzl France 的技術資訊。P.142 的圖表是由 Petzl America 的 Wangsgard 先生發表的測試結果，亦即是在 2017 年 ITRS 上發表的論文部分內容。仔細觀察這些測試結果可見，紅色框線部分是先前所考察 Petzl 技術資訊中，未有收錄的「關於繩索在 ASAP 內通過距離」的內容。

越過平台邊的時候，或多或少會讓系統繩索伸長和產生下墜高度。

redirect to ASAP anchor=21' 4" (6.5m)
rope length=22' 7" (6.9m)
15" (38cm) of slack
Petzl Vector 11mm rope
250kg mass

測試結果由美國Petzl的Wangsgard先生展示，與法國Petzl的技術資訊相比，可以得知發佈的資訊有所不同。

	Redirect	Load MAF	Anchor MAF	Energy Absorbaer extension	Rope movement through ASAP
Test#1	OXAN steel carbiner	6.94kN	5.06kN	17 in.(43cm)	16 in.(41cm)
Test#2	OXAN steel carabiner	7.22kN	5.6kN	18 in.(46cm)	15 in.(38cm)
Test#3	RESCUE pulley	6.18kN	5.5kN	18 in.(46cm)	28 in.(71cm)

從測試結果可以推斷，250kg 負荷以 38cm 下墮距離產生的最大制停距離，是勢能吸收器的展開長度加上繩索通過 ASAP 的距離，約為 1m，再加上繩索的延展長度。

但是要考慮到，繩索的延展長度會因所使用繩索的類型、使用情況、使用距離等因素而每次都有所不同。而且，擔架照顧員和傷者的總體重或其他救援負荷，也會令每次的結果出現變化。換言之，各種測試結果及技術資訊均只是參考指標。重要的是，以此基礎上思考如何把它應用到自己的行動現場，這亦是繩索拯救的有趣之處。

那麼，讓我們再從這個測試結果思考一件事。

比較 Test#2 和 Test#3 的數據得知，使用 RESCUE（高效滑輪）作轉向時，比使用 OXAN（鋼質鎖扣）作轉向時，繩索通過 ASAP 的距離大約長了 30cm。

換言之，在從高處下放到低處時，與其使用高效的岩角滾輪，反而使用具備摩擦阻力的保護設備，或許能夠更有效控制最大制停距離。在設置高處轉向也是如此，如果只是從高處下放到低處，那麼保護繩的頂部穩固點使用鎖扣，較使用滑輪更能降低最大制停距離。當然，從低處提升到高處時，使用高效率的岩角防護滾輪將更理想。

測試結果不一定完全等同，但可以從這樣的思考角度來考察各種測試結果，這便是研究繩索救援的樂趣之處。

相關人士應根據所有測試結果和技術資訊，仔細思考並將其應用至所屬團體，有助為建立“Why to”的思考模式。

如何看待主繩 - 保護繩系統

本節所列舉的，只是芸芸主繩 - 保護繩系統其中的三個例子。主繩 - 保護繩系統分成多種形式，不論選擇使用哪一種，只要事前經過深思熟慮，所作決定都是正確的。每個系統必然存在優點和缺點，最好是將兩者與現場實際情況互相結合來選擇。

主繩-保護繩系統的優缺點列表

優點	缺點
明確區分主繩和保護繩系統的分工，透過較少量設備完成拯救，操作失誤少。	由於選用的保護繩系統不同，最大制停力和最大制停距離具差異，難以一概而論。
選用具有自動制停功能的設備作為保護，能減少反應時間或疲勞等人為因素風險。（可以信賴其從意外發生到發揮保護作用的功能）	視情況而定，除了主繩穩固點，還需在崖邊設置堅固的保護繩穩固點，以縮短保護繩的多餘繩長；此時操作員間相距較遠，難以協調配合。
提升時需要空間拉動在主繩上設置的機械增益系統，但保護繩系統只需簡單地把多餘繩長拉走，不需要額外空間。整體而言，無需設置大範圍的工作空間。	由於用作保護的設備，其操作方法和特性各不相同，需要掌握大量知識、技能和安排大量訓練時間。
選擇的系統可以在一定程度上預測最大制停力和最大制停距離。（需要訓練！）	根據所選的裝備，系統的多餘繩長不一，在主繩斷裂時難以計算保護繩所承受的負荷。
一直由主繩完全受力，省卻考慮均勻分配負荷（參考雙主繩系統的缺點P.147）。相比需要準備兩套同樣設備的雙主繩系統，主繩-保護繩系統可以只用一套設備來設置主繩系統。	當主繩斷裂時，沒有承重的保護繩會一下子承受全部負荷，因此繩索的鬆緊和延展率Elongation可能會增大最大制停距離。

以上記錄並非此系統所有的優缺點，拯救員應因時制宜。

讀者必需記得考慮各種因素，因為系統每個特點均有機會成為優點或缺點。最重要是，在此基礎上仔細考慮選擇哪種系統，這樣才能更安全和更有效率地工作。

系統

雙主繩系統

Two tensioned rope system (TTRS)

在前文提及的兩款系統中，其中一種是主繩 - 保護繩系統（DMDB / SMSB），而另一種系統則是雙主繩系統（TTRS）。有別於主繩 - 保護繩系統中，主繩和保護繩各自承擔不同功能的概念，雙主繩系統的兩點連接同時具備主繩功能和保護功能。

雙主繩系統及其歷史

雙主繩系統是一種已被使用了數十年的系統，追溯其歷史存在各種系統與定義，例如將兩條繩索連接到相同下降器的"Twin System"、連接到不同下降器並連接到擔架不同部位的"Dual System"，以及兩條繩索均沒有保護功能的"Double System"等。

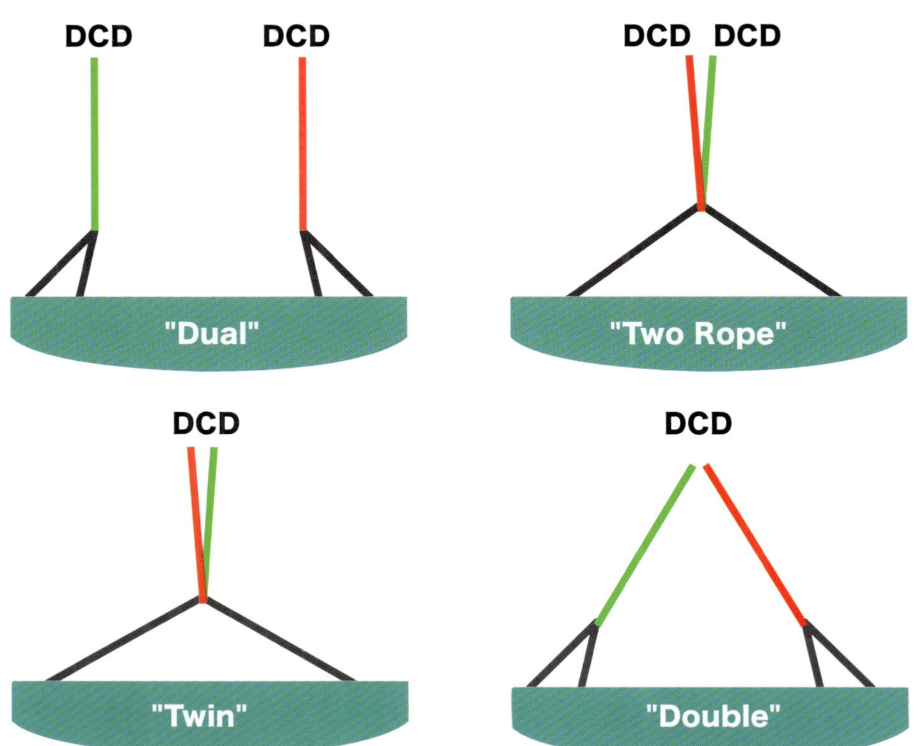

2005 年，Kirk Mauthner 先生在國際高山救援委員會 International Commission for Alpine Rescue（ICAR）發表了「繩索拯救後備系統有效性最大化」，建議在從高處下放傷者時，如果繩索長度超過 30m 應採用雙主繩系統；他開發並推出了一種稱為鏡像系統（Mirrored System）的技術，即並排使用兩個具有自動制停功能的下降器。這是考慮到主繩 - 保護繩系統中，當系統內繩索的長度超過 30m 時，由於繩索重量等原因拉出放鬆了而難於管理的多餘繩長。此後的幾年裏，當固定了傷者的擔架越過平台邊時，從主繩 - 保護繩系統轉換雙主繩系統的做法開始普及。

Kirk Mauthner 先生還在 2016 年的 ITRS 會議發表了由英屬哥倫比亞省緊急事務管理局 Emergency Management in BC（EMBC）所作的雙主繩系統與主繩 - 保護繩系統比較測試，提出了取代以往鏡像系統的雙重能力雙主繩系統 Dual Capability Two Tensioned Rope System（DCTTRS）。

雙重能力雙主繩系統
Dual Capability Two Tensioned Rope System

Dual Capability Two Tensioned Rope System（DCTTRS）直接翻譯是「具有雙重能力的兩條主繩系統」。其基本原則的雙重功能是指，每個繩索系統均同時具備主繩的升降功能，以及後備繩的保護功能，並需要能夠同時執行，也代表必需使用兩個都具有保護能力的自動制停功能裝置（下降器）。在下放時，每點連接承擔救援負荷的一半，在提升時也同樣各承擔一半；兩點連接需分別增設一套機械增益系統，以分散每點連接的負荷，達致高效率的提升下放。

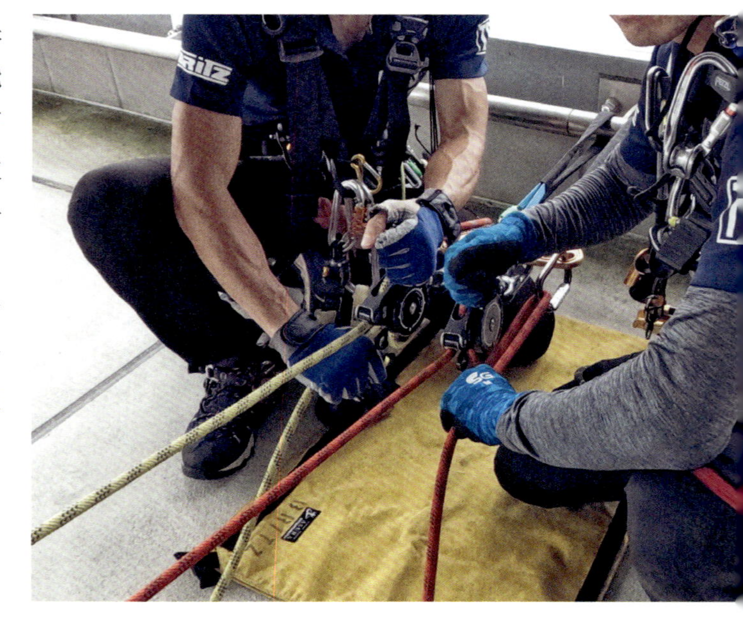

雙主繩系統的優點

分散負荷的做法，讓每條繩索同時只承受大約一半的重量；當其中一點連接斷裂時，已經承擔一半重量的另一點連接，所承受的衝擊會較小。相比主繩 - 保護繩系統在主繩斷裂時，將 100% 重量傳遞至保護繩而產生下墮衝力，雙主繩系統中兩條繩由於早已承重，因此理論上不會產生衝擊力。唯當其中一點連接斷裂讓重量轉移時，會產生下沉力。

另一方面在主繩 - 保護繩系統中，沒有受力的保護繩可能產生多餘繩長，繩索有機會垂到地面；但在雙主繩系統，由於兩條繩索同樣受力，所以近乎不會產生多餘繩長。總括而言，在最大制停力和最大制停距離的層面，雙主繩系統理論上可以比主繩 - 保護繩系統更小。這個優勢將對整個拯救系統產生正面影響。

雙主繩系統的缺點

1. 溝通能力必不可少

雙主繩系統希望每條繩索的負荷接近「50：50」比例，但由於是由兩個人操作，執行時導致一定的難度。假如兩位操作員無法好好地溝通，「50：50」的負荷可能變成「70：30」，某些情況下甚至或變成「90：10」，由於是由人操作，無可奈何地要完全「50：50」分配重量是不可能的。但是，如果分配過於不均勻，便可能無法發揮雙主繩系統的優勢了。

如左圖所示，一個人單獨操作時難以保持兩條繩均等受力。如右圖所示，一個人操作兩個下降器可以更好地讓兩條繩均等受力，但兩種方式都是正確的。

2. 人為因素：存在因人為錯誤導致事故的風險

雙主繩系統的特點是，將傷者從高處下放時，需要將兩個下降器均設置為下放模式，此時兩點連接必需停用自動制停功能才能下放。也就是說，理論上在使用雙主繩系統下放時，保護功能已被停用了。那麼，如何恢復被停用的保護功能？很簡單，在察覺到其中一點連接斷裂的瞬間鬆開雙手，下降器的自動制停功能和保護能力就會恢復。

那麼，在其中一點連接斷裂的瞬間鬆開雙手是否可能？沒人能 100% 肯定到這一點。可能鬆得開，也有機會鬆不開，因為這與當時操作下降器的人的反應時間密切相關。操作員的反應時間愈慢，保護功能被停用的時間愈長，最大制停距離就愈長。最大制停距離愈長，系統所連接的傷者和擔架照顧員就會下墮得愈多，最壞情況下可能會摔到地面（Ground Fall），造成危險。據說，正是這種人為因素影響了雙主繩系統的普及。

繩尾員（後備保護員）及其兩個作用

2016 年，Kirk Mauthner 先生建議在操作員後方安排 1 名「繩尾員」（Rope Tailer），即負責握住繩索制動端作繩尾制動技術的保護員，緩解雙主繩系統中人為因素風險的方法。如果一條繩索斷裂，而另一點連接的操作員反應慢了，繩尾員可以用雙手抓住繩索制動端，防止因操作員反應慢而導致繩索無意滑動，以發揮制停作用。

繩尾員的作用不僅僅是抓住繩索制動端制停傷者或擔架照顧員下墮。下降器旁的操作員通常一邊目視觀察通過下降器的繩索流動和崖邊情況，一邊進行操作。而且，也必需關注下降器後方的繩索流動。

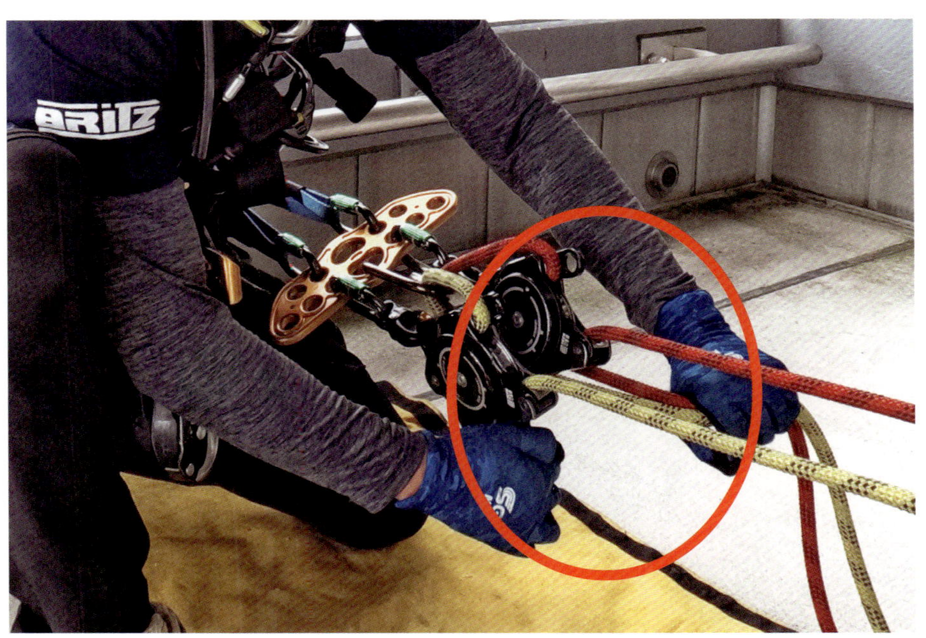

在下放重物時，理論上是在停用保護功能的狀態下操作，讀者們需要理解存在的風險。

無論是將繩索存放在繩袋內，還是像消防員常見的那樣將繩索盤繞存放，繩索在使用時都有可能互相纏繞着，或繩身打了結。如果操作員沒有注意到而繼續操作，這些亂纏着的繩索或打結部分就會成為操作員的障礙，導致操作員無法專注操作，延誤了拯救效率，甚至再次導致危險發生。

繩尾員除了在系統失效時抓住繩索制動端以制停下墮外，還承擔着一個整理繩索的主要作用，將繩索送入操作員手中，讓操作員能夠專注於操作。「繩尾員」這個詞是由 Kirk Mauthner 先生創造，外界對這個角色的稱呼各不相同，也有知名人士將相當於繩尾員的角色稱為「後備保護員」。

由於提升時一直啟動保護功能，因此風險更少，優勢更多。

雙主繩系統的各種操作方式

1. 2名操作員，每人各負責一點連接

每點連接各安排 1 名操作員，2 名操作員配合彼此的下放速度同步下放，以便在 2 條繩索上保持接近「50：50」的重量分配。由於沒有安排繩尾員，每個操作員均需要高度操作技術和注意力。為應對各系統斷裂的情況，可能需要增加摩擦點等措施。

2. 2名操作員及1至2名繩尾員

每點連接各安排 1 名操作員，在其後方安排 1 名，或在有剩餘人手下安排總共 2 名繩尾員握住繩索制動端。基本操作方法與 1. 相同，在其中一點斷裂時由繩尾員抓住繩索制動端，防止因人為錯誤導致下墮。這安排適用於操作員經驗不足或有剩餘人手時，進一步提高拯救系統的安全性。

3. 1名操作員及1名繩尾員

1 名操作員使用稱為「鯊魚鰭（Shark Fin）」的手法（下降器手柄像鯊魚鰭般）操作 2 個下降器。這個安排雖然只有 1 名操作員，但安排繩尾員可提高拯救系統的安全性，適用於人手和操作員經驗不足的情況。單人操作時，一隻手操作 2 個下降器的手柄，另一隻手抓住 2 條繩索，因此不容易出現「80：20」或「90：10」這樣不同的負荷比例，可以在更接近「50：50」的比重下放負荷。

4. 1名操作員

1 名操作員以「鯊魚鰭」的手法操作 2 個下降器。適用於人手不足或對操作員技術有信心的場合，但由於將系統的所有安全性只交給 1 名操作員，故他需要高度的技術和注意力。系統內的裝備全都有兩點連接，但只有 1 名操作員；操作員需要精通下放操作，並根據情況實施增加摩擦等措施。

5. 1名操作員＋ASAP

1 名操作員使用「鯊魚鰭」手法操作 2 個下降器。與 3. 和 4. 相同，只有 1 名操作員操作兩點連接。雖然不用額外人手作繩尾員，但需具備充足的裝備。適用於拯救員因行動了一整天而疲憊，無法專注繩尾員工作的情況，或者拯救隊對 ASAP 比繩尾員更信任的場合。有文獻亦將其介紹為雙 Clutch（Double Clutch）。經拯救隊考慮穩固點至崖邊的距離等因素，而且理解 ASAP 和勢能吸收器特性的話，這是一種很便利的使用方法。

雙主繩系統的優缺點

優點	缺點
基本上在一個位置上有兩點如鏡子般並排的連接，因此系統的設置失誤較少，從指揮者的角度易於監察，管理也容易。	由於下放時兩點連接的保護功能被停用，如果其中一點連接斷裂，另一點連接承受的最大制停力和最大制停距離因人為因素（操作員反應時間），可能會增加。
由於2條繩索攤分負荷，均等受力，理論上即使在提升或下放時其中一點連接斷裂，另一點連接承受的最大制停力和最大制停距離也較小。	提升或下放時很難將負荷均等地攤分到兩點連接。其中一點連接有可能會承擔全部負荷，變成由主繩完全受力的主繩-保護繩系統，所以這技術要求團隊內部有高度的協調性。
由於在兩點連接上都加設了機械增益系統，提升負荷時能更有效率。	與主繩-保護繩系統系統相比，雙主繩系統需要兩套相同裝備，成本更高，重量也更重。

如何看待雙主繩系統？

我們列舉了各種雙主繩系統的操作手法、優缺點，以及繩尾員等例子，但這裏提到的雙主繩系統例子與主繩 - 保護繩系統一樣，也只屬於冰山一角。與主繩 - 保護繩系統相同，每個系統必然存在優缺點；訓練次數愈多，便更能注意到這些優缺點。

有人認為需要額外摩擦，亦有人認為不需要；有人認為需要繩尾員，也有人認為不需要；系統設置的方法和思路沒有所謂的「絕對」或「手冊」，任何思維方式和想法都是可以的，只要能設置出不會下墮的兩點連接系統，以上都可以算是正確的做法。拯救隊必需仔細考慮為甚麼需要額外摩擦和繩尾員，最重要的是考慮所有因素，綜合現場實際情況來選擇系統。

英屬哥倫比亞省緊急事務管理局2016（EMBC, 2016）
主繩-保護繩系統 vs. 雙主繩系統（最大制停力及最大制停距離的比較測試）

在前文提及了主繩-保護繩系統和雙主繩系統兩者在一點斷裂時有關另一點承受的最大制停力和最大制停距離的優缺點。但根據測試數據，實際上存在多大差異？在EMBC 2016中使用了兩種繩索，在3種情況下對主繩-保護繩系統和雙主繩系統各進行3次，合共18次測試，並將結果整理成數據後發表。

主繩-保護繩系統與50：50的比較分析

Series 3 Force and Elongation Comparative Analysis		360kg; 45° Slope 30m Rope		360kg; 45° Slope 3m Rope		200kg; Free-hang 3m Rope	
		Avg MAF (kN)	Avg Stop Dist (cm)	Avg MAF (kN)	Avg Stop Dist (cm)	Avg MAF (kN)	Avg Stop Dist (cm)
DMDB	Static	5.0	155.0	5.3	50.5	4.5	53.0
	Low Stretch	5.6	279.5	5.4	54.5	5.0	46.0
TTRS	Static	3.3	40.5	2.7	4.0	2.7	6.5
	Low Stretch	3.3	46.5	2.8	6.0	2.7	7.5

測試的繩索是Teufelberger的靜態繩KM III和Marlow的半靜態繩。兩者均是11mm。每項測試進行了3次，為了保持測試的一致性，主繩-保護繩系統的保護繩在測試時都被大約5kg的力收緊。

■主繩-保護繩系統和雙主繩系統
EMBC2016測試系列3
力和延展率的比較分析
360kg，45度的傾斜角是指甚麼？

繩長30m，重量360kg，傾斜45度，每塊20kg鋼板以螺絲固定在PU材質手推車上。

（出處：EMBC2016）

假設90kg的傷者旁邊有3名各90kg的擔架照顧員。在斜坡救援（陡坡Steep Angle）中，由於重力垂直向下，擔架會被壓向斜面。因此根據斜面角度需要增加2至3人來抬起擔架，把擔架從斜坡拉開，而這測試假設有3人照顧擔架。

傷者加3名擔架照顧員總重達360kg，但由於斜度達到45度時，他們的雙腳能踏在斜面上，利用自己的腳站立，因此部分重量會被分散到斜面，實際往正下方的力理論上只有約250kg。

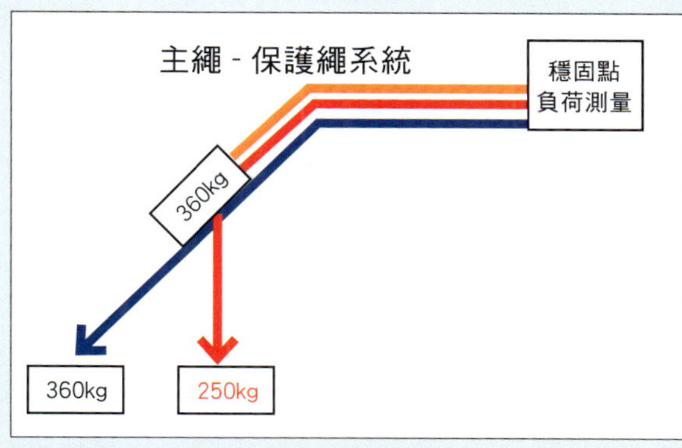

值得注意是，與垂直情景不同，負荷在斜面上從主繩系統轉移至保護繩系統並非下墮負荷，而是滾動負荷。這意味着與完全由繩索承擔負荷的垂直情景不同，斜面摩擦和地形也會影響保護繩承擔的負荷。

在2016年時，北美地區雙主繩系統和主繩-保護繩系統並存的原因被認為是，許多人相信主繩-保護繩系統在銳利邊緣耐受性（resistance to sharp edge）和落石耐受性（resistance to falling rock）方面優於雙主繩系統。因此在EMBC2016中，為證明雙主繩系統的優越性，進行了「主繩-保護繩系統和雙主繩系統在銳利邊緣耐受性、落石耐受性方面的比較測試」。

■主繩-保護繩系統 vs. 雙主繩系統（銳利邊緣耐受性比較測試）

重量：200kg

使用繩索：Teufelberger KM III 11mm

通過滑動測試比較銳利邊緣耐受性

主繩 - 保護繩系統 滑動測試

雙主繩系統 滑動測試

通過下墮測試比較銳利邊緣耐受性

Test 17 TTRS Post Drop

Test 19 DMDB Post Drop

Test 5 TTRS Post Drop

Test 6 DMDB Post Drop – Main Severed

結論

在銳利角邊上方下墮和滑動的測試結果顯示，雙主繩系統比主繩-保護繩系統有更優越的銳利邊緣耐受性及落石耐受性。

主繩-保護繩系統 vs. 雙主繩系統（落石耐受性比較測試）

（出處：EMBC2016）

3 types of tests:
1.Crushed Rock
2.Blunt Force Strike
3.Sharp Edge Strike

3種測試：

❶ 碎石墜下
❷ 在放置在銳利角邊的繩索上墜下重物
❸ 在平面上的繩索上墜下尖銳重物

❶碎石墜下試驗

在23.5cm×46cm的桶中放入34kg的碎石，從3.1m高度落下。
設置在下方的橙色繩索分別為懸掛着承受200kg負荷的雙主繩系統和主繩-保護繩系統。

[測試結果]
各繩索未見特別大的損傷，測試結果顯示損傷無差異。

❷在放置在銳利角邊的繩索上墜下重物測試

在銳利角邊鋒上吊掛着200kg重物的雙主繩系統和主繩-保護繩系統繩索。

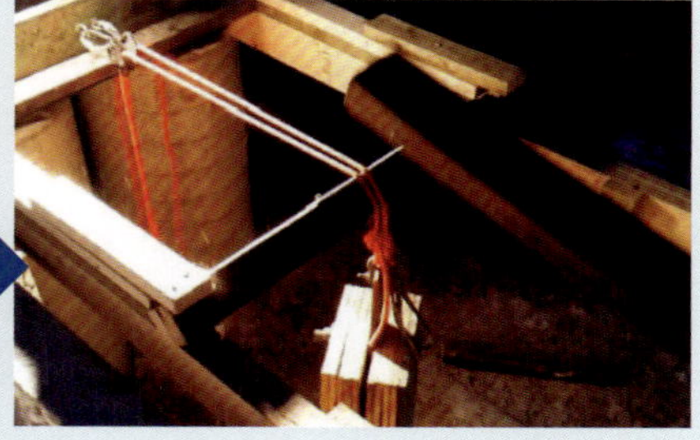

尺寸8×15，2×120㎝的25kg鋼管掉落。

❸在平面上的繩索上墜下尖銳重物測試

[測試結果]
雙主繩系統的每條繩索都被切斷了一半或更少，主繩-保護繩系統的每條繩索都被切斷了一半。雙主繩系統的結果略優。

繩尾制動

在解釋雙主繩系統（TTRS）時曾提到及，那麼繩尾制動（Rope Tailing）到底是甚麼？

在EMBC2016中，作為彌補雙主繩系統缺點的手段而安排的「繩尾員」，難道只是簡單地在操作員後方，握住繩索制動端就可以嗎？而且，是用雙手抓住，還是一隻手抓住，要用多大力量抓才有效？EMBC2016也對這些進行了測試。

首先，認為雙手抓住2條繩索的力量，應該以所有拯救員都能達到的力量為基礎；這不是指平均握力，而是指任何人都能握住的握力值，也就是最小值。原因是如果取平均值，理論上一半的拯救員可以做到，但另一半則做不到。

所以被安排在繩尾制動位置的拯救員，都必需能夠發揮繩尾員的作用。在EMBC2016中，便對繩尾制動進行了兩項測試和討論。

❶拯救員雙手抓住移動中繩索的能力

Two-Handed Gripping Ability on Two Ropes in Motion Tests					
Test Subject	Mass	Individual Test			Average
		1	2	3	(N)
1	87	0.5	0.6	0.6	0.57
2	102	0.6	0.5	0.5	0.53
3	91	0.7	0.5	0.6	0.60
4	75	0.3	0.4	0.3	0.33
5	82	0.5	0.7	0.6	0.60
6	57	0.3	0.3	0.3	0.30
7	70	0.4	0.5	0.6	0.50
8	85	0.5	0.5	0.5	0.50
				Overall Average	0.5

Kirk Mautner於1993年發表了一項關於握住移動中繩索的能力的研究。研究顯示，拯救員戴着手套時單手對移動繩索最小有5kg握力，若換算成雙手，則拯救員的最小握力為10kg。

結論

繩尾制動技術要求繩索能被雙手以10kg的握力制停。

❷使用繩尾制動技術時，繩尾員需要對各種下降器施加多大握力才能有效制停下墮？

Mechanical Hand Rope Tailing Effectiveness Tests									
Device	0.4 kN			0.2 kN			0.1 kN		
	FF0	FF0.2	FF0.3	FF0	FF1/5	FF1/3	FF0	FF1/5	FF1/3
I'D	~	~	72.5	6.0	Ground	Ground	~	Ground	N/A
MPD 2H	~	~	16.5	~	~	11.0	~	~	45.5
MPD 1H	68.5	Ground	Ground	~	~	Ground	N/A	N/A	N/A
DI	~	~	23.0	~	~	44.0	~	~	48.5
Scarab 3H	~	~	9.0	~	~	98.0	~	100.0	170.5
Microrack 1H	~	~	46.0	~	~	108.0	21.0	181.5	Ground
Reverso	~	~	35.0	7.0	46.0	68.0	~	~	81.0
Slide distance (cm) shown for respective device, fall factor and mechanical hand tension									

[測試內容]

讓200kg的重物，下墮到不使用自動鎖定功能的下降器上，並用機械式手柄握住預設好的3種握力值（40kg、20kg及10kg），從下墮係數0.33開始，接着為下墮係數0.2、最後是下墮係數0，逐一測試。所謂有效制停，是指繩尾員能在下墮係數0.33下，以不多於10kg拉住制動端，便能在最多1m以內的最大制停距離制停下墮。

從試驗結果來看，請參考上表，從最右側的表格可以簡單得出的結論是：使用了2個摩擦柱的MPD能制停下墮，但Petzl的ID（不是當前版本）則不能。

注意：雙主繩系統的下墮係數很少情況超過0.33。

觀察：關於繩尾制動

從上述測試結果判斷，MPD通過了繩尾員測試，ID卻沒通過，所以ID作為雙主繩系統的裝備是不合格嗎？

這裏需要仔細考慮的不僅是測試結果，還有測試內容和過程。測試內容是否等同於在行動時使用雙主繩系統時的繩尾制動方法？從上表可以看出，雙手握力達到40kg時，即使是ID也能夠制停下墮。

你雙手能否以40kg的握力抓住移動中的繩索？我們需要考慮這個試驗內容，與大家的行動有多接近。即使判斷為接近，若是將雙手有40kg握力的隊員安排為繩尾員，ID亦可以是雙主繩系統的有效設備嗎？

我們在表面上看到的試驗結果僅僅是一個指標，重要的不在於結果，而在於過程，仔細思考自己需要甚麼？

測試結果

在EMBC的測試系列3中，3種測試的結果大概一致，以大約5kg的力收緊至沒有多餘繩長的保護繩，在主繩斷裂時測得的最大制停力，約為初始負荷（200kg）的2倍至2.5倍，平均制停距離是雙主繩系統的8倍至10倍。

雙主繩系統在其中一點斷裂時，在另一點連接測得的最大制停力約為初始負荷（200kg）的1.3倍至1.5倍，總長度為3m的系統的平均制停距離在10cm以內，而即使是30m的繩索系統也在50cm以內。

結果表明，與主繩-保護繩系統相比，雙主繩系統有可能提供更可預測和一致的結果；認為在沒有多餘繩長的條件下，更有延展率的繩索會帶來更低最大制停力的假設是錯誤。最大制停力本質上是相同的，與繩索的延展率無關。

此外，強調使用中的繩索Rope in Service（RIS）愈長，主繩-保護繩系統和雙主繩系統之間的最大制停力沒有差異，但平均制停距離會變長。

在銳利邊緣耐受性和落石耐受性的比較測試中，兩者近乎沒有差異，甚至是雙主繩系統略佔優勢，推翻了我們一直以來認為主繩-保護繩系統在這方面較優越的看法。

從測試結果的觀察和我們該思考的問題

EMBC2016的比較表明，雙主繩系統在各項測試中佔優。不過，讀者需要思考和理解，任何測試結果只是考慮如何看待各種系統的參考指標。

讀者從寥寥可數的照片和文字中，需要仔細考慮測試內容是甚麼，它與我們的系統操作有多接近。可能現場地點不同、繩索不同、操作員不同，使用環境也不同；是在提升還是下放，抑或是靜止的狀態……

又例如，測試過程運用了鋼塊，但拯救員和傷者卻非「鋼塊」，而是能靈活活動的人；但如果他們連接或被固定到擔架上，又可能變得不靈活而變成一個整體。那麼，測試數值是否等同於鋼塊？

有關繩索拯救的數據和證據存在於各種地方，任何人在這個時代可以輕鬆查閱。甚麼是對的，甚麼是錯的，一切都只是讀者思考的參考指標。究竟繩尾員是必要或不必要？這個答案，肯定會基於不同機構組織的人手而有所不同；對某些部隊來說可能是重要的東西，但對另一個團體可能是不必要的。

總括而言，重點並非雙主繩系統或主繩-保護繩系統哪個優勝，亦不是執着於繩尾員是否必要，而是仔細考慮怎樣的系統才是所屬組織的真正所需，甚麼是對拯救員和傷者必要的系統。

高處下放救援・低處提升救援／高角度救援

高角度救援 高處下放救援・低處提升救援

常見的繩索拯救技術有將高處的傷者下放到低處，或將低處的傷者提升至高處；若再加上斜向提升下放、水平橫移，或水平橫移後再從低處提升到高處等動作，系統就會變得更加複雜。

在從高處下放到低處，或從低處提升到高處時，如像標準訓練場地具備上方繫穩物，就能輕易設置拯救系統。然而，救援現場並非像訓練場地那樣剛好有上方繫穩物，如果有 Arizona Vortex 或 TerrAdaptor 等人工高轉向救援腳架的裝備，就能在上方繫穩物設置高處轉向，而使用梯子或升降台可能亦是一種方法。

不過，設置這些設備需要一定的時間，在某些現場可能出現難以運送和設置的問題。那麼，在沒有人工高轉向救援腳架的情況下，要如何把擔架搬越崖邊，將傷者提升或下放？視乎崖邊的形狀、操作平台、崖邊開口大小等現場因素而異。拯救員必需選擇適合該現場的系統，安全迅速地拯救傷者。根據「哨子與剪刀」的原則，在維持兩點連接的同時，能讓裝載傷者的擔架越過平台邊緣而不會晃動，這便是最佳解決方案。

如果有人工高轉向救援腳架等裝備，則可以設置高處轉向，但設置需要一定的時間。

本節將介紹後方穩固點的位置、崖邊開口闊度和形狀等受限與不受限場景的系統，但這些例子只是眾多系統中的一個參考，最重要是要根據各自的現場狀況，經仔細考慮後設置系統。

這裏是在沒有圍欄的困難情況下之例子。在日本國內，很多具下墮風險的地方均設置圍欄等防止下墮的措施，而在這些位置運用的拯救技術，基本上是不變。

有些拯救場景，可能是連續數層平台。

如果圍欄太弱而不勝負荷的話，請考慮使用梯子或升降台，但有時也可能難以把這些工具運到事發現場。照片中，圍欄很弱，因此提升下放系統的繩索需穿過圍欄下方，或圍欄沒有承重的位置。

雖然日本國內許多有下墮風險的地方均設有圍欄，但拯救技術基本是相同的。

系統模式 1
2 名岩角防護員 貼近崖壁 1 名擔架照顧員連接陪同

從高處下放到低處

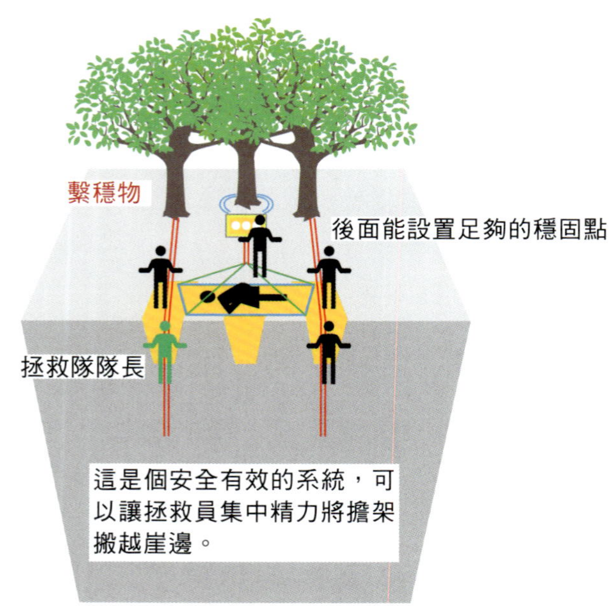

在不加重傷者身體和精神負擔的情況下，要從沒有頂部穩固點的崖邊移動固定了傷者的擔架是非常困難。隊伍人數、隊長位置會因應各組織規模和隊伍方針而有所不同。請注意以下說明的方法將以 5 人為單位、隊長會站在能看到上下方位置的岩角防護員位置作基本安排，但這個人數和位置上並非固定。

在後方有充足穩固點而不被崖邊狀況限制的情況，隊長可將 2 名岩角防護員 (※) 分別安排在擔架頭部側、腳部側兩側，由岩角防護員和上方拯救員合作將擔架搬越平台邊，有助減輕傷者的身體和精神負擔。這個方法既不受崖邊和穩固點影響，而且讓拯救員更安全、穩定和有效地將擔架越過崖邊。

※ 岩角防護員：以個人進出繩定位在崖外準備把擔架搬越崖邊的拯救員。

把擔架從平台內高處移出平台外低處（高處下放救援）

為2名岩角防護員在擔架頭部側和腳部側設置個人進出繩。隊長在鋪設岩角墊後設置個人進出繩，移出平台外岩角防護員位置。從岩角防護員位置確認平台內外狀況的同時發出指示。平台內拯救員以岩角防護員的個人進出繩作為自己的限制工作範圍系統，將已連接調整好長度尺寸（註1）的提升下放系統繩索的擔架移到平台邊，此時要確認鎖定提升下放系統的下降器。

將擔架移到平台邊，此時要確認後方穩固點位置、提升下放系統繩索和岩角墊是否在同一直線上。隊長要確認崖壁狀況及下方狀況，並通知其他隊員，藉此減輕擔架下放時的風險。

在沒有安排岩角防護員的系統中，由4人移動擔架，1人管理穩固點，共同把擔架搬越平台邊，但如果後方穩固點堅固，而且位於岩角防護員位置的隊長能夠看見，則可將穩固點管理交給位於平台邊的隊長，由5人合作移動擔架，這是最不會給傷者帶來不必要搖晃的系統。

註1：預先測量（Pre-measure）
測量附在擔架上的提升下放系統從穩固點的下降器到平台外的長度，並將下降器鎖定。這技巧能防止擔架被移出平台邊後過度下沉。

預先測量（Pre-measure）

為了讓擔架成功越過平台邊，設置員要預先調整提升下放系統的繩長。所謂尺寸調整，也被稱為預先測量，是為了避免擔架越過平台邊後過度下沉，設置員事先將從穩固點到平台邊的距離加上額外繩長和延展率計算在內測量所需長度，並且鎖定下降器。這樣可以讓擔架越過平台邊後，位置不會過低，對傷者來說可以安全地越過平台邊。

隊長將繩眼從岩角墊上方壓在平台邊，告知設置員已量度好繩長。設置員根據隊長的信號在繩索安裝下降器，盡可能拉走多餘繩長，把繩索系統儘量收緊。此時如果收得不夠緊，擔架越過平台邊後會沉得太低，因此要連帶繩索延展率在內的多餘繩長都拉走。

隊長要在平台邊牢牢壓住繩索，並向設置員發出「收緊」的信號。

上方拯救員握住連接在擔架頭部側和腳部側的手挽帶，抬起擔架，以交給岩角防護員控制。岩角防護員一邊穩定擔架，小心翼翼地讓其移出平台外低處，並避免卡到平台邊。

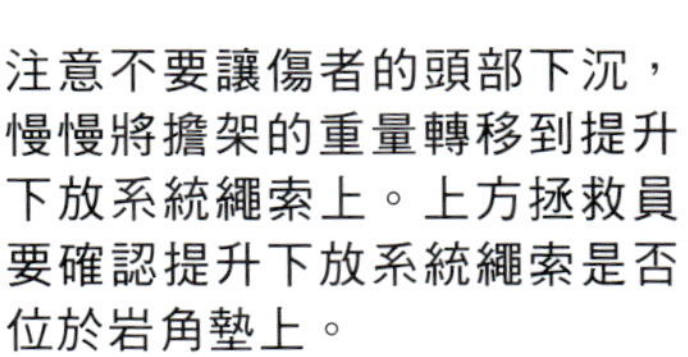

注意不要讓傷者的頭部下沉，慢慢將擔架的重量轉移到提升下放系統繩索上。上方拯救員要確認提升下放系統繩索是否位於岩角墊上。

把擔架搬越平台邊後，1 名擔架照顧員準備下降到陪同位置，另外 2 名設置員準備在陪同後下放擔架。此時隊長要確保擔架照顧員有兩點連接，並安全地下放。

擔架照顧員以提升下放系統的長繩端（註 2）下降到陪同位置。要注意不要搖到傷者擔架。位於擔架兩側擔任岩角防護員的 2 人抓住和壓住擔架，可以減輕對傷者的動搖。

註 2：長繩端（Long tail）
繩結的末端要預設得夠長，擔架照顧員可以之作為工作定位和下墜制停的兩點連接。

擔架照顧員下降到陪同位置，準備就緒後，隊長指示設置員下放擔架，當到達地面即完成救援。

拯救員要注意下方狀況，隊長要管理所有隊員和擔架周圍的狀況，另 1 名岩角防護員要留意傷者的面色。

系統模式2

把擔架搬越崖邊後，擔架照顧員連接擔架的方法

擔架照顧員從上方下降到擔架旁邊的位置是有效的方法。而以繩索技術中的繩過繩轉移方法則讓拯救員能從岩角防護員的位置水平橫移到擔架的陪同位置。至於是讓擔架照顧員從上而下攀越平台邊到達陪同位置，還是從側面繩過繩轉移到陪同位置，隊長需根據牆面情況和隊員的繩索技術能力來決定選用哪種方法。不過，無論選擇哪種方式，都是有效的系統。

擔架照顧員首先將可調節挽索，如 Grillon，連接到擔架的分力板上，以確保在擔架上的第一點連接。如果有第二個下降器，可以將其連接到擔架長繩端作為另一點連接。這時需要注意調節各裝置，讓可調節挽索和個人進出繩上的下降器均等受力。在確保三點連接的情況下，將後備繩上的後備裝置移到第二條長繩端繼續保持兩點連接。

擔架照顧員調節主繩的下降器，將重量轉移到擔架上的可調節挽索上。這時如果過度收緊可調節挽索，主繩和長繩端之間的角度會變得過大，繩索在平台邊有橫向滑動和切斷的風險，需要注意。

拯救員順利連接擔架。

把擔架從平台外低處移入平台外內高處（低處提升救援）

將位於低處的傷者拯救至上方的操作流程是，首先在上方透過呼喊確認傷者的狀況，然後隊長據此判斷應讓 1 名還是 2 名拯救員接觸傷者。若傷者能夠走動則安排 1 人，若傷者無法行走，1 人難以將其放置在擔架上，則安排 2 人合作處理。如果傷者傷勢嚴重，也可以考慮安排 3 名拯救員，但不是經常需要。無論選擇哪種系統，都應將岩角防護員使用的個人進出繩放到地面，這樣他們可以靈活運用繩索技術上升和下降。

當傷者被固定到擔架後，1 名拯救員作為擔架照顧員留下負責照顧傷者，其餘人手沿着個人進出繩爬到平台外低處，在岩角防護員的位置、擔架頭尾兩側待命。

擔架照顧員應注意避免讓擔架碰到牆面。他應伸直手臂握住擔架並微微後仰身體，利用全身而非只是手臂的力量，將擔架從牆面拉開。

準備工作完成且傷者已固定到擔架後，就開始將其提升。這裏，拯救員將利用雙主繩系統的 3：1 機械增益系統將其拉起。為了提升這二人負荷，可以考慮換成 5：1 機械增益系統。由於有 2 名岩角防護員，在岩角防護員位置的隊長必需向其他隊員發出指示，並注意不要移動岩角墊。

當擔架被提升平台外低處時，擔架照顧員從平台外低處攀入平台內高處。這時平台邊的 2 名岩角防護員要牢牢抓住擔架，儘量減少對擔架的晃動。

上升到上方的擔架照顧員要設置限制工作範圍或下墮制停系統作為第一點連接，然後移動到擔架中央的分力板，向量拉力的位置。這時應儘量抓住靠近分力板的部位，以便更好地施力。

在隊長的指揮下，將擔架移入平台內高處。要注意不要讓擔架卡到平台邊，以免給傷者帶來晃動。

在沒有岩角防護員的系統中，可以在穩固點位置安排 1 人收繩，以降低傷者再次從平台邊下墮的風險。但要考慮到晃動可能使傷者病情惡化等因素，必要時可以在平台邊安排 3 人拉起擔架。這種情況下無法收繩，但擔架停留在平台邊有再次下墮的風險，因此要將擔架運送到遠離平台邊的安全位置才算完成救援。

系統模式3
2 名岩角防護員 遠離崖壁且懸空 2 名擔架照顧員分開陪同

早前在貼近崖壁的救援章節，介紹了擔架照顧員陪同擔架的系統，而有此安排基於很多理由，例如因為牆面上有突起物或凹凸不平，需要一直將擔架與牆面保持距離；或是為了安撫傷者，於是陪伴在旁進行救援。其實在提升下放系統上陪同擔架的做法不是必需，重點是拯救員應該思考「必須這麼做」的理由。隨着繩索技術的普及，不在提升下放系統上陪同擔架已經變得可行，這亦增加了更安全救援系統的選擇，這裏稍微介紹這種分開同行的技術。

首先，擔架照顧員不在提升下放系統上陪同擔架的好處如下：

- **擔架照顧員與提升下放系統分開，可減輕拖拉隊員的體力負擔**
- **擔架照顧員的繩索設置在其他穩固點上，可以減輕穩固點的負荷**
- **擔架照顧員因為沒有垂直移動的限制，可以自由上升和下降，能應對各種危險**
- **在遠離崖壁的長距離環境中，即使擔架照顧員陪同擔架，擔架也可能旋轉。擔架照顧員靠近擔架同時上升和下降，可以防止擔架旋轉**

高處下放救援

以前文介紹過的幾個方法將傷者固定在擔架上，越過平台邊或崖邊後，擔架照顧員會在能觀察到傷者的位置附近，一邊安撫傷者一邊下降。

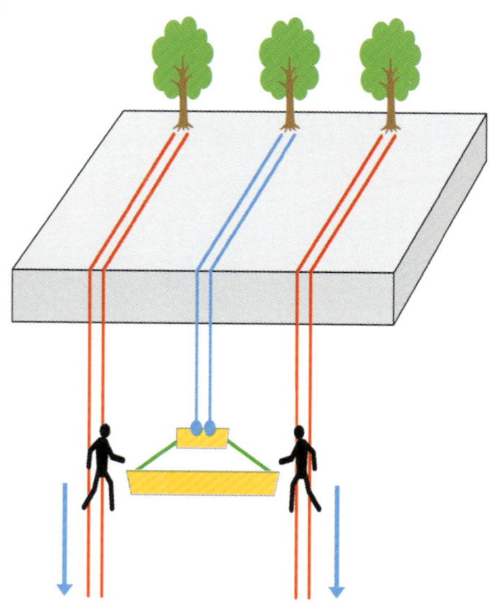

在安排 2 名岩角防護員的系統中，擔架越過平台邊後，岩角防護員變成擔架照顧員，與擔架分開，在擔架兩側同行下降。2 名擔架照顧員一直位於擔架上方以便隨時觀察傷者面部表情，應對傷者突然變化的狀況。這是個方便的系統，但要求擔架照顧員具備熟練的繩索技術，與擔架同步下降。

到達地面前，擔架照顧員先於擔架着地，扶着擔架頭尾部分，小心將擔架放到安全位置，救援完成。

低處提升救援

2 名拯救員合作將傷者固定到擔架上，一邊觀察傷者，一邊在擔架頭尾兩側攀升。

擔架照顧員應一邊攀升維持於擔架上方，一邊觀察傷者的面部表情以隨時應對其病情變化。此時需注意的是，擔架照顧員應扶住擔架，但不得將體重壓在擔架上。相反，手應輕輕觸碰擔架，以免擔架旋轉和搖晃。如果擔架照顧員的攀登速度跟不上擔架的提升速度，可能會因技術不足而為傷者帶來負擔。

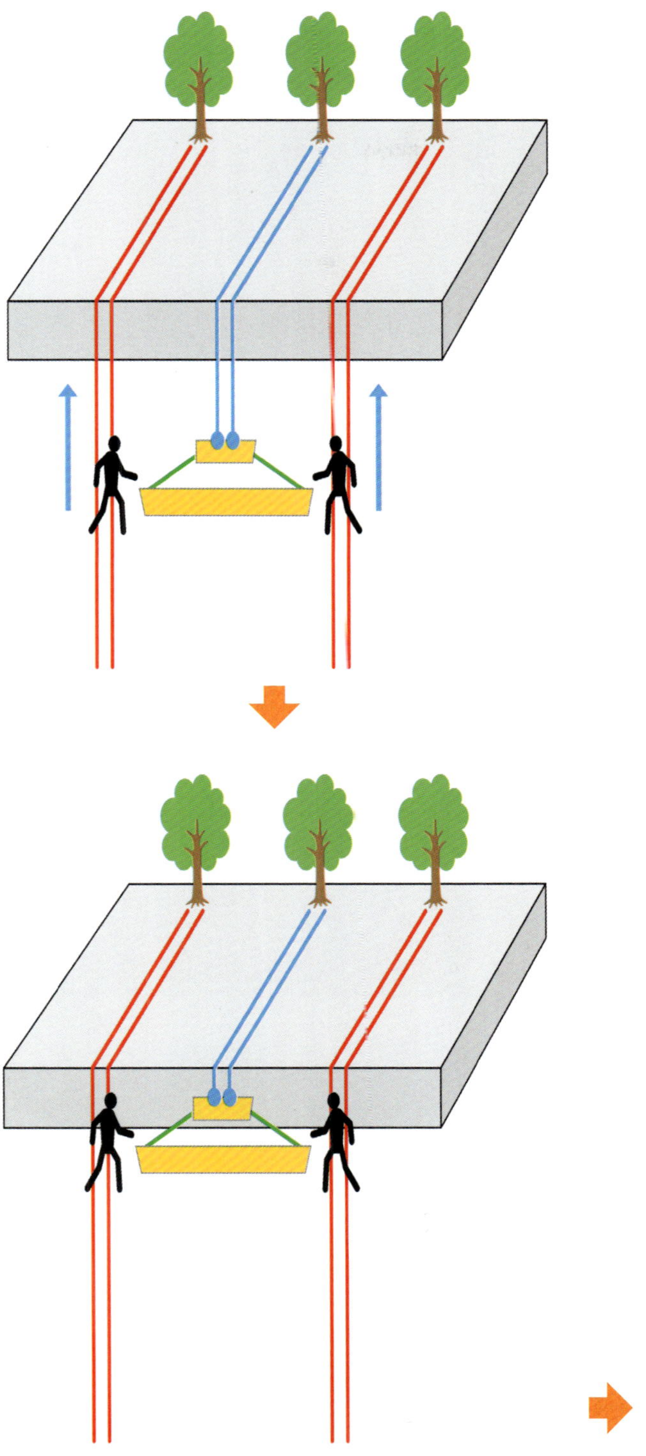

把擔架拉到平台邊附近便完成了。

當擔架剛好位於平台外，而且提升下放系統繩索末端結位於平台角邊時，就要暫停提升。爬上來的 2 名擔架照顧員充當岩角防護員，一邊將擔架從平台邊拉開，一邊與上方隊員配合行動。

像貼近牆面時一樣，5 人將擔架移入平台內高處可以避免擔架卡到平台邊，將晃動降到最低。

系統模式4
2 名擔架照顧員下降拯救懸吊在崖壁旁的傷者

在貼近牆面的情況中，如果能夠在傷者的頭部側和足部側兩側設置繩索，就可以設置 2 組個人進出繩，讓 2 名拯救員下降到傷者那裏，並將其固定到擔架上，這有助於迅速、安全的救援行動。由於擔架照顧員的手腳都靠住了牆面，因此他們能夠在穩定的姿勢下行動。

本節介紹由 2 名擔架照顧員拯救 1 名懸吊在空中的傷者的系統。

由 2 人靠牆拯救 1 名懸空傷者

2 名拯救員合作救出 1 名懸吊在空中的傷者。這可以由 1 人完成，但 2 人可以更快和更安全地固定傷者到擔架內。透過將 1 個人安排在傷者的頭側，另 1 個人安排在腳側，可以平衡地把傷者固定到擔架上。

擔架照顧員從兩側下降到傷者位置。上方設置員同時設置提升下放系統，並將擔架以該系統單獨傳送到下方。為了方便擔架照顧員固定傷者到擔架上，應伸長在擔架腿側的垂直水平轉換裝置，並且讓擔架斜向地面下放，而不是水平下放，這樣更容易將傷者放入擔架中。

擔架照顧員接過擔架，兩人合作，控制擔架以便將傷者舀起。此時，需注意不要讓擔架碰到傷者。

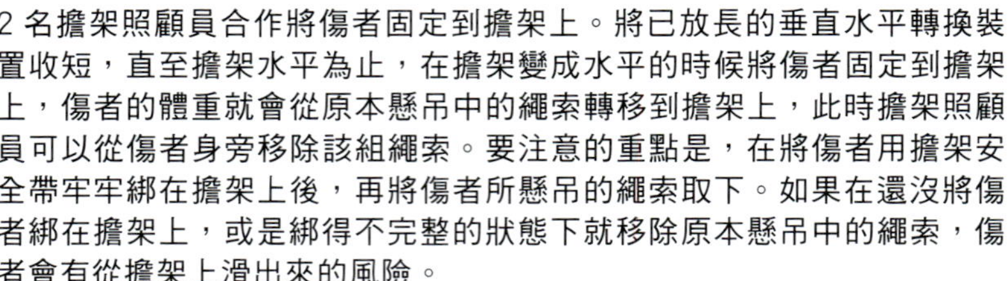

2 名擔架照顧員合作將傷者固定到擔架上。將已放長的垂直水平轉換裝置收短，直至擔架水平為止，在擔架變成水平的時候將傷者固定到擔架上，傷者的體重就會從原本懸吊中的繩索轉移到擔架上，此時擔架照顧員可以從傷者身旁移除該組繩索。要注意的重點是，在將傷者用擔架安全帶牢牢綁在擔架上後，再將傷者所懸吊的繩索取下。如果在還沒將傷者綁在擔架上，或是綁得不完整的狀態下就移除原本懸吊中的繩索，傷者會有從擔架上滑出來的風險。

讓在足部側的拯救員轉移為擔架照顧員，可以避免在轉移過程中因經過傷者而碰到傷者臉部附近。同時頭部側的拯救員能夠持續安撫傷者。

擔架照顧員陪同擔架。

傷者被固定在擔架後，足部側的拯救員以繩過繩轉移的方法轉移到陪同位置。如果在貼近牆面的場景中，而擔架照顧員與擔架分開上升，擔架可能會接觸到牆面，給傷者帶來過度的擺盪。

系統模式5

搬越開口狹窄的崖邊和陪同方法

從高處下放的方法

為了讓傷者越過崖邊時不感到動搖，本節説明在兩側安排 2 個岩角防護員是較好的選擇之一。但依照現場狀況，這個選擇有時候可能會變得困難。例如，在後方唯一一處穩固點與平台邊距離極近該怎麼辦？

在這情況下，岩角防護員的個人進出繩會斜向越過崖邊，使其個人進出繩因擺盪而有被切斷的風險，因此要在擔架兩側安排岩角防護員會變得困難。

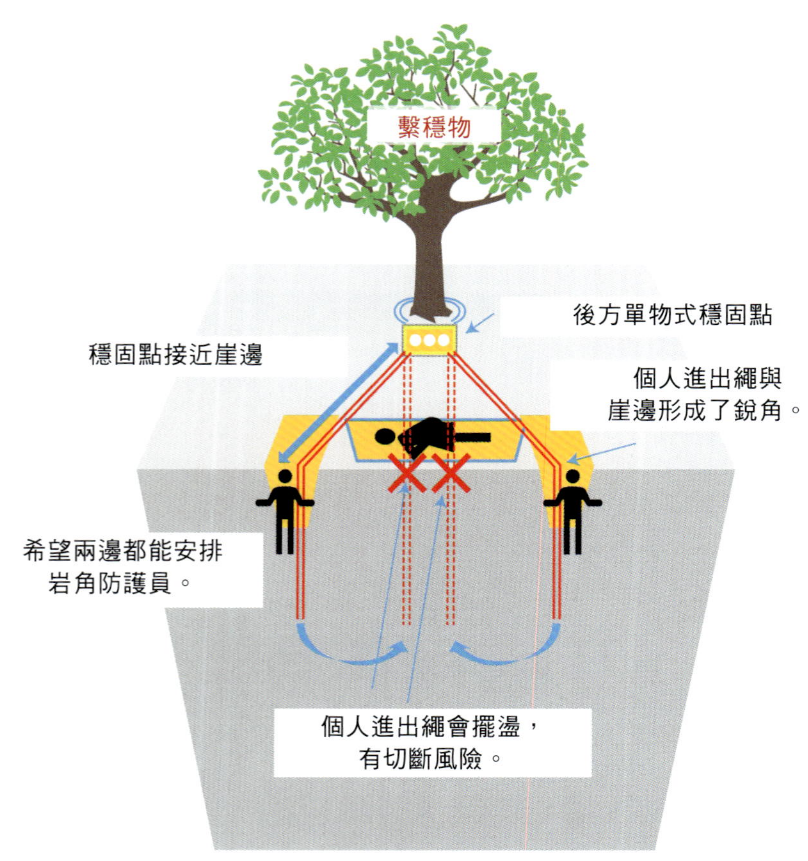

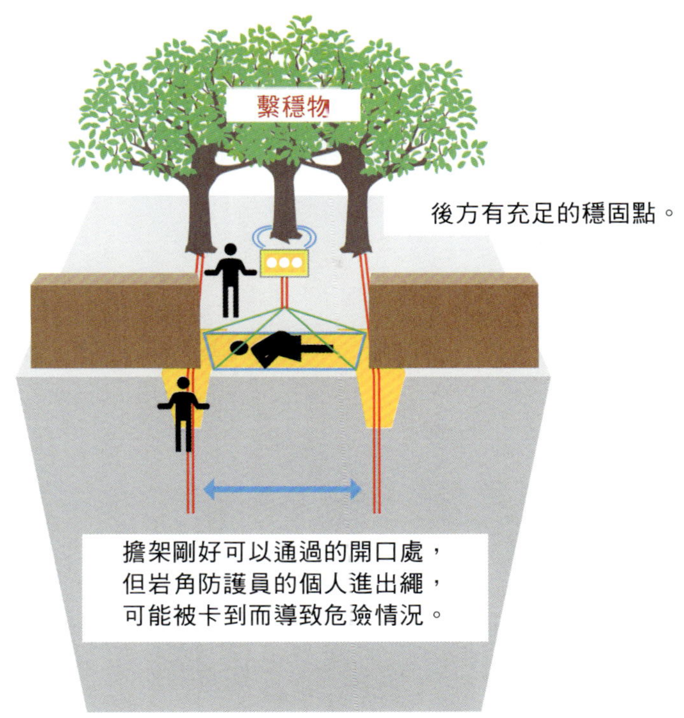

即使後方有充足的穩固點，而且距離崖邊亦夠遠的情況下，但如果崖邊有障礙物，開口處極其狹窄，又該怎麼辦？

在那種情況下，安排岩角防護員在擔架兩側，可能使其個人進出繩被卡到障礙物而切斷，或即使岩角防護員能位於崖外，越過崖邊的擔架也可能夾到他。擔架剛好能越過崖邊，但安排岩角防護員的優勢變少了。在這種情況，可以考慮選擇不安排岩角防護員，讓裝載傷者的擔架直接越過崖邊的系統。

高處下放救援

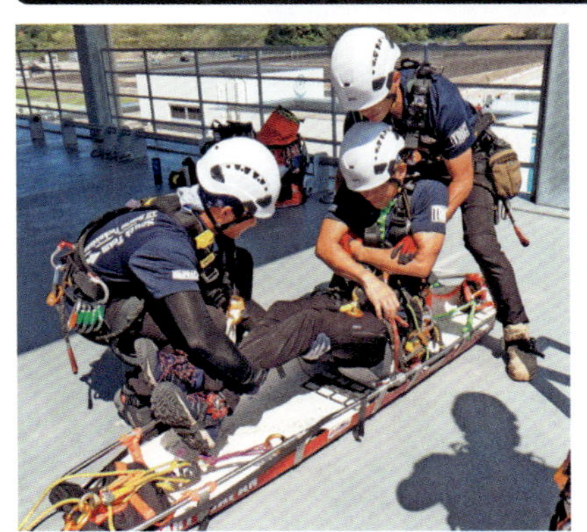

為了將傷者從高處拯救到低處，擔架照顧員需首先將傷者固定在擔架中。此時，隊長負責鋪設岩角防護物，並確認下方和牆面狀況。2 名設置員負責設置穩固點。主要在傷者附近的另外 2 名隊員，則作為擔架照顧員負責將傷者固定到擔架上，移動傷者時要照顧和持續安撫。

把傷者固定到擔架上。

固定傷者與隊伍全體圖。

建立穩固點系統。

鋪設岩角防護物。

岩角防護員為了越過平台邊後，自己降至擔架的陪同位置照顧傷者，事先設置用於下降的個人進出繩，這條人進出繩只需要能降至擔架陪同位置的長度即可。為了應對不測狀況，把繩索垂下至地面或只垂下必要的長度均可；這系統可能會妨礙擔架越過平台邊的過程，因此設置後要預先整理好。

固定傷者到擔架後，將已連接提升下放系統的擔架移至平台邊，4名拯救員準備把擔架搬越平台邊。然後的操作包括：2人分別拉起擔架頭部側和腳部側的手挽帶、在中央把擔架向外推、固定岩角墊，以及管理穩固點，各由1人合共5人負責。因為位於平台邊的拯救員有下墮風險，所以他們需設置限制工作範圍或下墮制停系統。

主要是隊長握着擔架頭部側的手挽帶，另1名隊員握住擔架腳部側的手挽帶，擔架照顧員位於擔架中央，準備把擔架向外推，另外1人在擔架中央附近準備固定岩角墊。

安排隊長留在頭部側的位置是為了能持續觀察傷者，而擔架照顧員被安排在擔架中央，則可以在擔架越過平台邊後立即陪伴擔架上的傷者。

將擔架越過平台邊後，檢查提升下放系統繩索是否放在岩角墊上，並且是否與穩固點處成一直線。

各隊員就位後，讓擔架越過平台邊。此時需要思考怎樣對擔架施力，才能讓擔架水平穩定地越過平台邊。由於沒有在平台外低處安排 2 名岩角防護員，因此我們需更謹慎地讓擔架越過平台邊。需要對擔架施加的力有兩種，一是水平橫向推出的力，二是向上提起的力，如果其中任何一種力不夠大，擔架就會卡住，無法水平越過平台邊。

位於擔架中央的隊員，用手掌將擔架水平橫向推出平台邊，此時需要毫不猶豫地用力推出。頭部和腳部側的隊員握住手挽帶，將擔架提起越過平台邊。擔架邊看似會卡住平台邊，像是要翻過來，但如果擔架中央的隊員能夠把擔架中央部位推出，擔架邊便不會卡到平台邊。

擔架中央的隊員毫不猶豫大力將擔架推出。

讓擔架水平移出平台外，不要晃動。

當擔架越過平台邊時，為了不讓頭部側下垂，需注意先慢慢放開腳部側擔架手挽帶。

注意不要讓擔架頭部側下垂！

失敗例子

如果擔架從中央推得不徹底的話，擔架邊會卡在平台邊上，失去平衡。

擔架越過平台邊後，擔架中央的擔架照顧員會攀越平台邊到達陪同位置。此時，隊長需注意他是否已確保兩點連接。他應保持低姿勢，貼近牆面攀越平台邊。

下降至擔架時，應小心不要將全部體重放在擔架上，儘量分散到個人進出繩，避免踩到擔架。照片所顯示，是以 ID 與 ASAP 作兩點連接下降到照顧擔架位置的情況。

擔架照顧員攀越平台邊移動到平台外的低處後，在長繩端和另一個下降器保持兩點連接到達擔架的陪同位置。照片顯示，擔架照顧員在長繩端設置了另一個下降器，以之保持兩點連接的狀態下，將 ASAP 從個人進出繩轉移至長繩端，並從個人進出繩移除下降器，確保下放時維持在提升下放系統具備兩點連接。如果提升下放系統沒有準備長繩端，可以使用 Grillon 或其他可調節挽索和牛尾繩替代。

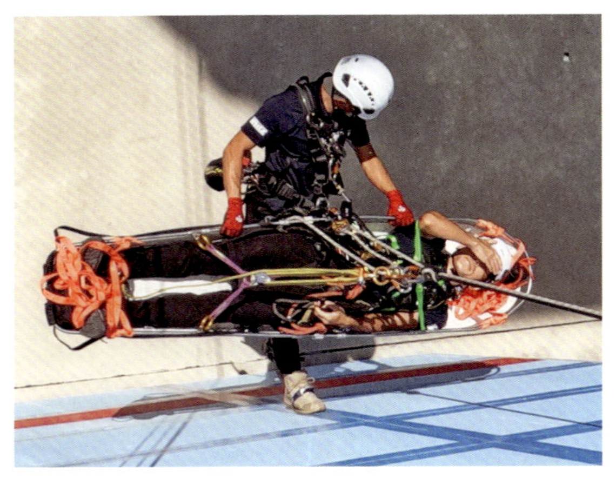

移動到擔架陪同位置，確保擔架的穩定性後，上方設置員在隊長的指示下下放擔架，完成救援。擔架照顧員在確認牆面和下方狀況，以及傷者情況後向隊長報告下放的指示。在這個時候，最重要要說出「快！」和「慢慢！」等傳達下放速度指示。

直接在平台正下方會有掉落物等風險，因此要將擔架下放至遠離牆面的位置。特別是擔架接觸地面的瞬間，要告訴隊長需緩慢地下放。如果傷者因陽光感到眼花撩亂、頭痛或頭暈，擔架照顧員可用手或其他方式遮擋，以緩解傷者不適。

低處提升救援

以下介紹將傷者擔架從低處提升，並讓其越過平台邊的方法。

擔架照顧員需在擔架移入平台內前先進入平台內高處準備。所以提升擔架時他會定位在擔架吊帶較高處，並需注意不要坐在傷者身上。

設置員以雙主繩系統增設的3：1或5：1機械增益系統提升擔架。

以胸升和 ASAP 把兩點連接轉移到另一組個人進出繩，也能以下降器代替胸升。

小心越過平台邊，以避免對擔架造成晃動。

當擔架從低處提升至其提升下放系統繩索的末端打結位到達平台邊時，物理上是不可能再將擔架進一步提升。擔架從平台外低處越過平台邊的動作，與先前擔架從平台內高處越過平台邊時的步驟類似。

首先，連接到擔架上的擔架照顧員，攀越平台邊進入平台內高處。這時，他先以胸升或另一個下降器連接到個人進出繩作第三點連接，然後將原先安裝在系統長繩端的 ASAP 轉移到個人進出繩，並以繩過繩轉移的方式完全轉移至該系統，最後攀越平台邊進入平台內高處。此時需注意，與下降時相同，避免踩到擔架施加過多負重，並導致擔架過度晃動。

擔架照顧員進入上方後，應迅速從其個人進出繩移除胸升，因為胸升帶有尖齒，若他在平台邊附近下墮，胸升可能會因下墮衝力而破壞繩索的外皮，繩索可能會有斷裂的風險。此外，保留在另一條後備繩設置的 ASAP 等後備裝置，以作下墮制停。

如從低處越過平台邊時，隊長應在頭側，1 名成員在腳側，2 名成員在中間，蹲下來，準備握住手挽帶提起擔架。剩下的設置員在後方穩固點負責收放額外繩長長度，以確保越過平台邊的擔架不會再次掉落。如果額外繩長收緊得太快，擔架就會被壓在牆上，所以需要在擔架越過平台邊的時候，鬆開額外的長度。

重要是，中心的 2 名隊員需盡可能抓住靠近平台邊和繩結處的繩索，垂直向上用力把擔架提起。經常會看到拯救員在平台邊後方約 1m 處舉起提升下放系統繩索（向量拉力 Vector Pull），但這會產生強大的力量將擔架向牆壁拉翻，從而無法將擔架搬入平台內高處，因此執行此操作時要小心。

擔架儘量不要碰到平台邊，盡可能保持水平，避免頭部側朝下。隊員必需配合時機，根據隊長的指示把擔架抬起。根據傷者的體重，隊長會事先指示是一次或分開兩次提起擔架以越過平台邊。

完成救援

注意事項

當擔架被向上拉並越過平台邊時，必須小心；如果未有為其預留額外長度，則會施加了側向力，將擔架面拉向牆壁失去平衡，給傷者帶來負擔。在穩固點附近的設置員，應在擔架越過平台邊時注意情況並立即鬆繩，釋放額外長度。

此時，由於增設的機械增益系統將其拉起，因此拯救員手頭上有機械增益系統的繩尾，但建議直接從下降器收放系統的繩長。另外，負責頭部和腿部兩側手挽帶的拯救員也必須小心，如果拉起時沒有均勻地握住兩條手挽帶，擔架可能會失去平衡，傷者可能會撞到平台角邊並受傷。

關於「大繩眼」

長尾 大繩眼 阿爾卑斯蝴蝶結

所指的是由 2 個大繩圈組成的阿爾卑斯蝴蝶結。

※ 也可以稱人結代替

設置大繩眼（阿爾卑斯蝴蝶結繩圈），可使其打結位在擔架從高處（或低處）搬越平台邊時保持在平台內，位於擔架中央的擔架照顧員無需在上方額外設置個人進出繩，可直接以 2 條長繩端代替並越過平台邊。繩眼的大小沒有特別規定，只要打結位在擔架越過平台邊時保持在平台內即可。

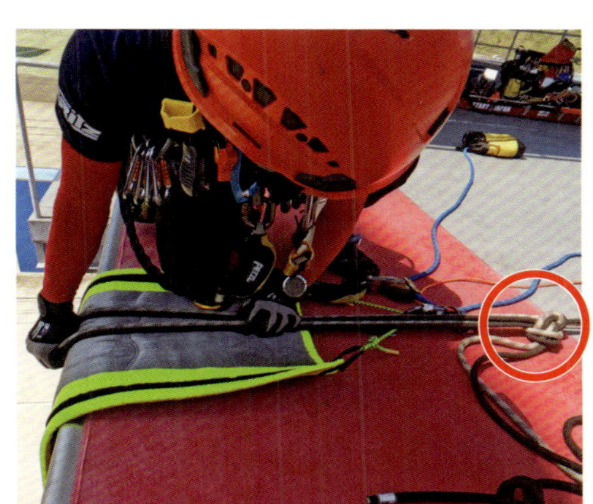

隊長預先測量（Pre-measure），此時於離平台邊後方約 1m 處打結。

擔架照顧員下降至擔架位置。

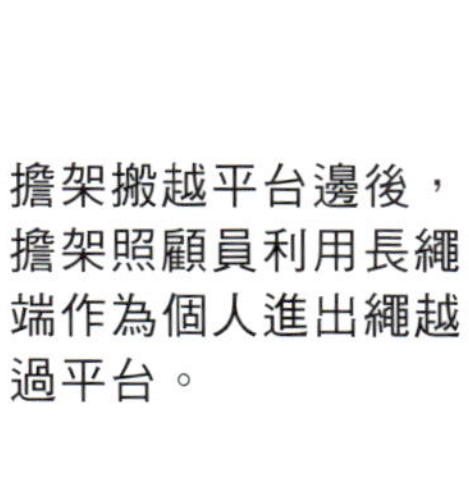

擔架搬越平台邊後，擔架照顧員利用長繩端作為個人進出繩越過平台。

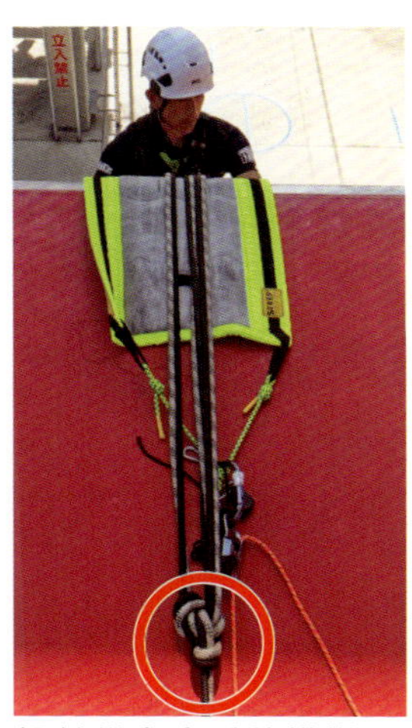

繩結從上方看的模樣。

從低處提升到高處時亦相同，設置大繩眼可使將擔架的最高提升點，提高至與擔架連接的繩圈之鎖扣。此時繩結部分位於平台內高處。擔架照顧員無需另設個人進出繩，更不需要從一組繩索轉移到另一組繩索，可直接將長繩端作為個人進出繩攀越平台邊。

擔架照顧員利用長繩端作為個人進出繩進入平台內高處。先將 ASAP 移入平台內高處，以微距上升方法上升，將體重保持在繩索上，注意儘量不要踩到擔架。

同時將體重保持在個人進出繩上，小心地攀越平台邊，並進入平台內高處。

進入平台內高處的擔架照顧員，設置限制工作範圍或下墮制停系統後方可繼續行動。

擔架照顧員留在擔架中央位置，以相同方法把擔架搬入平台內高處後，即完成救援。

雖然這是方便的方法，但也存在缺點。這方法意味着在下放和提升時承受着 2 人重量的繩結會磨着平台邊。由於這多少也會把繩結磨損，因此需要判斷平台邊的形狀，選擇適當的岩角防護物。隊長在繩結越過平台邊時，提起提升下放系統的繩索，讓繩結斜向順利地越過平台邊，可避免繩結受磨損。

系統模式6

從低處搬入崖內的方法——在擔架下安排岩角防護員

假如平台邊有突起物，擔架邊有可能會被勾到，導致擔架以該處為軸心而傾斜翻側。

在這情況下要將擔架搬入平台內時，安排岩角防護員在平台邊可令過程更穩定。不過，如果崖邊開口狹窄、穩固點至崖邊距離很近、或貼近牆面的情況下，則較難安排岩角防護員。遇到以上局限，擔架照顧員可事先設置較長的個人進出繩，並下降到擔架下方，暫時成為位於擔架下方的岩角防護員，便可以對擔架施力讓它避開，以防勾到平台邊的突出物。

平台邊有突出物，擔架邊被平台邊卡着，導致擔架傾斜。

如果沒有考慮平台邊的突出物，而直接嘗試用力將擔架硬拉進平台內高處，會令擔架邊卡到平台邊的突出物，從而產生內旋力，把整張擔架向平台邊拉反。雖然可以讓上方的 4 名拯救員，小心翼翼將其拉起來，但若然障礙物過度突出或形狀不均，也會令行動變得困難。這時在擔架下方安排 1 名岩角防護員，就可以避開這種情況。

從上方平台把擔架提升。

事先垂下個人進出繩。這組繩索是設在擔架中央稍微偏向頭部的位置，這是為了當要將擔架從低處搬越平台邊時，移到事先垂下的個人進出繩上之擔架照顧員，能從擔架下方將擔架向上推，讓它避開平台角邊，而他所推的位置主要是傷者的頭部側，即擔架的重心所在。如果個人進出繩垂在腳部側的話，則會較難推動頭部側。

當擔架被提升到平台邊後，擔架照顧員以長繩端下降到擔架下方。

下降至擔架下方後，按照以下順序進行繩過繩轉移。擔架照顧員先把胸升連接到黃色個人進出繩，然後轉移 ASAP 到黃色個人進出繩，並鬆開下降器，從長繩端完全轉移到黃色個人進出繩上。

擔架照顧員爬到可以從下面推起擔架的位置並在此待命。此時，他將腳升設置好，以便可以用腳踩在上面。此外，他還可以用手升和腳繩來代替腳升。

擔架下方的擔架照顧員聽從隊長的指示，從下方把擔架向上推，且略微遠離平台邊。隊長要指示要用一次性，還是分開兩次將擔架拉進去。

照顧擔架時作繩過繩轉移的考慮

本章關於繩索技術的部分說明了繩過繩轉移的方法，即從一條（組）繩索移到另一條（組）繩索。工業用繩索技術要求在移動時，確保有4條繩索（主繩和後備繩），總共四點連接。

這考慮涉及數個理由，例如在一定距離以上的繩索間轉移時，如果只在前方一條繩索以下降器或胸升等裝置作一點連接，在這只有三點連接的情況下，若然前方的主繩斷了，便會擺盪到原本兩條繩索的位置，技術員或會因撞到牆壁、結構物、岩壁等而受傷，甚至乎繩索有斷裂的風險。（下文提供圖解說明）

方法1

方法1是用2條黃色個人進出繩攀越平台邊，在確保黑和白色長繩端的兩點連接狀態下嘗試轉移。即使個人進出繩和長繩端距離很短，是否亦需要確保四點連接再移動？從這裏可以看出，即使在移動途中前方的白色長繩端斷了，也近乎沒有擺盪的風險。由此可考慮與其在沒有風險的情況確保四點連接移動，不如只保持最少兩點連接方便迅速移動。

方法2

方法2是用2條黃色個人進出繩攀越平台邊，將可調節挽索，如Grillon，連接到擔架吊帶上，在總是確保兩點連接的狀態下移動。當黃色主繩和可調節挽索的受力均等時，將後備繩的後備裝置移到紅或白色長繩端上。在照片所示的狀態下，如果可調節挽索斷了，黃色主繩會往後備繩的位置擺盪，在平台邊橫向滑動。需要考慮是，即使平台邊如照片中的那樣光滑，繩索橫向滑動會否有斷裂的風險，斷裂後會否擺盪並撞到障礙物？

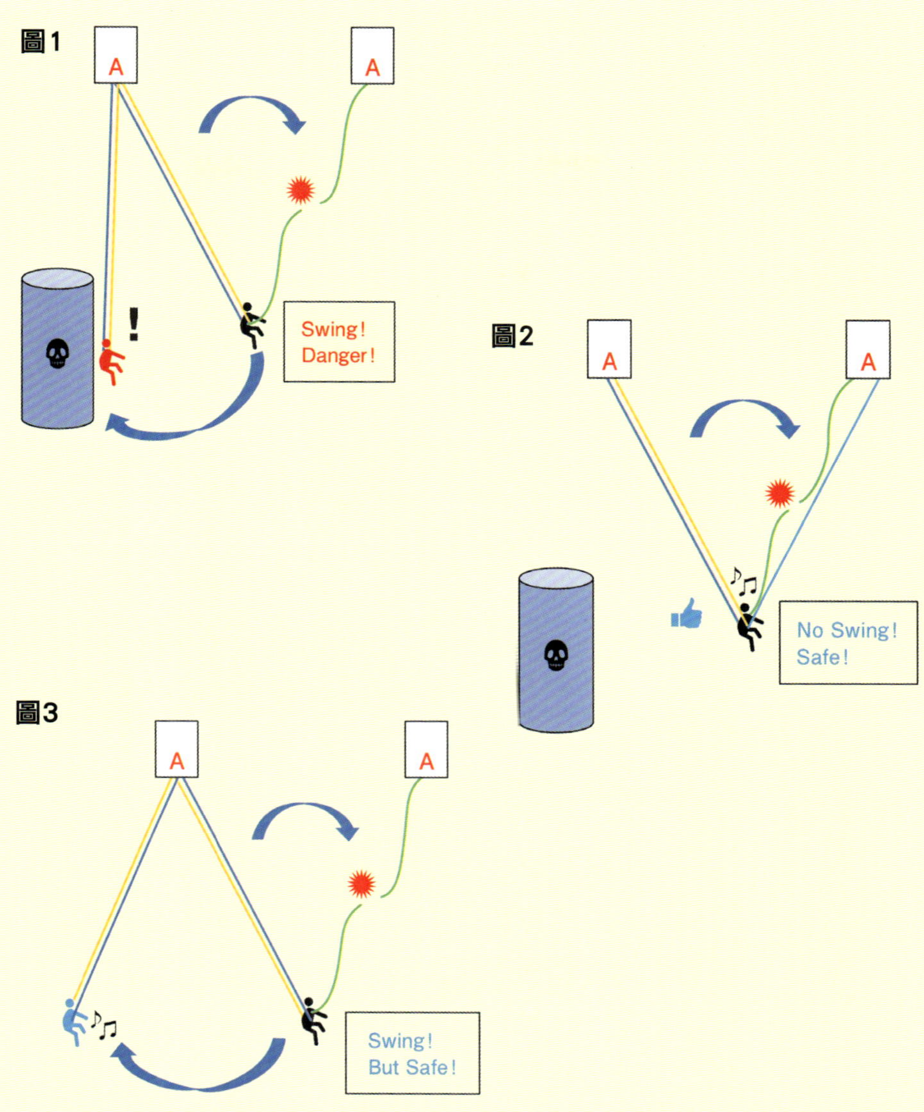

如圖1至3所顯示，在原來繩索附近位置擺盪時可能有撞到障礙物的風險。雖然如圖1那樣一直確保兩點連接，但用繩索間轉移時，總共只有三點連接可能伴隨撞到障礙物的風險。

如圖2所顯示，如果在前方的2條繩索上保持兩點連接，在確保總共四點連接的狀態下移動，無論哪條繩索斷裂，均沒有擺盪的風險。

那麼，如圖3所顯示，若然原來的繩索附近沒有障礙物，而且擺盪風險低的情況下又如何？只要經常確保兩點連接，技術員以3條繩總共三點的方式從一條繩移動至另一條繩是可以接受的。這節前段所說明的從個人進出繩移到擔架的方法，便是基於這理由。

上圖顯示着1名擔架照顧員，以藍色和黃色的個人進出繩攀越銳利的崖邊，並試圖轉移至紅色和綠色的提升下放系統繩索長繩端。

當個人進出繩和長繩端距離較近時，是否應該確保綠色長繩端也有一點連接，總共以四點連接移動嗎？
這個可能是最安全的方法，但如果在繩索斷裂導致擺盪的風險較低，而且需要迅速行動的時候，一般在確保兩點連接的同時，在繩索間轉移時保持三點連接，或許能在安全與迅速之間取得平衡。

上圖顯示，在結構表面和平台邊緣均很光滑的情況下，從2條藍色和黃色個人進出繩攀越崖邊的擔架照顧員，正轉移到紅色和綠色主繩系統的長繩端上。
假如個人進出繩和提升下放系統距離較遠，他是否需要在綠色長繩端上也連接一點，總共以四點連接移動？
雖然或許是最安全的方法，但圖中現場的結構表面和崖邊均十分光滑，即使因移動的繩索斷裂，而令藍色和黃色個人進出繩在崖邊橫向滑動，藍黃繩索斷裂的風險亦很低。在這情況假如需要迅速行動，則只需保持最少兩點連接，並確保在移動期間有三點連接，這方法可在安全與迅速之間取得平衡。

系統模式7

將岩角防護員的個人進出繩變成路軌的方法

除了從擔架下方向上推的方式，擔架照顧員還可在擔架下方以其個人進出繩作路軌，將擔架從下方托起，同時產生從擔架下方往上，以及從牆面向外推的力量。然而，因為是用繩索抬起的關係，擔架難免會從靠牆一側被挑起，或多或少會導致擔架傾斜。為避免這種情況，關鍵在於上方的 3 名拯救員要用力而穩定地將擔架拉起，避免擔架過度傾斜。

當擔架很重，或平台邊有明顯的突出物時，較難從下方將擔架推上去。這種方法比起從下方把擔架向上推的方式能夠對擔架施更大力，因此更為有效。唯最重要是清楚考慮不同方法的各自優缺點後才作選擇。

上方 2 人各拿着 1 條手挽帶，聽從隊長的指示同時用力，擔架照顧員則將個人進出繩像路軌般拉緊。

系統模式8
1 名擔架照顧員下降拯救遠離崖壁且懸空傷者

當傷者懸吊並遠離崖壁時，像本書 P.179 那種貼近崖壁的場景，並由 2 名拯救員下降救援的方法會變得困難，由於拯救員難以用手腳抵住牆面來控制自身位置或保持身體姿勢穩定，所以被迫在離傷者稍遠的位置，把其固定到擔架上。

在遠離崖壁的場景中，可以選擇由 1 名拯救員，在接近懸掛狀態傷者的位置進行擔架固定。如果效法貼近崖壁場景的做法，2 名拯救員下降時保持 1 個擔架的間隔，當到達傷者位置時，2 人分開會令固定傷者的工作變得困難。可是，若 2 名隊員直接下降至傷者附近，由於隊員之間的距離過近，可能會影響到傷者。所以，2 名拯救員在遠離崖壁的場景中，下降和固定傷者時需要巧妙地保持距離，如保持二人上下的高度差。

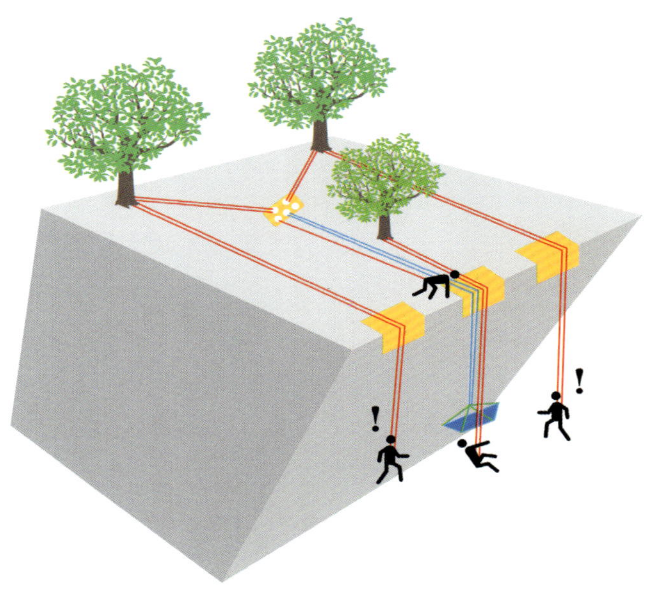

讓 2 名拯救員從兩側下降，但他們無法用手腳接觸牆面，難以保持姿勢；雖然並非不可能，但要把傷者固定到擔架，這情況下便比較困難。

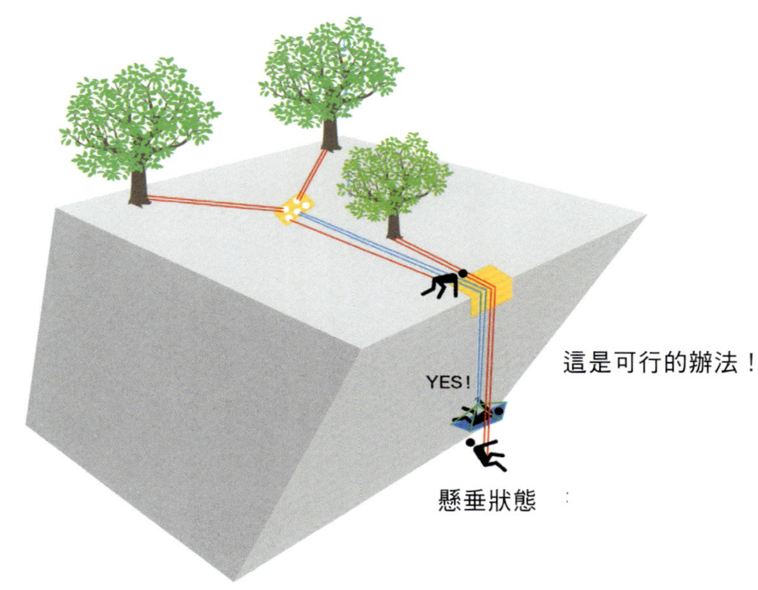

從傷者的正上方派遣 1 名擔架照顧員，即使姿勢不穩，也能在靠近傷者的位置有效地將他固定在擔架。

接近懸吊在半空的傷者

接近懸吊在半空的傷者有兩種方法，一種是讓擔架照顧員以個人進出繩下降並接近傷者，另一種是讓他連接到擔架，並一併由上方設置員下放至傷者位置。隊長需要基於擔架照顧員的繩索技術水平，來判斷如何接近傷者。掌握繩索技術的擔架拯救員，可以優先快速下降至傷者處，隨後再放下擔架，把傷者固定在擔架後，則可在其個人進出繩以繩索技術一邊自行攀升，一邊在側旁照顧傷者。

如果擔架照顧員不諳個人繩索技術，可以先讓他與擔架連接，再由平台上方的設置員一併下放。把傷者固到擔架後，他同樣連接在擔架上，由上方的設置員一併將兩者拉上去。隊長應根據崖外的情況，如垂直還是懸空作靈活調配。

方法一

擔架照顧員自行下降並接近傷者。一邊觀察傷者狀態，一邊由上方下放擔架。要注意不要讓擔架撞到傷者。

方法二

上方設置員下放擔架照顧員和擔架。平台外低處和平台內高處的協調很關鍵。

擔架照顧員自行下降接近傷者

擔架照顧員避開傷者的正上方，在傷者繩索的左右任何一側設置個人進出繩。

擔架照顧員以個人進出繩下降到傷者位置。下降前，隊長必需確認擔架照顧員具備兩點連接。

擔架照顧員接近傷者後，向隊長報告傷者的情況。報告內容包括傷者的狀態（是否有意識）、拯救路線中有沒有危險、拯救計劃的最終決定事項，以及根據傷者狀態判斷應以豎直或水平方式下放擔架等。

如果傷者失去知覺，則需要把擔架像匙羹般舀起傷者，並把他固定在其中，所以擔架照顧員需要鬆開腿部側的垂直水平轉換裝置，並使擔架保持垂直位置。

如果傷者意識清醒，請確認他或她能夠達到一定程度的自行移動；將傷者以水平放置在擔架上，可減輕擔架照顧員的工作，擔架照顧員亦應該根據情況決定擔架的角度。

隊長指示擔架從平台上方下放。擔架最好在擔架照顧員下降後，報告了傷者狀態，並決定了垂直還是水平放下擔架後下放。由於擔架將近乎直接下放到擔架照顧員的上方，所以請小心不要讓任何東西掉落。

將傷者移入被垂直下放的擔架，然後拉動垂直水平轉換裝置，將擔架轉成水平以舀起傷者。此時重要是，整理擔架照顧員所使用的個人進出繩，使其不會攝在擔架與擔架照顧員之間；如果個人進出繩被夾在擔架和傷者之間，便需要額外的時間和步驟處理，所以在固定傷者在擔架前要先解決這個問題。

用擔架舀起傷者並固定到擔架上。如果固定好，擔架照顧員向上方發出信號，指示設置員開始向上拉。

為了完全將傷者的體重轉移到擔架上，擔架照顧員應在確認傷者已經確實固定在擔架後，把傷者從其已放鬆的個人繩索系統移離。

把傷者的體重轉移到擔架上，並將其固定後，開始往上方提升。擔架照顧員利用繩索技術及不搖動擔架的方式，從個人進出繩跟上擔架提升的速度上升。拯救團隊預先在平台邊和擔架頭部側的位置，事先安排 1 名岩角防護員，負責觀察傷者及確認擔架周圍沒有障礙物。由於該處是上下都能觀察的位置，所以隊長站在這裏指揮。

擔架照顧員以繩過繩轉移的方法，轉移到設置在腳部側的個人進出繩上。移動完成後，上升到平台邊附近。

當擔架照顧員上升到平台邊附近時，上方設置員準備把擔架搬入平台內高處。上方 3 名隊員，1 人握住頭部側的手挽帶；1 人握住腳部側的手挽帶和連接部附近；剩下 1 人負責在穩固點鬆繩，釋放額外長度。

在隊長的信號下，把擔架搬入平台內高處。因為懸空，擔架有機會攝進平台底部，所以需要像畫弧線般，先往外再往內向上拉起擔架。

● 擔架照顧員與擔架一同被下放接近傷者

以大繩眼連接提升下放系統到擔架上，先把擔架移出平台外。當繩眼的前端越過平台邊時，鎖定穩固點的下降器，固定着不再下放，擔架照顧員在長繩端上連接兩點並攀越平台邊。

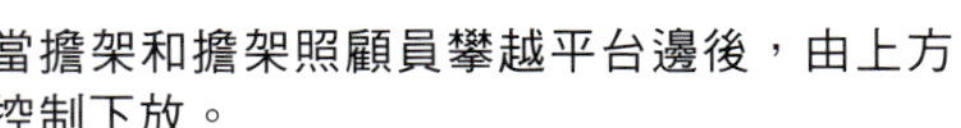

當擔架和擔架照顧員攀越平台邊後，由上方控制下放。

根據指示，把擔架照顧員和擔架下放至可以把傷者移進擔架的位置。

固定傷者到擔架，調整垂直水平轉換裝置讓擔架保持水平，這樣可以容易地把傷者舀進擔架。完成後，以固定帶固定傷者。

安排岩角防護員在平台外、擔架頭部側和腳部側預備，擔架照顧員以位於擔架上方的狀態護送擔架，開始提升擔架。

預備越過平台邊。提升擔架到繩眼前端的鎖扣，到達平台外低處。兩側的岩角防護員用手支撐擔架不晃動，並安撫傷者。

擔架照顧員攀越平台邊進入高處，在擔架中央位置握住腳側的手挽帶和擔架的分力板。總共由 4 人負責，擔架照顧員負責抬起擔架中央和拉起腳側的手挽帶。根據傷者的體重來考慮握持的位置是關鍵所在。

隊長的指揮下將擔架往上方提起，設置員負責鬆繩，釋放額外長度。

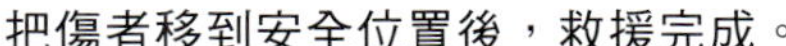

把傷者移到安全位置後，救援完成。

要怎麼考慮傷者的兩點連接？

「拯救員戴着安全帶確保了兩點連接，但是傷者該怎麼辦？」
讀者們有否考慮過在拯救員接觸傷者，將後者固定到擔架時應確保兩點連接嗎？根據日本法例，拯救員是屬於被要求確保兩點連接而安全行動的「高空工作員」，可是，成為傷者後的高空工作員已經不再屬於高空工作員了，而成為傷者的普通市民當然也不屬於該類人士了。也就是說，對傷者而言兩點連接不是必要的。拯救員要根據現場情況和傷者狀態等，安全快速地拯救傷者。以下且讓作者思考關於傷者的兩點連接之想法。

假設情境1

拯救員下降至傷者位置並觀察傷者的狀態後，確認下墮傷者的下方沒有危害（例如急速水流或可能發生瓦礫崩塌等）。如果傷者有意識可以走動，並且能在擔架照顧員協助下，自己穿着全身安全帶加上後備裝置或挽索，那麼也可以在擔架照顧員協助下，穿戴裝備後再固定至擔架。只要將擔架的傷者用固定帶捆綁好，將傷者安全帶的挽索連接到擔架吊帶上，或者將後備裝置連接到提升下放系統的長繩端上，便可以確保兩點連接。
不過，根據傷者的狀態，在意識不清或有意識卻無法自行走動的情況下，或現場有二次傷害的危險性需要迅速撤離時，拯救員較難為傷者設置理想的兩點連接。針對這兩難局面，隊長可以考慮以下幾種對策。

應對方法

確認現場狀況後，與傷者接觸時首先確認其傷勢。若受傷原因不明，則從傷勢和現場狀況推測，判斷如何將傷者妥善固定到擔架上。

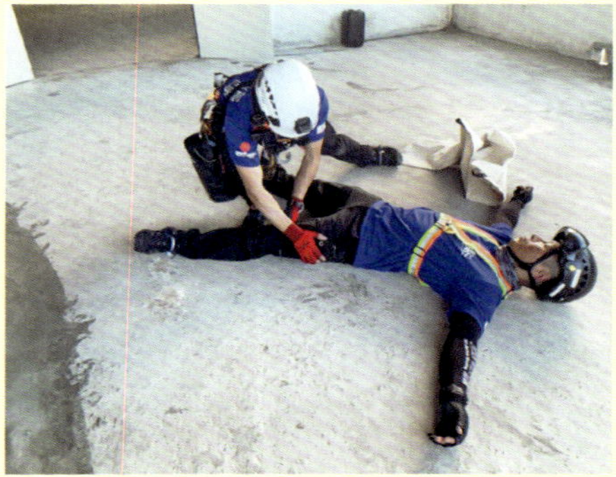

例1

根據現場狀況和傷者傷勢評估結果，判斷可以讓 2 名拯救員為傷者穿戴全身安全帶。

例2

這張照片顯示的是處理下墮事故等嚴重創傷時的情況。由於需要使用脊椎固定板，因此難以為傷者穿戴全身式安全帶或坐式安全帶。在這種情況下，2 名隊員在不為傷者穿戴安全帶的情況下，先將其固定在脊椎固定板上，然後固定到擔架中。接着要確保擔架的傷者以固定帶牢固綁緊，防止他從擔架滑出。

例3

當下方仍有機會再次發生危險時，可能只容許 1 位拯救員進入該危險區。右下圖所示是根據現場情況，只有 1 名拯救員進入下方，並為意識清醒但無法自行走動的傷者穿戴好安全帶，然後將其固定到擔架上，並拉回安全區域的處理方法。

例4

照片顯示是給失去意識的傷者穿戴三角安全帶 PITAGOR 加可調節挽索 Grillon 的模樣。

例5

像照片中的傷者需要醫療協助的情況，也可能只以擔架的固定帶直接固定傷者。理論上不算是兩點連接，但屬於對傷者最優先考慮的適當判斷；把傷者固定好，擔架照顧員要知道不能讓傷者從擔架滑出，便成為對傷者最好的拯救系統。

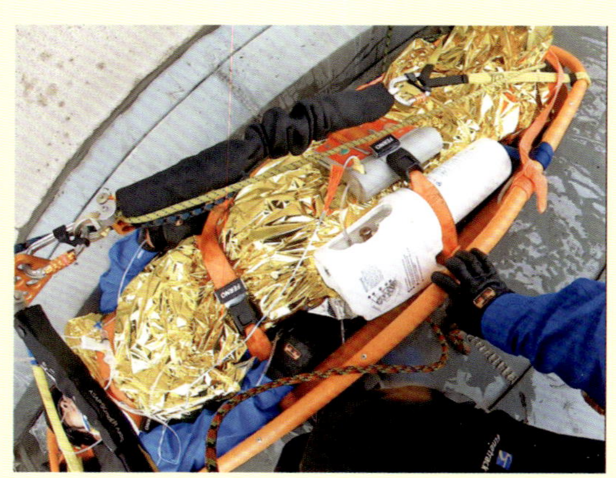

觀察

拯救員需根據傷者狀態和現場情況，決定怎樣為傷者設置其兩點連接。在事故現場更常見的拯救設置，可能是不為傷者穿戴安全帶，便直接把他固定到擔架上，但這並非不正確，反而判斷甚麼是對傷者最好應對才重要。

那麼，如何確保傷者的安全？我們有必要深思一下。將傷者以固定帶固定到擔架上，可以視為傷者與擔架是一體，這也是正確。與其執着於「必需要有兩點連接」，不如根據現場狀況和傷者情況，考慮「安全迅速地把傷者救出」，這樣或許才是真正從傷者角度出發的救援方式。

非繃緊繩救援系統
(Non-tension line rescue)

在繩索拯救和繩索技術作業的世界，有將拯救員、傷者，或兩者（以下稱為「救援負荷」）同時斜向上下移動的系統。設置這系統時，需判斷「如何在運作時儘量減少穩固點所承受的負荷」，以及「如何設置和操作繃緊繩」；而在操作時儘量減少穩固點負荷的理由之一，就是「對穩固點的強度有疑慮」。如果有堅固的穩固點，利用它選擇容易移動的系統將有助於現場行動，但是身處災難現場還要考慮到不利的情況。因此，本節將介紹就算不確定穩固點強度也能運作的系統。

在目前常見於社交媒體的「使救援負荷沿斜向上下移動的系統」中，救援負荷沿着被斜向拉緊的繃緊繩斜向上下移動，這設置正是基於現場的評估，適合在可設置堅固穩固點的環境下使用。這個系統在垂直方向的提升下放系統（主繩 - 保護繩系統或雙主繩系統）中，追加 1 至 2 條繃緊繩使救援負荷能斜向上下移動。

本節所介紹的各個系統名稱，在全球均有很多其他叫法，只要團隊內統一叫法便可以了。由於非繃緊繩救援系統，與水平橫移的繃緊繩救援系統相近（詳見繃緊繩救援系統 Tension line rescue，P.231），同樣涉及將繩索送到對岸的步驟，因此本節將省略說明傳繩方法，僅介紹各個系統。

系統模式 1

牽引繩系統（Tag line system）

這系統目的是，在下放或提升救援負荷時附加多 1 條繩索，以人力牽引拉離牆面，避開小障礙物。這系統不能用於將懸吊的救援負荷大幅拉離牆面。

雖然看似違反了「哨子與剪刀」的法則，但是假設萬一牽引繩出現問題，也不會讓擔架向障礙物產生大碰撞，不會使救援負荷陷入危險，因此只需拉緊 1 條牽引繩就可以了。

牽引繩系統概覽圖

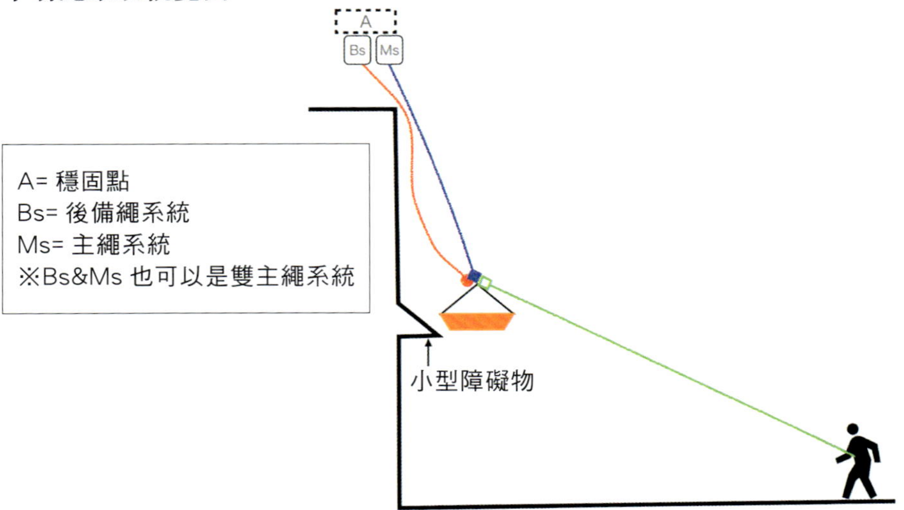

牽引繩系統設置範例

【優點】

- 設置簡單。
- 能減輕穩固點的負荷。
- 能靈活地將救援負荷往各個方向移動。

【缺點】

- 不適合以之避開大型障礙物。
- 牽引繩所產生的反向牽引力會與提升下放系統對拉，下放或提升救援負荷時會因此變得困難。

牽引繩系統是以人力牽引的。

系統的操作步驟

事先將作為牽引繩的繩索，從完成區送到開始區。像上圖，將事先送到的牽引繩（黃色）連接到擔架的提升下放系統上，由下方設置員拉緊這條牽引繩。下放時，擔架照顧員一開始像走在牆上往下移，直到遇到障礙物。下方設置員在擔架照顧員接近障礙物時拉緊牽引繩，以之與牆面保持距離，繼續下降，牽引繩的拉力會因救援負荷的重量和障礙物位置的高度而改變。即使從牆面拉開的距離不大，但過度用力拉動牽引繩，可能會導致擔架照顧員跌倒或救援負荷不穩定地移動。所以，隊長可能要視乎情況選擇其他救援系統。

系統模式2

徒手導向繩系統（Guiding line system）

這個系統是在提升下放系統以外，從上方再懸掛多 1 條繩，目的是僅憑人力把救援負荷從牆面盡可能拉開一定距離，避開牆面的小型障礙物，但這徒手導向的繩系統不可用作將救援負荷大幅拉離移動牆面。

徒手導向繩系統概覽圖

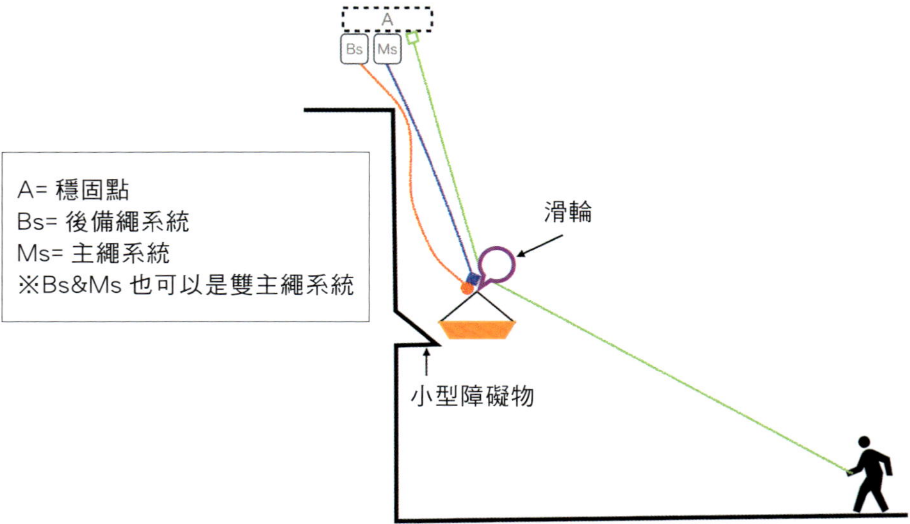

徒手導向繩系統設置範例

【優點】

- 能減輕穩固點的負荷。
- 不像牽引繩系統那樣，操作時與提升下放系統反方向對拉，能夠順暢地移動救援負荷。

【缺點】

- 不適合以之避開大的障礙物。

徒手導向繩連接到上方的頂部穩固點。

此系統是用於避開小型障礙物。

系統的操作步驟

與牽引繩系統類似，事先將作為徒手導向繩系統的斜向繃緊繩從完成區送到開始區。像 P.220 的照片那樣，以單滑輪把擔架的分力板和斜向繃緊繩連接起來。斜向繃緊繩的一端固定在上方穩固點，並由在完成區的下方設置員徒手拉緊。和牽引繩系統一樣，擔架照顧員在提升下放擔架時像走在牆上移動，接近障礙物時讓下方設置員拉緊斜向繃緊繩，通過操作斜向繃緊繩來避開障礙物。斜向繃緊繩的牽引力會因救援負荷的重量和障礙物的位置改變。

此外，拉緊斜向繃緊繩的所需人數，取決於救援負荷的重量、障礙物的大小等而變化。和牽引繩系統一樣，過度拉緊導向繩系統的斜向繃緊繩會導致下方設置員跌倒或救援負荷不穩定地移動，所以視乎情況可能需要選擇其他救援系統。

系統模式3
機械增益導向繩系統（MA guiding line system）

這個系統是在提升下放系統之外，從上方再懸掛多1條繩，通過機械增益系統拉緊斜向繃緊繩，以之把救援負荷從稍大的障礙物以較少人手輕鬆地牽引開。

此系統的穩固點所承受的負荷，是由機械增益系統所拉緊的斜向繃緊繩其中心角度決定。由於此系統需要避開較大的障礙物，因此與牽引繩系統或徒手導向繩系統相比，救援負荷距離牆面的距離會更大，斜向繃緊繩的中心角度更大，對穩固點的負荷亦會更大，所以在選擇穩固點時需要格外小心。

與徒手導向繩系統不同的地方是，機械增益導向繩系統在斜向繃緊繩上增設了機械增益系統。

機械增益導向繩系統概覽圖

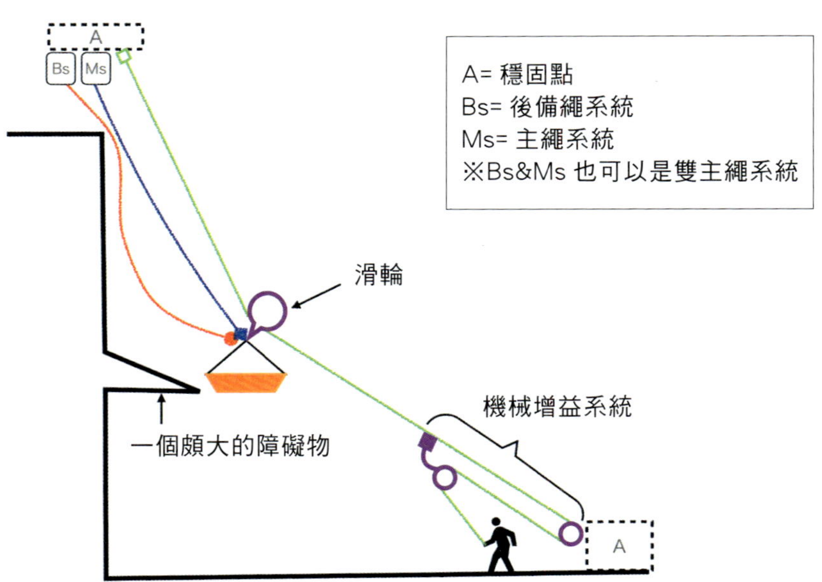

機械增益導向繩系統設置範例

【優點】
- 即使人手較少，也能讓救援負荷避開稍大的障礙物。
- 和徒手導向繩系統相同，操作時不會與提升下放系統反方向對拉，能夠順暢地移動救援負荷。

【缺點】
- 移動方向受限。
- 需要在穩固點上增設置機械增益系統。

其實，兩款斜向拉緊的導向繩系統，某程度也屬於綳緊繩系統。此外，當救援負荷移動時，拯救系統繩索的角度會隨受力位置改變而改變，可能會因此接觸最初已避開了的障礙物，所以拯救員需要持續評估系統的安全性。

系統的操作步驟

首先，將作為機械增益導向繩系統的斜向綳緊繩傳送過去。接下來，為安裝在擔架上的分力板設置單滑輪，並將綳緊繩穿過單滑輪。

將綳緊繩的一端固定在穩固點上，在另一端設置機械增益系統。綳緊繩不要拉得過緊，足夠避開障礙物就可以了。上方設置員同時操作提升下放系統，下放救援負荷。

系統模式4
自重導向系統（Skate block system）

設置這個系統的目的是，在上方沒有有效操作平台的不穩定環境下，通過下方的操作將上方的傷者斜向上下移動。舉例來説，在樹上或鐵塔這樣的環境下，無法將傷者垂直下放，所以要讓其稍微斜向外下放，提升下放系統繩索互相連接使救援負荷可沿之斜向上下移動。

自重導向系統在提升下放系統的基礎上設置。

自重導向系統概覽圖

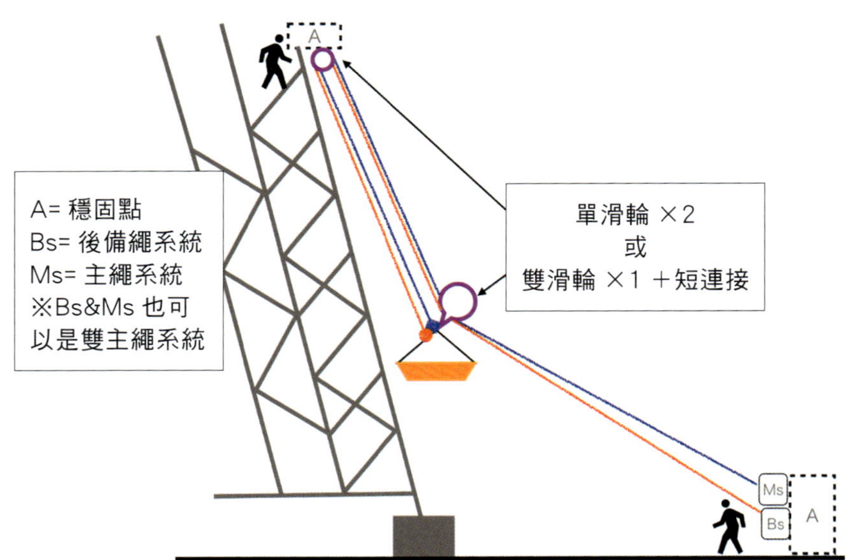

自重導向系統設置範例

【優點】

- 不需讓因攀爬樹木或高塔而疲累的設置員，設置和操作其他系統便能展開救援。

【缺點】

- 移動方向受限。
- 難以控制救援負荷的着地位置。

自重導向系統是個在下方操作的系統，系統繩索的末端先從下方穩固點延伸至上方由滑輪組成的高處轉向，穿過該滑輪並折返和連接到擔架上。上方穩固點承受的負荷，會因提升下放系統在上方滑輪折返了而變大。

設置這系統時，可事先在地面上設置好高處轉向的滑輪，讓會爬上上方的設置員攜帶已穿過提升下放系統繩索的滑輪，或攜帶用於拉起滑輪的信差繩，到達上方以信差繩將整個轉向系統拉至上方。

設置員在傷者上方的繫穩物設置高處轉向，下方設置員把擔架照顧員和擔架提升到傷者的位置，讓擔架照顧員將其固定到擔架上，然後斜向下放回地面。

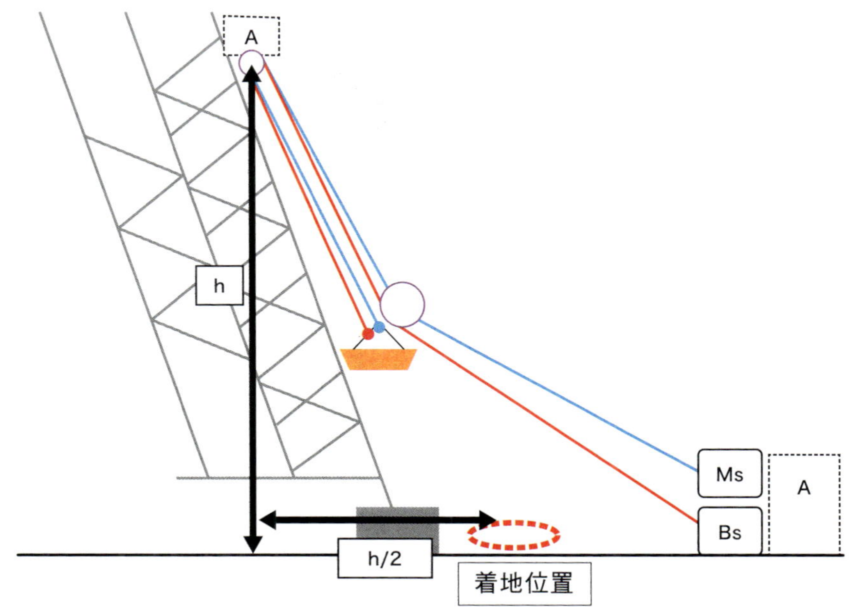

系統模式5

偏轉繩系統（Deflection line system）

設置這個系統之目的，是把救援負荷移動到像峽谷般的下方。如果有堅固的穩固點，可以設置繃緊繩讓救援負荷先移動至峽谷正上方，再從那處垂直下放；但是如果沒有堅固的穩固點，便無法使用這個系統。而偏轉繩系統即使在這種情況下，也能協助完成救援。

偏轉繩系統概覽圖

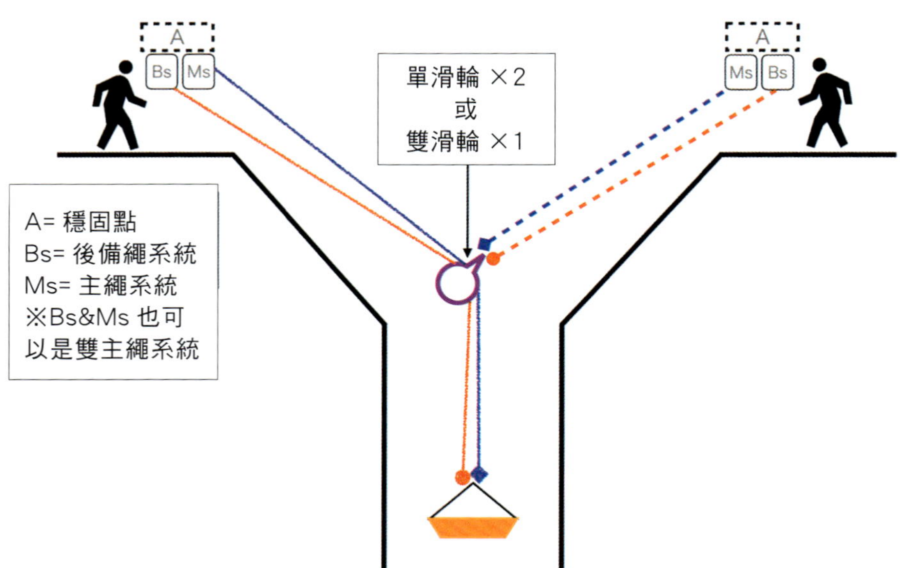

偏轉繩系統設置範例

【優點】

- 能夠減輕穩固點的負荷。
- 只需設置2套垂直方向的提升下放系統，便能完成。

【缺點】

- 根據現場情況，繩索中途可能磨到平台邊等。
- 需要高度熟練操作和協調2套提升下放系統。

在兩岸的操作平台設置提升下放系統，並以 1 組提升下放系統作為可調偏離點系統（即轉向 Change of Direction），牽引對岸直接連繫着救援負荷的提升下放系統之中段（參考 P.226 圖），就能將其移動到目的地上方。到達目的地上方後，操作 P.226 圖左側的系統，便能提升下放擔架。

這個系統還有一種方法，就是將一邊提升下放系統直接連接到救援負荷上，對岸的提升下放系統的其中一條繩索設為 2:1 機械增益（V型設置）。如缺點中所述，偏轉的角度愈大，穩固點的負荷就愈大，因此在運用時需要注意。

系統模式6

交叉拖拉系統（Cross haul system）

設置這個系統之目的，在於使用 2 套提升下放系統將救援負荷水平橫移；這系統在有高低差及沒有明顯障礙物的現場，想移動救援負荷至對岸時尤其有效。通過組合 2 個提升下放系統，能夠靈活地朝任何方向移動，因此是通用性很高的系統。

交叉拖拉系統概覽圖

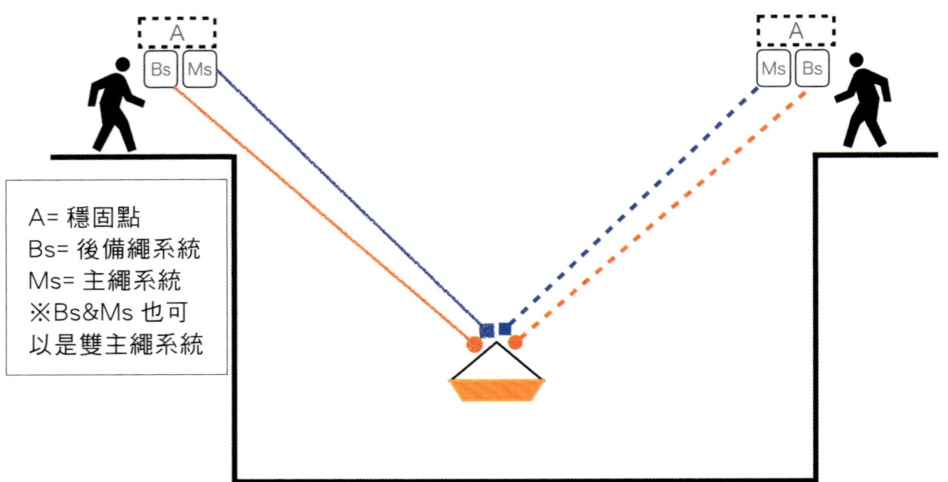

交叉拖拉系統設置範例

【優點】

- 理解提升下放系統的運用方法，便能讓救援負荷水平橫移。

【缺點】

- 2組系統夾角變大時，穩固點的負荷亦會變大。
- 2套提升下放系統往相反方向對拉，操作有時會變得困難。

這個系統是從兩岸的操作平台，各將 1 組提升下放系統連接到擔架的分力板上，圖中位於上方的提升下放系統，可以是主繩 - 保護繩系統或雙主繩系統。

擔架照顧員和擔架一起從一側操作平台垂直進入，同時在另一側操作平台設置員的操作下，朝傷者的位置橫移。如缺點中所述，夾角愈大，穩固點的負荷便愈大，移動操作也會變得困難，因此保持夾角較小的狀態移動，更能輕鬆地橫移。

此外，拯救員還應考慮從兩側的提升下放系統如何與分力板連接，以及該系統是主繩 - 保護繩系統還是雙主繩系統，這會影響擔架的移動方式。因此，應根據當時的情況，以及救援區域選擇適當的方法。

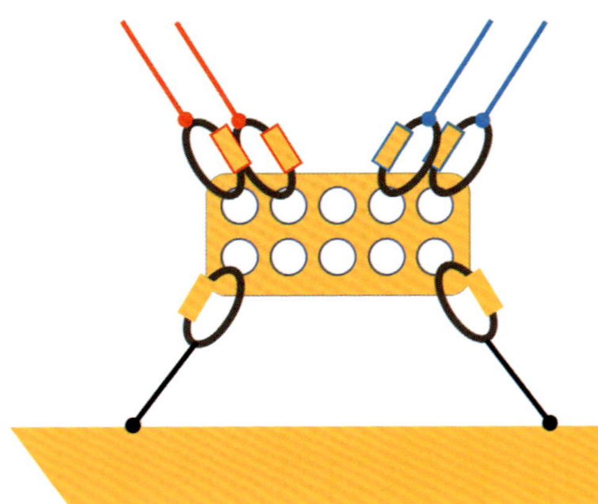

分力板設置圖解 ①

擔架往前進方向水平移動。這設置有利於擔架通過狹窄空間。但是，如果左右兩側的拉力和放繩速度不一致，會令擔架大幅搖晃，因此要格外注意。

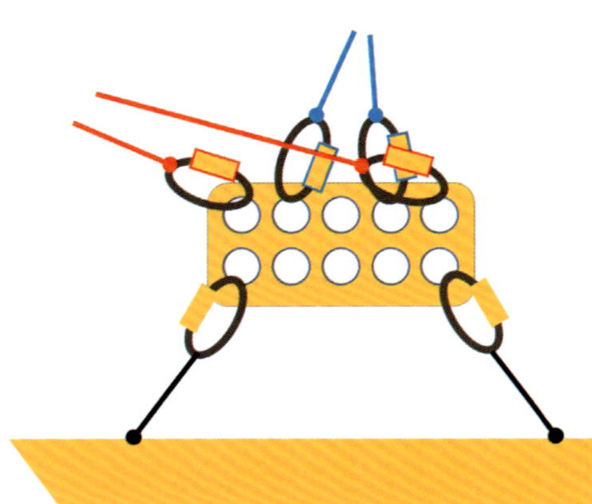

分力板設置圖解 ②

擔架往前進方向垂直移動。因此，救援路線需要較闊空間，至少有擔架長邊的長度。接近操作平台時，擔架與平台邊成水平，可以輕鬆地越過平台邊進入平台內。

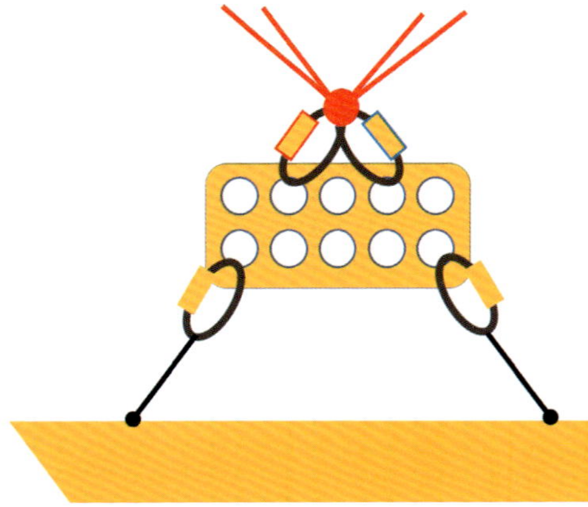

分力板設置圖解 ③

將兩側的繩索集中到同一個繩結，以鎖扣將繩結連接到分力板上。這種設置通過繩結將左右兩側的拉力集中起來，因此很少直接傳遞震動到擔架上，大大減少了擔架的搖晃。

綳緊繩救援系統
(Tension line rescue)

甚麼是綳緊繩救援？

綳緊繩救援是指使用拉緊了的繩索（綳緊繩）作拯救系統的統稱。這方法將救援負荷懸吊在被水平或斜向拉緊的繩索上，並且水平左右或斜向上下移動，同時可能垂直上升下降。本節將介紹拉緊綳緊繩和以之救出傷者的方法。

這系統可用於以下情況：

① 救出位於對岸、河中沙洲、谷底等地的傷者

② 需要從高處斜向拯救的情境

③ 其他需要綳緊繩的情況

需要以綳緊繩拯救的情況有很多，系統本身也分多個類型，但其思路大致相同。讀者們不用想得太複雜，只要能整理至今為止所學的內容，就能輕鬆設置綳緊繩救援系統。

綳緊繩救援系統在綳緊繩和牽引繩的基礎上，再加上本書第 3 章介紹的主繩 - 保護繩系統或雙主繩系統便可行了。本節將介紹從設置繩索到救援完成的整個過程，並在眾多系統中介紹數種設置方法。系統絕非只得一種，希望這些內容能成為大家以「哨子和剪刀」原則為思考基礎，根據各種情況設置適合自己的系統。

此外，綳緊繩救援在所有救援系統當中需要最多裝備。如果有足夠裝備設置這系統，就能設置其他所有系統。因此除了繩索技術的個人裝備，還可以參考此處列出目前缺少設置這系統的裝備，作為今後需要增設甚麼裝備的參考。

接下來要説明的，不是德國 T 型拯救（雙英式 V 型升降繩）唯一的設置步驟和方法，後文將會詳述其注意事項和操作方法等細節，這節只作簡單説明如何完整地設置這系統。

設置繩索

首先要將繩索送到弱側（Weak Side）。這個過程稱作跨越（Line Cross），有以下數種方法：

- **步行穿過橋樑或谷地**
- **拋擲**
- **繩索發射槍**
- **無人機**
- **船**
- **其他**

需要傳送過去的繩索愈多，它們愈容易互相纏繞着，如果亂纏了便需要花很多時間修正。此外，如果繩索下方是河流或叢林，繩索一旦接觸到下方障礙物亦很容易被纏住，要解開便非常困難。

因此設置繩索時要注意避免互相亂纏，也不要讓繩索接觸到下方（河流和樹木等）。

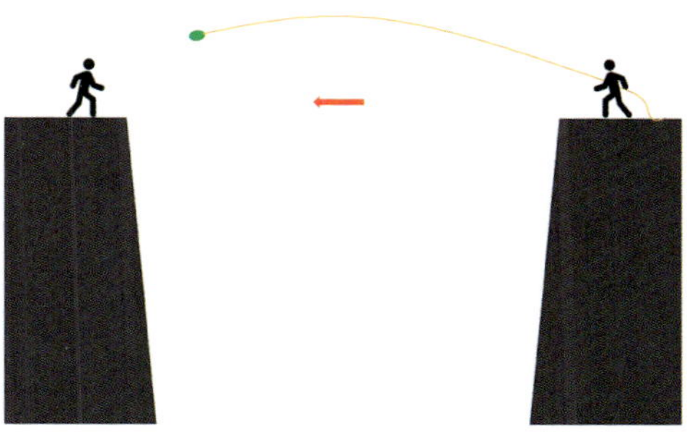

① 先將作為先導繩的投擲繩送到弱側。

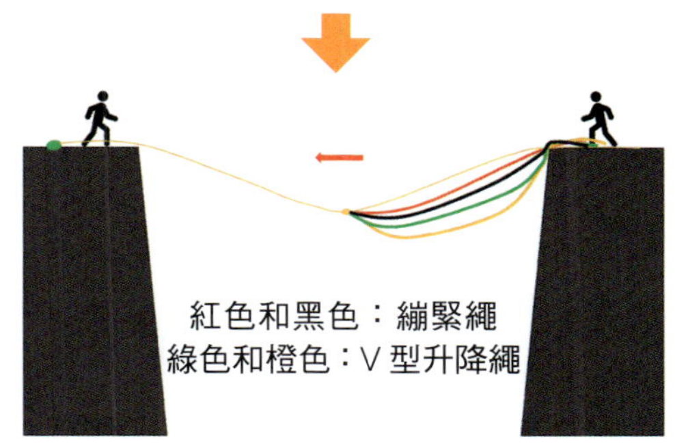

② 再將繃緊繩和 V 型升降繩連接到先導繩上，再送到弱側。要注意，這不是唯一的方法。例如，如果強側和弱側距離很遠，可以先傳先導繩，再送信差繩（約 6mm 的細繩），最後再傳送各條繩索。

※ 如果要送的繩索太多，繩索接觸地面的風險就高，此時可考慮減少同一次運送的數量，增加往返次數。

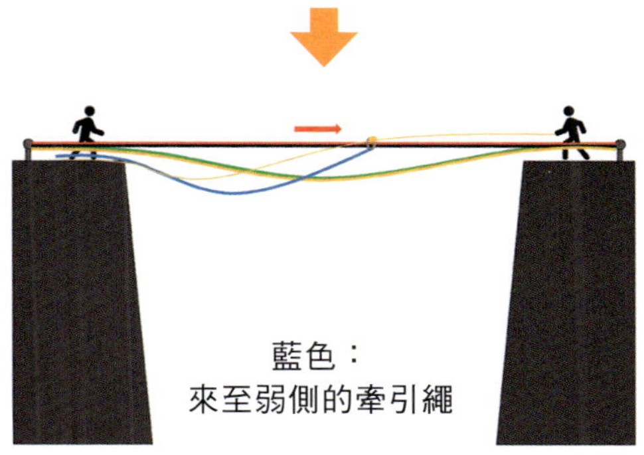

③ 各條繩索都送到弱側後，從弱側拉回牽引繩，整個跨越就完成了。此時可以暫時拉緊繃緊繩，並將牽引繩以鎖扣連接到繃緊繩上，這樣便能輕易地傳繩。

※ 強側的牽引繩無需送過去，故本節沒有標示出來（假設拯救隊從強側進入傷者處）。

傳送繩索的不同方法

其中一種能避免繩索互相纏繞着的方法，是將繩索連接到分力板上再送過對岸；這樣即使分力板轉動，最後也能沿相反方向轉動，輕鬆解決亂纏的難題。缺點是傳繩時會因分力板重量而變重，更容易碰到下方。隊長要根據拉繩的力量、傳繩距離、下方情況等來判斷應該如何傳繩。

照片中練習場地寬度只有 20m，所以會一次過送 4 條繩（綳緊繩和 V 型升降繩各 2 條），然後再送回 1 條牽引繩。照片中沒有強側牽引繩，因為設置時不需要先送到弱側。

以下為不使用分力板的傳繩方法，以供參考（見下方插圖）。在先導繩或信差繩中間打個雙套結，掛上綳緊繩的鎖扣，然後就能用鎖扣連接鎖扣後的繩索來傳繩了。

固定在分力板的情況

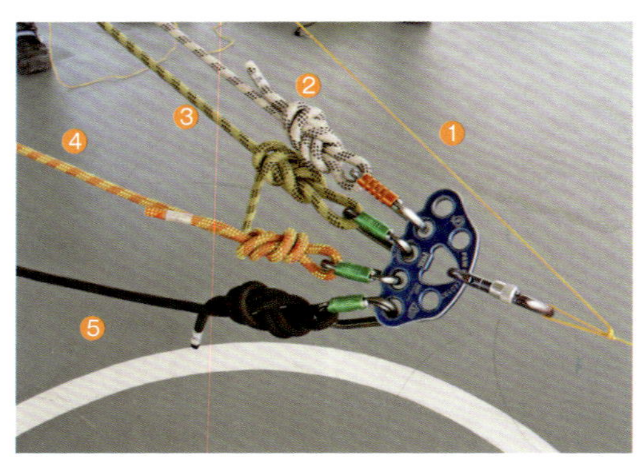

照片中從上到下依次為：
❶先導繩（投擲繩） ❷V 型升降繩
❸❹綳緊繩 ❺V 型升降繩

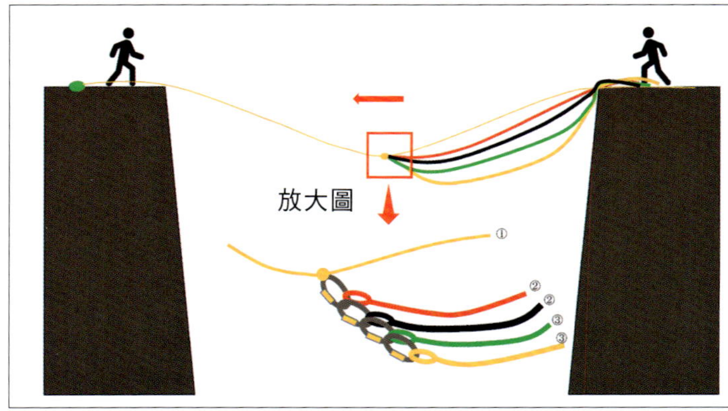

①信差繩
②綳緊繩
③V 型升降繩

不使用分力板的傳繩方法設定圖（參考）

如何活用引導繩？

當傳繩距離較長時，縱使只有 1 塊分力板和 4 條繩索本身的重量，在弱側的設置員也可能難以從強側拉至弱側。所以，強側設置員可以送 1 條引導繩到對岸，然後將裝有 3 條主繩的分力板，連接到引導繩上再傳送過去，這樣弱側設置員就能通過單向制停裝置拉動引導繩。

相比前文介紹的直接投擲繩，這方法能更輕鬆地將繩索送到更遠的距離。此外，最初送過去的引導繩或不夠長，必要時可先從弱側把它傳回強側，再將強側的繩索連接到其前端送回去。

傳繩距離愈長，繩索間纏繞等問題便愈難發現，因此要根據實際情況考慮改用其他方法，例如使用萬向節（Swivel），或不用分力板改為分段傳送等。

首先傳送 1 條引導繩到對岸，弱側的設置員根據需要，配合單向制停裝置拉動繩索。

在最初傳送的引導繩中途製作 1 個結，然後將已接到分力板的剩餘繩索傳送過去。

拉緊綳緊繩

繩索送到弱側並與穩固點連接後，就開始將繩索設置到下降器上並預備拉緊。首先不用加設機械增益系統，並徒手臨時拉緊綳緊繩，這樣能更容易發現繩索有否互相纏繞，從而更有效率地開展下一步的工作。

如果 2 至 3 人徒手就能把綳緊繩拉得夠緊，便不用特意加設機械增益系統。下方的照片是沒有加設機械增益系統，徒手把綳緊繩拉緊的示範。

拉緊綳緊繩時要注意穩固點所承受的負荷，需假設拉緊的繩索上會承載最多 2 人的重量。因此，初始張力愈大，穩固點的負荷便愈大；如果系統需要更緊的綳緊繩，可以讓 1 至 2 人操作 3：1 機械增益系統。綳緊繩系統對穩固點的負荷比其他救援系統更大，因此要求在高負荷下也不會崩塌的穩固點。

拯救員需要注意，過度拉緊綳緊繩會增加穩固點崩塌和繩索破損的風險。如果現場情況需要綳緊繩更大綳緊，可以考慮在穩固點設置測力計，以監察拉力不會超過預期的高負荷。

組裝滑車系統

拉緊繃緊繩後，接下來要做的就是在繃緊繩上安裝用於水平橫移的 KOOTENAY 過結滑輪或雙滑輪和短連接並連接 V 型升降繩和牽引繩。這個水平橫移的系統，稱之為滑車（Carriage）系統。

在繃緊繩上設置滑車系統。本系統的雙 V 型繩設置，與前文所介紹的雙主繩系統的概念相近，都要將 2 條同時承重的 V 型升降繩連接到滑車系統下方的雙滑輪上。此時要輕輕拉緊繩索，減少多餘繩長，這樣更容易分辨繩索的走向，降低設置錯誤的風險。

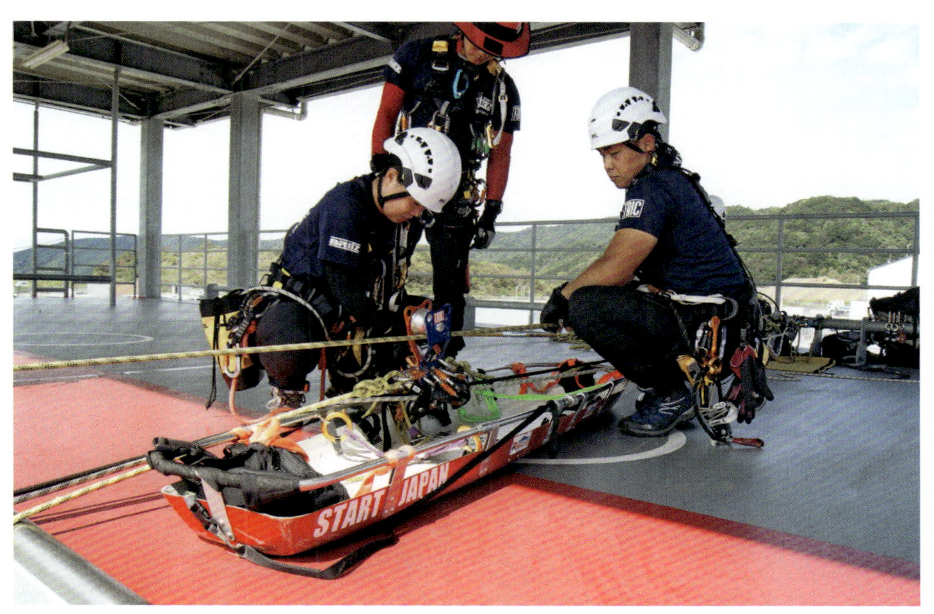

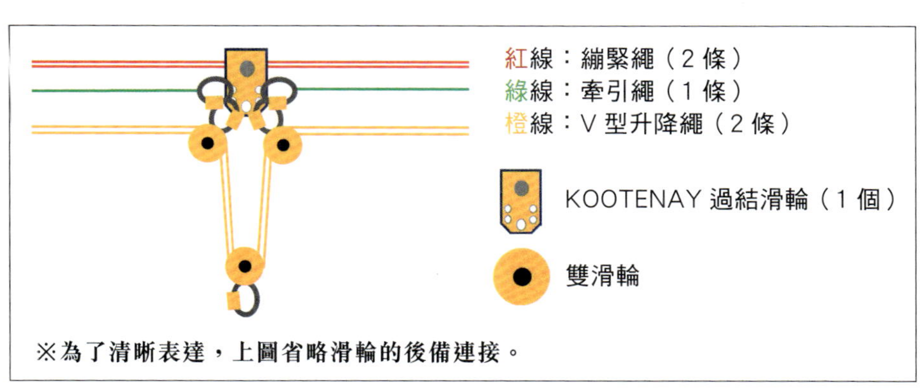

※為了清晰表達，上圖省略滑輪的後備連接。

V 型升降繩是個 2：1 機械增益系統，這個 2：1 機械增益系統的動滑輪部分會上下移動，用於垂直提升下放救援負荷。如果繩索在設置時互相纏繞會產生摩擦阻力，繩索也會與滑輪側板摩擦，破損風險更高，所以要時刻留意繩索走向，確保設置時繩索沒有纏繞。

此外，如「兩點連接」部分所述，對於雙滑輪的後備連接有不同想法，但為了避免鎖扣部分只有一點連接，這裏額外添加了短連接作後備。

設置擔架

將擔架設置在滑車系統下方。將雙滑輪的鎖扣連接到擔架上的分力板的上半部，擔架照顧員再連接到分力板的下半部。照片中例子，Grillon 為主繩，而 ASAP 為後備繩，連接方式沒有規定，只要以「哨子和剪刀」的原則，採用自己認為安全的方式連接即可。

❶ 繃緊繩
❷ 牽引繩
❸ V 型升降繩
❹ 短連接（雙滑輪的後備連接）

設置牽引繩

在滑車系統的左右兩側，連接用於水平橫移的牽引繩。弱側的牽引繩，可在之前送往的同一條牽引繩中間打結，相隔約 50cm 再打 1 個結（通常稱為「跳躍」或「跳接」），用鎖扣將這 2 個結連接到滑車系統的左右兩側，作為左右兩側牽引繩。不過，如果與對岸的距離很遠，1 條牽引繩可能不夠長，所以有時候不會「跳接」，而是獨立分開強側和弱側牽引繩，以其末端從兩岸分別連接到滑車系統左右兩側上，作為牽引繩。

穩固點的周邊系統

強側

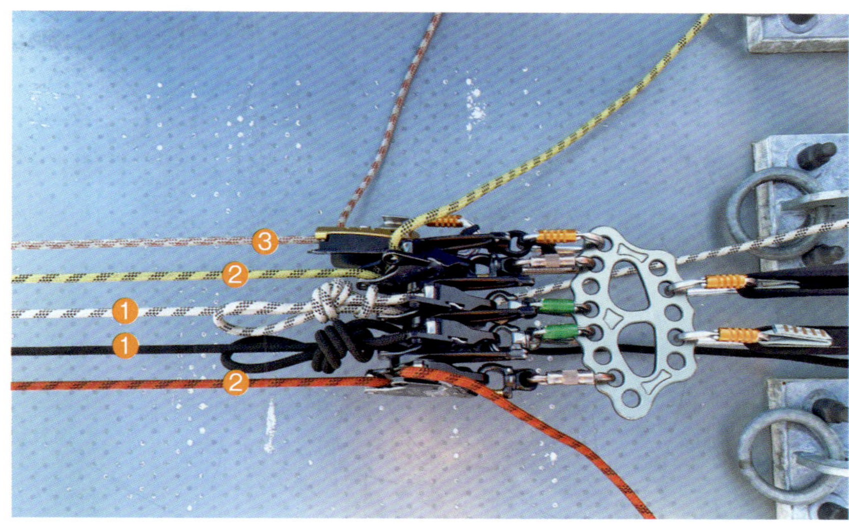

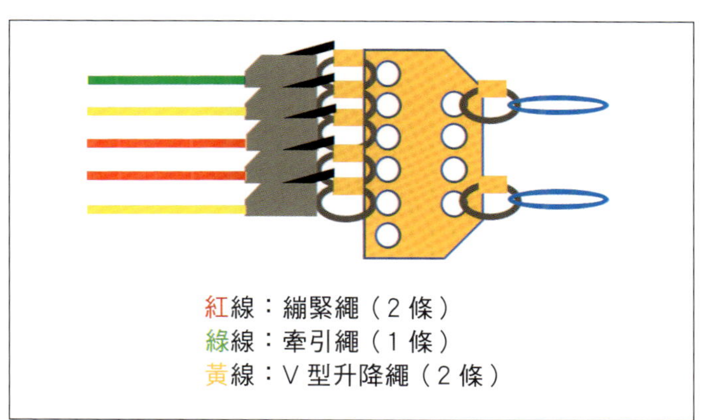

強側（Strong Side）是主要行動據點所在的一側，負責控制繃緊繩和 V 型升降繩。從穩固點以 2 條扁帶環連接到分力板，再從分力板連接到繃緊繩、V 型升降繩和牽引繩的下降器。

照片中從上至下依次序為：1）繃緊繩、2）V 型升降繩、3）牽引繩，繃緊繩集中在中間。這是為了盡可能均勻分配扁帶環兩側的負荷，並避免設置員拉動 V 型升降繩時，令繃緊繩受磨擦。

繩索排列方式和使用的裝備各有不同，使用者必需根據自身情況思考和選擇，最重要是採用與其能力相對應的裝備。

弱側

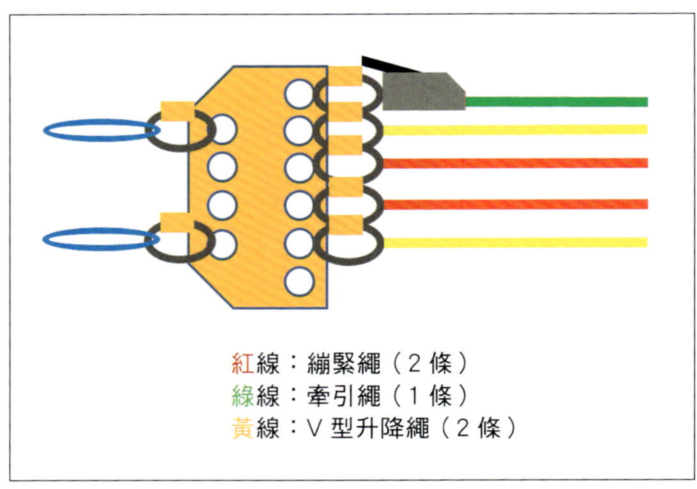

弱側（Weak Side）主要是非行動據點所在的一側，綳緊繩末端連接於此，亦負責操作牽引繩等。同樣從穩固點用 2 條扁帶環連接到分力板，再從分力板連接綳緊繩末端、V 型升降繩末端，以及牽引繩的下降器。

照片中從上至下依次序為：1）綳緊繩、2）V 型升降繩、3）牽引繩，與早前看到的強側照片和示意圖所排列的相同。

水平橫移（前往傷者位置）

設置救援系統後，弱側設置員拉動牽引繩，直至將擔架照顧員拉到傷者所在位置的上方。

接觸傷者

接下來放鬆 V 型升降繩，將擔架照顧員和擔架下放到傷者的位置。

將傷者固定在擔架上

擔架照顧員到達傷者位置後，需要先將傷者固定到擔架上。此時，要注意不要把 V 型升降繩鬆開過多，如果是在河中沙洲或岩石上，鬆開的繩索有機會被河水沖走，或者失去平衡，甚至下墮。

如果是在山區，堆積在地面上的繩索可能纏住折斷的樹枝或枯葉，需要花時間清理。此外，鬆弛的繩索會堆積在擔架內，妨礙將傷者固定在擔架上。重新開始救援時，需要預先收回不必要鬆弛的繩索。

按情況而定，如果不必要地放鬆 V 型升降繩，可能會帶來各種缺點和風險。因此在隊長的指揮下，操作 V 型升降繩等裝備的設置員要考慮進入地點的情況來操作器材。

開始提升

一方面，擔架照顧員需將傷者固定在擔架上；另一方面，操作 V 型升降繩的設置員要準備提升擔架。本系統中，滑車系統下方是 2：1 機械增益系統，所以在強側設置 3：1 機械增益系統，就能在提升時形成 6：1 機械增益的效率。

如「機械增益系統（P.68）」部分所述，拯救時並非必需設置 3：1 機械增益系統。假如人手充足，便可以直接以 V 型升降繩來提升擔架；反之，設置員可能需要設置 5：1 機械增益系統，形成合共 10：1 機械增益系統。

隊長應按照人手、操作平台空間、地面狀況等當下現場情況，判斷應該設置甚麼模樣的系統。

另一方面，假設以主繩 - 保護繩系統下放，不要先拆除保護繩上的 ASAP，而是在 ASAP 後方預設提升用的裝備，這樣就能一邊維持兩點連接，一邊從下放模式切換到提升模式。如果傷者的位置穩定，不需要兩點連接，便沒必要執行此步驟。

擔架照顧員固定傷者到擔架上，強側的救援系統設置好後，便開始提升擔架。

水平橫移（撤離）

提升完成後，強側設置員一邊拉回牽引繩，弱側設置員一邊鬆出牽引繩，將擔架照顧員和傷者水平橫移。

在這系統中，V 型升降繩已確保兩點連接，牽引繩只發揮左右移動的作用，因此在將擔架向救援方向移動時，如果擔架位於繃緊繩中心至強側之間，弱側設置員可以完全鬆開所操作的牽引繩，沒有安全問題。

不過，按不同系統而定，如果牽引繩是鬆弛狀態，一旦主繩斷裂，擔架照顧員和擔架上的傷者可能大幅下墮。因此要充分理解所設置的系統裏，牽引繩將發揮甚麼作用才操作。

將擔架移進操作平台

擔架靠近操作平台後，要注意強側牽引繩的鬆緊，一邊提升擔架一邊拉回牽引繩，避免牽引繩鬆弛。

如圖所示，將擔架移進平台時，若然綳緊繩接近地面，而前方有一個小台階，那就要將擔架抬進去，有時繩索會搭在欄杆上方或斜坡上，各種情況都有可能發生。雖然不能斷言這種方法必定適用於所有情況，但如「低處提升救援（P.162）」部分所述，擔架照顧員脫離擔架，能讓其他隊員輕鬆而穩定地抬起擔架。

將擔架拉到平台附近後，擔架照顧員首先將自己的體重，轉移到綳緊繩或事先設置的個人進出繩上。然後，在平台邊指揮的隊長和拉起綳緊繩的隊員分別站在擔架的頭部和腳部，以擔架的手挽帶拉起擔架。此時如果另 1 名隊員用向量拉力提起綳緊繩，就能更穩定地將擔架移入操作平台。

設置員需同時拉緊擔架的牽引繩，避免已進入操作平台的擔架反方向滑出平台外的危險區域。在其他情況下，如果拯救系統繩索搭在欄杆等的上方時，如「低處提升救援（P.162）」部分所述，擔架照顧員可移動到事先設置的個人進出繩上，直接擔任岩角防護員，與另一名岩角防護員一起提起擔架越過欄杆，就能穩定地完成救援。

完成救援

最後將擔架運送到安全空間，全體拯救員返回安全空間，救援便完成了。

設置繃緊繩系統的各條繩索時，應如何連接到穩固點？

在後面的專欄「設置繃緊繩時，穩固點會承受多大的負荷？」（P.248-253），將會解釋設置繃緊繩時，穩固點會承受很大的負荷。在此基礎上，下面列出把繃緊繩系統各繩索連接到穩固點的例子。

此專欄中提到，「強力繫穩物」是指強度與分力板相當的繫穩物，「普通繫穩物」是指強度與一般扁帶環相當的繫穩物。

例如，在強側與弱側各有一個強力繫穩物的環境中，該穩固點近乎不可能崩塌。但是，連接在上面的繃緊繩、扁帶或鎖鉗可能因某種失誤而斷裂。因此如圖1所示，用1條繩索搭配1條扁帶環與1個鎖鉗分別連接各繩索，這種「獨立設置」是理想的。

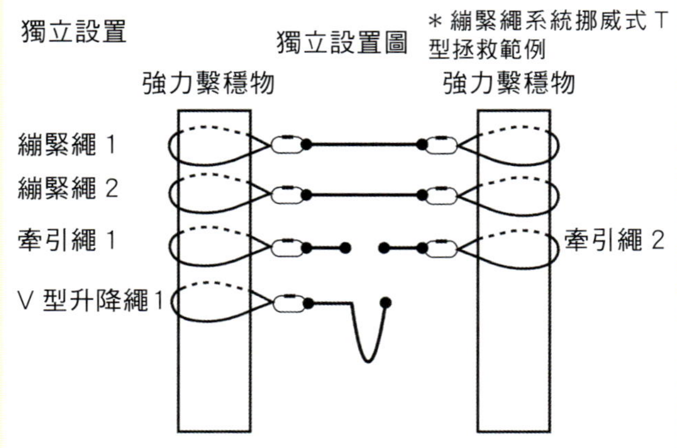

獨立設置的優點是，只要穩固點沒崩塌，即使系統的任何一條繩（如2條繃緊繩的一側）斷裂，懸吊的重物也不會下墮。

不過，強力繫穩物的形狀各有不同，有時獨立設置變得困難。在這情況，為了分散負荷及確保兩點連接，應在強力繫穩物上設置2條扁帶環等器材，然後連接1塊有與強力繫穩物同等強度的分力板，繃緊繩系統則以扁帶環和鎖扣連接分力板上。這種設置並非獨立設置，而是將所有繩索集中到分力板上的「集中式設置」。

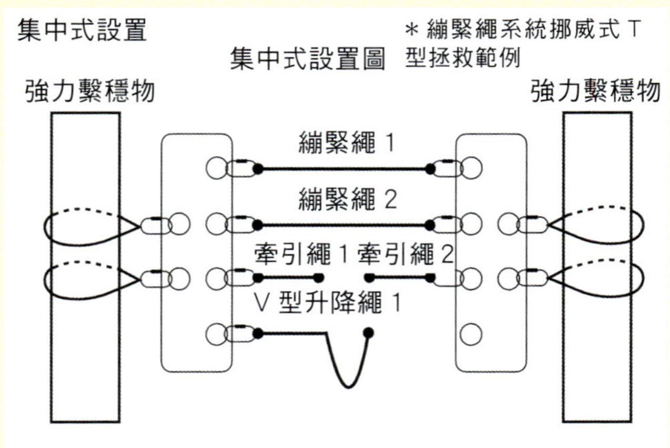

除非穩固點崩塌，即使各繩索的一端斷裂，集中式設置所懸吊的重物也不會下墮。不過在實際救援現場，可能沒有方便使用的強力繫穩物，因此除了依賴強力繫穩物的獨立設置與集中式設置外，還需要考慮其他設置方式，這裏稱之為「單獨設置」。

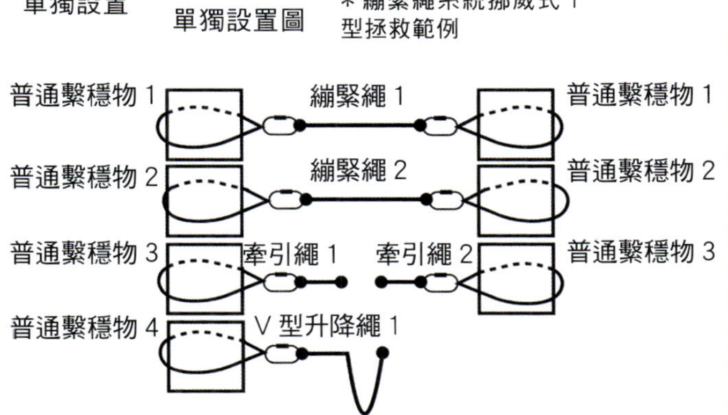

單獨設置的概念是：

- **兩岸各有1個普通繫穩物的情況，用1條繃緊繩、1條扁帶環和1個鎖釦連接。**
- **兩岸各有另1個的普通繫穩物，用1條牽引繩、1條扁帶環和1個鎖釦連接。**

※ 即使設置1條牽引繩也是相同做法

- **兩岸各有另1個普通繫穩物，用1條V型升降繩、1條扁帶環和1個鎖扣連接。**

※ 拉緊V型升降繩的方法與繃緊繩的做法相同

負荷如何被分散

如果牽引繩的作用僅僅在於左右移動救援負荷，而V型升降繩未負重，把兩者設定在同一個普通繫穩物上也是可以的，因兩者不容易產生大負荷。不過，由於繃緊繩必然承受較大的負荷，理想做法是將其分別設置在不同的普通繫穩物上。
這種設置的優點在於，由於各繩索分別連接到不同的繫穩物上，即使某個繫穩物崩塌都不會導致整個繃緊繩系統完全失效。至於缺點，則需要使用更多的穩固點設備材料，令檢查和設置時間增加。可是，如果有任何「可能會損壞」的疑慮，尤其是在負荷較大的繃緊繩系統中，亦應該考慮分散各繩索的負荷。
另外，為了改變繃緊繩角度而使用強力繫穩物時，同樣需要注意。假設你以作為強力繫穩物的樹幹來改變繃緊繩角度，因角度改變而產生的合力會成為非常大的負荷。即使是強力繫穩物，樹幹上方也可能會出現搖晃不穩的動作，甚至聽到聲響。因此，拯救員應儘量避免改變繃緊繩的角度，或僅稍微改變角度。

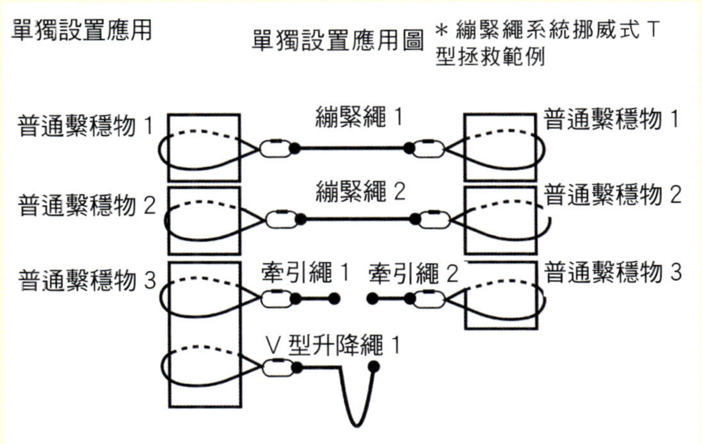

在運用像繃緊繩系統這樣會對穩固點造成巨大負荷的系統時，請參考本書中關於穩固點的章節，以掌握在適當位置設置穩固點的技術、繩索形成角度產生合力等力學知識、懂得辨別哪些地形結構可用作繫穩物設置穩固點。

設置繃緊繩時，穩固點會承受多大的負荷？

關於上述問題，可以參考Petzl網站公佈的數據作為指標（截至2022年末）。為方便參考，摘錄部分內容如下：

該測試將繃緊繩設置在RIG、ID、MAESTRO上，由1個或2個體重85kg的人利用3：1機械增益系統拉緊25m繃緊繩。

- 穩固點承受的負荷＝繩索初始張力＋（重物×100至130%）
- 在高初始張力（約3kN）的狀態下，對繃緊繩施加高負荷（250kg）時，穩固點承受的負荷會超過5kN，使用某些器材可能令繃緊繩難以控制。
- 建議將初始張力控制在2kN以下。
- 在大多數情況下單人拉動3：1機械增益系統，已可將繃緊繩拉得足夠地緊。
- 初始張力的差異近乎不會影響繩索鬆緊。相反，過度拉緊繃緊繩會增加穩固點負荷，變成嚴重問題。

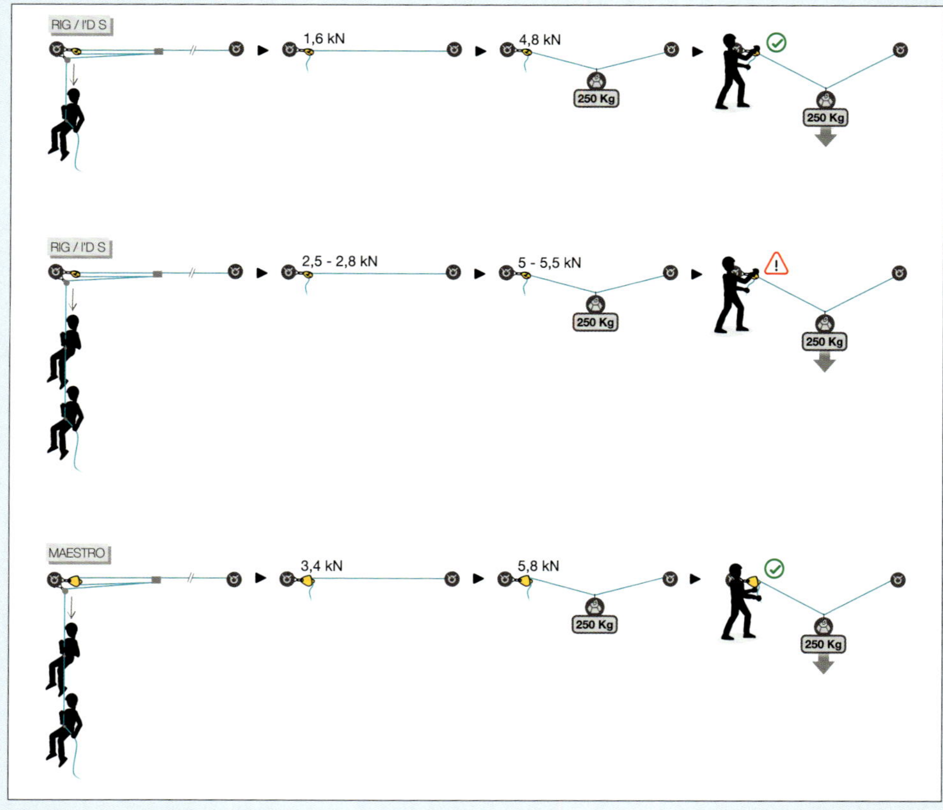

繃緊繩承載重物時，繩索鬆緊與穩固點負荷的參考測試結果

在甚麼情況下，需要過度拉緊繃緊繩？理由之一可能是希望減少繩索的鬆弛，但也必需意識到這樣做的風險。

Petzl進行了類似測試，觀察繃緊繩在1kN或3kN的初始張力下懸掛200kg重物時，其鬆緊度與穩固點負荷。結果如下：

- 初始張力為1kN時，繩索鬆弛2.2m，穩固點負荷3.4kN
- 初始張力為3kN時，繩索鬆弛1.4m，穩固點負荷5.4kN

根據結果，Petzl表示即使增加張力，鬆緊度也只有60至80cm的差異，但穩固點的負荷會大幅增加。他們建議如果需要減少鬆弛，解決方案之一是在更高的位置設置穩固點。此外，Petzl還進行了在繃緊繩上的下墮測試等，這些數據可以作為操作系統的參考數值之一。

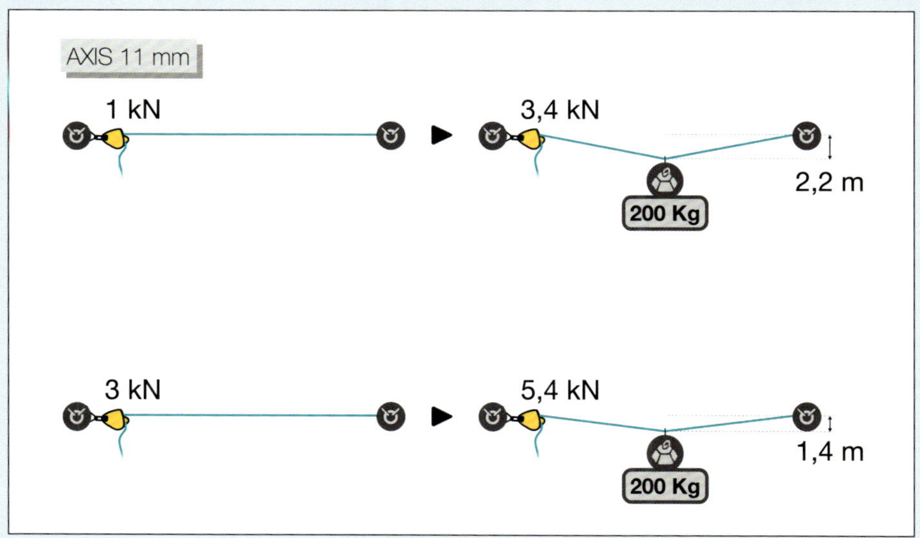

雙繃緊繩救援的參考測試結果

Ronin Safety & Rescue Inc.在ITRS 2019發表了題為「雙繃緊高空索道系統中的冗餘（Redundancy in Twin Tensioned Highline Systems）」的論文，發表了關於繃緊繩救援系統冗餘性的各項測試結果，以下摘錄部分內容作為參考。

這個進行測試的團體，自2014年起便支持雙繃緊繩系統。他們過往使用1條繃緊繩加1條牽引繩作為後備的系統，但在2014年參加歐洲Grimpday比賽時遭禁止使用。由於沒有相關的測試數據，他們自行進行測試，並在ITRS 2019發表結果來支持雙繃緊繩系統這種做法。

測試1 在繃緊繩系統，當1條繃緊繩斷裂時，剩下的另1條繃緊繩會承受多大負荷？

○測試方法

・拉緊2條繃緊繩，在繃緊繩系統上懸掛200kg重物
・掛上重物後，繃緊繩初始角度為129°
・繃緊繩長約11m
・切斷其中1條繃緊繩

○觀察項目

・剩下的1條繃緊繩，所承受的負荷
・滑車系統下沉

○結果

1.剩下的1條繃緊繩對穩固點所施加的負荷，持續小於斷裂前2條繃緊繩的總和。這是由於只有1條繩索承載負荷以及其延展，導致滑車系統上的繃緊繩角度變小。
2.在軌道1（剩下的1條繃緊繩）的穩固點所測得的最大負荷平均是軌道2（斷裂了的繃緊繩）的穩固點先前受力之1.99倍。
3.測量是在強側進行的，但可以假設弱側的數值相同。
4.從雙繃緊繩過渡到單繃緊繩時，滑車系統平均下沉了23cm。

1. The load on the anchor from the single remaining Track Line was consistently less than the combined load of both track lines prior to the failure. The extra tension on one line and its resultant stretch lead to a smaller internal angle at the carriage.

2. The Max Force seen at the anchor on the Track 1 averaged 1.99 times the Prior Force applied to the anchor by Track 2.

3. The forces were only measured at the Control End, and it is assumed that the forces at the Far End (termination) are equal.

4. Average 23cm drop in carriage height going from twin tensioned Trackline to single tensioned Track line.

Test #1	Track 1 (kN):	Track 2 (kN):	Ht Carriage (m):
Prior:	1.3	1.44	3.12
Post:	2.22		2.84
Max/Difference:	2.8		0.28
Test #2	Track 1 (kN):	Track 2 (kN):	Ht Carriage (m):
Prior:	1.58	1.6	3.24
Post:	2.52		3.02
Max/Difference:	3.12		0.22
Test #3	Track 1 (kN):	Track 2 (kN):	Ht Carriage (m):
Prior:	1.46	1.46	3.17
Post:	2.42		2.98
Max/Difference:	3.2		0.19
Average Max/Diff:	3.04		0.23

測試2　在繃緊繩系統的英式V型升降繩有1條斷裂時，剩下的繩索末端會承受多大負荷？

○測試方法

- 拉緊2條繩索
- 在雙英式V型升降繩上懸掛200kg重物
- 掛上重物後繃緊繩的初始角度為129°
- 繃緊繩長度約11m
- 切斷2條英式V型升降繩的其中1條

○觀察項目

- 剩下的各繩索末端，所承受的負荷
- 滑車系統下沉值

○結果

1.切斷英式V型升降繩，且重物下墮後，繃緊繩的初始張力值差距擴大了。
2.英式V型升降繩1的最大受力平均是英式V型升降繩2先前受力的2.38倍。
3.英式V型升降繩故障對繃緊繩的影響很小，繃緊繩的最大受力最多只比故障前所量度的高出0.27kN。
4.從雙繃緊繩過渡到單雙繃緊繩時，負荷高度平均下沉了12cm。滑車系統高度變化很小，平均只下沉了3cm。

1. Differences in initial tension in the Track lines were magnified after the drop.
2. Max Force on Reeve 1 averaged 2.38 times the Prior force of Reeve 2
3. Minimal effect on the Track lines from the failure of a reeving line, the greatest max force on a track line was only 0.27kN over its Prior reading.
4. Average 12cm drop in Load height going from twin tensioned Reeve line to single tensioned Reeve line. Minimal, average 3cm drop, change in Carriage Height.

	Track 1 (kN):	Track 2 (kN):	Reeve 1 (kN)	Reeve 2 (kN)	Ht Carriage (m):	Ht. Load (m)
Test #1						
Prior:	0.48	0.58	0.56	0.68	2.96	2.63
Post:	0.52	0.6	1.04		2.91	2.48
Max/Diff:	0.66	0.8	1.5		0.05	0.15
Test #2						
Prior:	0.52	0.54	0.54	0.6	2.93	2.58
Post:	0.5	0.62	1.04		2.91	2.46
Max/Diff:	0.66	0.78	1.44		0.02	0.12
Test #3						
Prior:	0.54	0.52	0.56	0.56	2.91	2.54
Post:	0.52	0.62	1.06		2.89	2.46
Max/Diff:	0.66	0.78	1.44		0.02	0.08
Average Max/Diff:	0.66	0.79	1.46		0.03	0.12

測試3　在繃緊繩系統，英式V型升降繩的滑輪破損時，其後備裝置會承受多大負荷？

○測試方法

・拉緊2條繩索
・在雙英式V型升降繩上懸掛200kg重物
・掛上重物後繃緊繩的初始角度為133°
・繃緊繩約為11m
・假設英式V型升降繩的滑輪破斷，並在短連接上施加衝擊力

○觀察項目

・剩下的各繩索末端，所承受的負荷
・滑車系統下沉值

○結果

1.每個穩固點的繃緊繩平均最大受力為1kN（不包括測試1中的軌道2的數據）。
2.繃緊繩的平均最大受力，是斷裂前的1.78倍。
3.英式V型升降繩的平均最大受力為1.35kN。
4.英式V型升降繩的平均最大受力是其先前破損前受力的2.45倍。
5.滑車系統高度平均下沉6cm，負荷高度下沉了10cm。沒有測試#2的高度數據。

1. Average Max force on Track Lines, per anchor, was 1kN （not including Test 1, Track 2）.

2. The average max force on the track lines was 1.78 times the Prior Force.

3. The average Max Force on the Reeve Lines was 1.35kN.

4. The average Max Force on the Reeve Lines was 2.45 times their Prior Force.

5. There was an average 6cm drop in Carriage Height and a 10cm drop in height of load. No Post height data for Test #2.

	Track 1 (kN):	Track 2 (kN):	Reeve 1 (kN)	Reeve 2 (kN)	Ht Carriage (m):	Ht. Load (m)
Test #1						
Prior:	0.54	0.44	0.52	0.64	2.97	2.65
Post:	0.56	0.3	0.56	0.7	2.9	2.54
Max/Diff:	0.94	0.64	1.32	1.54	0.07	0.11
Test #2						
Prior:	0.58	0.62	0.48	0.6	3.01	2.64
Post:	56	0.58	0.44	0.7		
Max/Diff:	1.02	1.03	1.08	1.46		
Test #3						
Prior:	0.6	0.6	0.58	0.48	2.98	2.66
Post:	0.54	0.56	0.72	0.42	2.97	2.59
Max/Diff:	0.98	1.04	1.62	1.06	0.01	0.07
Average Max/Diff:	0.98	0.90	1.34	1.35	0.04	0.09

這篇論文亦測試了自重導向系統，但本節不作贅述。測試團體闡述了水平雙繃緊繩系統和以最低斷裂強度Minimum Breaking Strength（MBS）為22kN的快連接作後備連接的有效性。另外關於後備連接，文中指出若後備連接過長，則下墮加速度會增加，所以後備連接不應過長。

Observations

1. Failure of one rope in a Twin Tensioned System, whether a Track Line, Skate Line, or a Reeve Line, was a relatively minor event compared to failing onto an untensioned rope.
2. Use of Twin Tensioned Systems provides a ready solution to the failure of any one rope, in that the remaining rope is not only able to absorb the forces imposed but is operational, and capable of raising or lowering the load as required.
3. Ropes in Skate Block Systems are supporting the load both vertically as well as horizontally, creating a vector that is likely the reason for the higher than Spring Constant forces when these systems see a rope failure.
4. Backup Straps should be only as long as required to connect the system to the anchor beyond the Critical Point. Any extra length in this connection allows the load more time to accelerate and generate higher arrest forces.
5. Potential for further testing of these systems could include looking at greater lengths of rope in service as well as greater internal carriage angles, which would increase force multiplication on the anchors.

Conclusion This testing has confirmed the validity of Twin Tensioned Highline Systems and that these systems do generally conform to the Spring Constant Principle. Where the Twin Tensioned Skate Block system deviated from 2.5 Spring Constant is likely due to the force vectors arising from positioning the load both vertically and horizontally. These forces were 2.69 and 2.88 times the Prior Force, while not greatly exceeding the 2.5 Spring Constant, we would cautiously suggest anticipating forces of up to 3 times the initial force for a failure in a Twin Tensioned Skate Block System. This testing has also provided confidence that a backup strap with a 22kN MBS is capable of arresting a failure of a critical point, provided it is kept short enough to prevent significant acceleration. We have had considerable success in using these systems operationally and in our training courses, and now we have the research to describe the behaviour of these systems in failure.

各個團體進行了各種測試並公佈結果，但要記得只屬於參考數值，而並非唯一絕對的正確答案，讀者需要自己建立一個能證明是安全的系統。

資料來源：Redundancy in Twin Tensioned Highline Systems / Kevin Ristau, Ronin Safety & Rescue Inc. / ITRS 2019

繃緊繩系統1

德式 T 型拯救系統（雙英式 V 型升降繩）

關於英式V型升降繩（English Reeve）

英式V型升降繩與挪威式V型升降繩不同，前者的V型升降繩經過滑車系統的滑輪從強側連接到弱側。該系統會如圖中紅色箭咀所顯示，保持在V型升降繩的正下方受力，因此基本上兩側的牽引繩只會負責水平橫移。如果兩側沒有高低差，在同一水平的話，則每邊各只需要1條牽引繩。

英式V型升降繩和挪威式同樣自然形成了具2:1機械增益效率的V型設置，加上在強側的繩索制動端設置具3:1機械增益效率的Z型設置，便能 以6:1機械增益的效率提升救援負荷。

【整體示意圖】

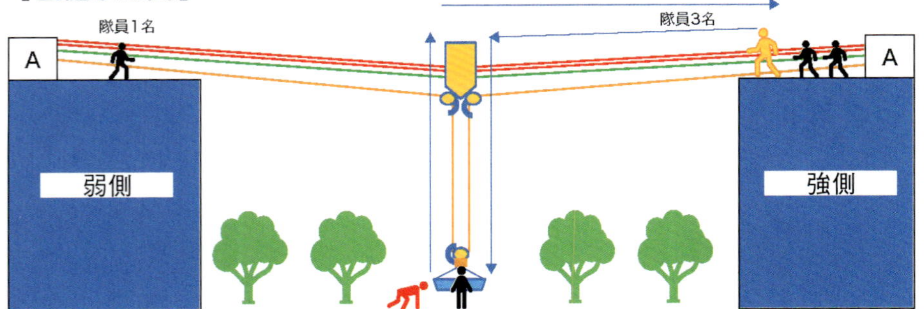

弱側：共4至5條繩索以8字結連接穩固點。水平橫移用的牽引繩連接下降器。

強側：隊長分派工作，隊員進入平台和操作拯救系統，在所有繩索上連接下降器（Clutch、MAESTRO、ID 等）。

2條紅色繃緊繩，左右兩岸各1條綠色牽引繩，2條橙色V型升降繩經過1個雙滑輪和短連接或2個單滑輪。滑車系統使用KOOTENAY過結滑輪或雙滑輪、短連接和分力板。2條V型升降繩讓滑車系統一直維持垂直向其正下方受力，所以綠色牽引繩只是用作水平橫移。

俗稱「德式T型拯救系統」

德式T型拯救系統所指是，使用2條英式V型升降繩的救援系統。這系統的優點在於因有2條英式V型升降繩，所以當其中一條斷裂時，另一條V型升降繩可以作為第二點連接繼續發揮作用，快速恢復拯救行動，而且滑車系統一直維持垂直向其正下方受力。

由於滑車系統由始至終維持垂直向其正下方受力，所以牽引繩只是用作橫向移動，不需要承擔負荷或制停下墮。

缺點是單純需要2條V型升降繩，長距離傳送時較費工夫，繩索的數量增加亦導致繩索管理變得複雜。假如下大雨或刮強風時使用，由於增加了一條繩索，需要檢查的位置會增加。被雨水浸濕而變重的繩索，或繩索亂纏等狀況也更難看清。為了安全而選擇的系統，反而可能因為難以管理而變得不安全，所以需要在充分評估現場狀況後，再決定採用哪個系統。

當繃緊繩系統寬約80m時，管理難度會隨繩索的數量與重量上升而增加。

【滑車系統附近的示意圖】

因為有2條V型升降繩，滑輪等也需要兩點連接。2條V型升降繩需要經過1個雙滑輪或2個單滑輪，如果設置單滑輪，經過2個單滑輪的地方就是兩點連接，但如果經過1個雙滑輪，將雙滑輪視為一點連接的話，該處便需要設置後備用的短連接。這不是必需的，而是一種「如果有的話會更好」的想法，需要設置與否取決於使用者視雙滑輪為一點抑或兩點連接。

水平橫移

設置水平橫移用的滑車系統後，設置員要拉動弱側的牽引繩，將滑車系統和擔架照顧員移動到目標位置。如果目標位置是在繃緊繩中央最低點的附近，由於強側送出滑車系統時，本身也算是下放的動作，弱側不需要太大力便能拉動滑車系統。不過，如果目標位置是在繃緊繩中央偏向弱側，滑車系統會從通過中央最低點開始由下放變成提升，弱側需要更大的拉力。如果只安排 1 名設置員到弱側，可以透過加設 3：1 等機械增益系統來應付。

把擔架拉到目標位置上方後，強側的設置員按照隊長指示將擔架照顧員下放，此時如果下方有空間，應儘量避免從傷者正上方降落。如果下方空間狹窄，不得不從傷者正上方降落，便需要注意不要撞到或不小心踩到傷者。擔架照顧員在下降後，評估下方狀況、保護傷者和經觀察後，將傷者固定在擔架上。

水平橫移的情況。在擔架照顧員的指示下，弱側設置員收緊其牽引繩，而強側的則相應地從下降器放鬆強側的牽引繩。

垂直下降 ⟶ 開始救援

將傷者固定在擔架上，擔架照顧員與擔架連接後，開始從地面提升。英式V型升降繩在弱側是固定的，且從繃緊繩的正下方的系統是V型設置（2：1 機械增益），所以只要在強側的V型升降繩制動端上，加設3：1 機械增益系統，就能以 6：1 機械增益提升。提升力只需要原來的1/6，但拖拉距離變為 6 倍，所以需要根據繃緊繩至下方傷者位置的距離來選擇機械增益。

垂直下降的情況。水平橫移到傷者正上方後，鎖定兩側牽引繩，從強側的下降器鬆開V型升降繩，將擔架照顧員下放。

擔架照顧員到達下方後，將傷者固定在擔架上。此時強側的設置員在V型升降繩加設提升用的機械增益系統。

擔架照顧員固定好傷者後，在開始提升前與隊長確認。

注意不要讓傷者的頭部下垂。

擔架照顧員不要忘記照顧傷者。

水平橫移 ➞ 收回擔架

把擔架垂直提升到繃緊繩的附近後，拉動強側的牽引繩以水平橫移。此時幾乎只是上升，所以繃緊繩愈鬆弛，強側愈需要大力拉動牽引繩。設置員需根據情況考慮加設機械增益系統等，把擔架拉到強側的平台邊。

拉到平台邊後，餘下便是將擔架照顧員和傷者移到平台內高處，完成救援。此時的拉回方式，會因應上方有沒有高處轉向、後方穩固點的高度、平台邊狀況等各種因素而有所不同。

另一方法是讓擔架照顧員先升到上方，然後再拉回擔架，或先讓擔架照顧員，將其體重轉移到繃緊繩上，然後只拉回擔架的情況。這裏的拉回方法只要能夠在確保兩點連接安全的情況下執行，便屬於正確，因此每個團隊都需要進行充分的訓練和驗證。後方 1 名設置員負責收繩，另 1 名隊員用向量拉力的方法拉起繃緊繩。最重要的是在隊長指示下，協調一致平穩地拉回擔架，並儘量不要晃動傷者。拉回擔架後，將傷者移至安全的位置。

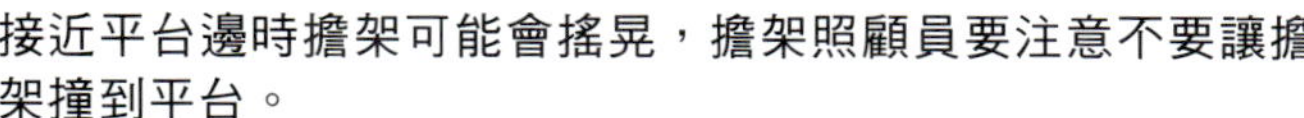
接近平台邊時擔架可能會搖晃，擔架照顧員要注意不要讓擔架撞到平台。

擔架照顧員先進入上方，同時確保兩點連接。隊長確認其兩點連接，並觀察傷者。

隊長和擔架照顧員拉着手挽帶，1人收繩，1人用向量拉力的方法拉起綳緊繩。

將傷者拉到上方並移到安全位置後，完成救援。

繃緊繩系統2-1
英式雙 ASAP T 型拯救系統：1 條英式 V 型升降繩＋ 2 個 ASAP

系統概要

本節介紹在 V 型升降繩底部使用兩個 ASAP 作為後備連接的方法，彌補少了一條的英式 V 型升降繩。

這系統原本使用普式結。自 2019 年起，使用 ASAP 取代原本是 3 圈普式結的系統，漸漸透過國外比賽、社群和社交網站等途徑迅速普及，器材製造商的網站也開始有相關照片和影片介紹。

2條繃緊繩
1條V型升降繩
兩岸各1條牽引繩

【英式雙ASAP T型拯救系統整體圖】

系統的結構與德式 T 型拯救系統相同，不同之處在於只有 1 條 V 型升降繩，且為了彌補只使用 1 條 V 型升降繩，在餘下那條的 V 形底部設置了兩個 ASAP，不論左右哪一側斷裂，ASAP 都能夠抓住並制停下墮。

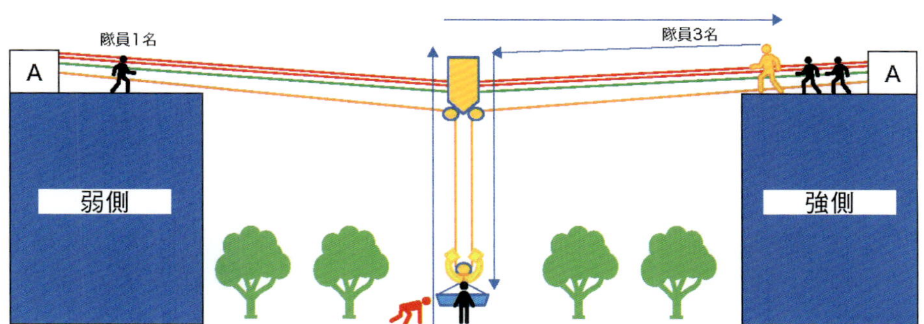

4 條繩索中，有 3 條用 8 字結等打結，只在水平橫移及後備用的牽引繩上連接下降器。

隊長分派工作、隊員進入操作平台，操作拯救系統，在所有繩索上連接下降器（Clutch、Maestro、ID 等）

2 條紅色繃緊繩、左右各 1 條綠色牽引繩、1 條橙色 V 型升降繩和 1 個通過 V 型升降繩的單滑輪。在 V 型升降繩底部單滑輪兩側設置 2 個黃色 ASAP，滑車系統使用 KOOTENAY 過結滑輪或雙滑輪及短連接、分力板。

滑車系統附近系統圖

這個系統由於只有 1 條的繩索通過滑輪，因此只需要單滑輪，比德式 T 型拯救系統更簡潔。表面上看似只是從德式 T 型拯救系統減去一條 V 型升降繩，本身沒有太大不同；然而實際上，當省卻了 1 條 V 型升降繩，其他繩索的角色便因此有所改變，變成完全不一樣的系統。

如前所述，因為德式 T 型拯救系統有 2 條英式 V 型升降繩，滑車系統由始至終維持垂直向下受力；但如果只有 1 條 V 型升降繩，滑車系統的受力方向，就會在 V 型升降繩斷裂時改變。V 型升降繩斷裂時會由斷裂端另一邊的 ASAP 制停擔架下墮。這時，原本垂直向下的力會變為指向抓着繩索那一側的斜下方。亦即是，救援負荷會往斜下方擺盪，而非垂直向下。

此時系統中斷裂那一側的牽引繩會制停擔架擺盪。由此可見，在德式 T 型拯救系統中只負責水平橫移的牽引繩，在英式雙 ASAP T 型拯救系統肩負提供後備功能的重大責任。因為牽引繩也肩負後備功能，所以其下降器必需能夠制停下墮。考慮到這一點，在長距離綳緊繩系統等難以管理牽引繩鬆弛的情況，使用時需要注意。

當一點斷裂時滑車系統的受力方向

當V型升降繩斷裂，原本垂直向下的受力方向會變為往斜下方受力。隨之牽引繩也會承受救援負荷，因此必需把它儘量收緊。

橙色箭咀所指是，滑車系統一般的受力方向。例如，如果V型升降繩的左側斷裂，右側紅色ASAP便會制停下墮。這時，力的方向會如紅色箭咀所示，變為斜向右下方。這時，紅色牽引繩會防止斜向右下方擺盪，但如果牽引繩鬆弛，就會擺盪到鬆弛長度那麼遠的距離。

隨着距離變長，牽引繩自身的重量會使其鬆弛；V型升降繩斷裂時，這個鬆弛會成為很大的缺點。V型升降繩斷裂時，救援負荷會擺盪鬆弛的距離。最壞情況下，救援負荷會下墮到地面。操作牽引繩的設置員要在感受被拉向弱側的負荷同時，避免完全鬆開牽引繩。如果放繩側太慢而把牽引繩收緊了，拉繩側便承受較大的張力，增加了負擔。這是個便利的系統，但要在現場使用，需要大量訓練和兩側的指揮合作。

關於這個系統，說明了牽引繩扮演重要角色，但重要是，當牽引繩斷裂或過度鬆弛所導致的「往斜下方擺盪」，會否對懸吊的擔架照顧員和傷者造成危險？

在兩側高度相同的場合，由於牽引繩切斷或鬆弛而往斜下方產生的擺盪，會在底部稍上方停止。如果此時單純擺盪，不會有撞到崖壁面或纏到下方樹木而受傷等風險，那麼擺盪本身可能不會造成危險。

我們在決定是否要設置牽引繩以及允許多少鬆弛時應考慮現場狀況、繃緊繩的鬆緊程度、兩側高低差及下方、崖壁狀況。這對之後出現的各種系統中牽引繩的必要性，也可以用相同的思考方式。不是必要絕對的，我們要考慮的是為何必要、為何不必要，再設置系統。

繃緊繩系統2-2

英式單保護繩 T 型拯救系統：1 條英式 V 型升降繩＋ 1 條保護繩

在使用長距離繃緊繩的情況，由於牽引繩自身的重量或能見度不佳等原因，要管理繩索的鬆緊會變得很困難，亦可能導致牽引繩的操作變得不順。像英式雙 ASAP T 型拯救系統賦予牽引繩後備功能的系統，在某些現場狀況下可能會變得危險。

即使如此，假如還想只設置一條 V 型升降繩，可以從滑車系統垂下 1 條保護繩，並在保護繩上設置後備裝置，藉此避免上述風險。這 1 條從滑車系統垂下的保護繩，即使在 V 型升降繩斷裂時仍能保持垂直向下受力，而這系統的牽引繩角色上與德式 T 型拯救系統一樣，僅用於水平橫移。

不過因為要垂下了 1 條繩索，如果下方是有水流的河川，或是可能勾到繩索的樹林茂密等，就要考慮可能再次發生傷害的風險。使用時需特別注意這點。應對這風險的對策，在於下放時保護繩只垂下至需要用到的長度，而提升時把它收回以防垂下。不過，基於還要管理連接在保護繩上的 ASAP，所以實際上不是簡單的功夫。隊長要考慮增加擔架照顧員工作量的問題，再選擇使用哪個系統。

【英式單保護繩T型拯救系統整體圖】

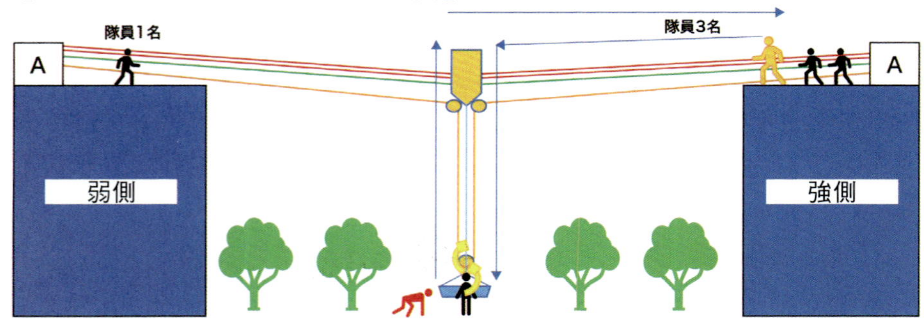

4 條繩索中，有 3 條打 8 字結連接到穩固點，只在水平橫移用的牽引繩上連接下降器。

隊長分派工作、隊員進入、設置救援系統，在所有繩索上連接下降器（Clutch、Maestro、ID 等）。

2 條紅色繃緊繩、左右各 1 條綠色牽引繩、1 條橙色 V 型升降繩和 1 個通過 V 型升降繩的橙色單滑輪，1 條從滑車系統垂下的藍色保護繩。這裏的擔架照顧員和擔架各自連接 1 個 ASAP 到保護繩上，滑車系統使用 KOOTENAY 過結滑輪或雙滑輪及短連接、分力板。

水平橫移

只有 1 條 V 型升降繩，擔架照顧員將自己的 ASAP 連接到保護繩上，此時即使擔架的 ASAP 沒有連接到保護繩也沒有問題。

開始救援

擔架照顧員將自己的 ASAP 和擔架的 ASAP 連接到保護繩上，為了確保 ASAP 不會下滑，他需要管理兩個 ASAP。

如果下方是有水流的河川、樹林茂密的森林、岩面暴露的岩場等，而保護繩勾到其中的話，可能會再次發生危險。擔架照顧員除了管理 2 個 ASAP，還要管理垂下的保護繩，必要時將其收納到繩袋中。若難以將保護繩收納到繩袋，也可將其收納在不會垂下或影響傷者狀態的腳邊等處。

V 型升降繩斷裂時，擔架上的 ASAP 會抓住保護繩，制停下墮。與雙 ASAP 不同，但與德式 T 型拯救系統一樣，兩點連接都是垂直向下受力，因此當兩側穩固點同一高度時，兩側牽引繩不具備後備功能，而只具有水平橫移的功能。因此，如同照片所示，即便弱側牽引繩鬆弛，也很少出現擺盪的風險。

關於英式V型升降繩的觀察

這裏介紹了三種以英式 V 型升降繩為基礎作變化的 T 型拯救系統，雖然看似相似，但你需留意，實際上不論增加或減少 1 條繩索，或是改變使用的裝備等，均會使它們變成截然不同的系統。

英式 V 型升降繩基本上是個往滑車系統正下方受力的系統，適合需要垂直下降到特定點的場合。因此，如果身處在救援過程左右擺盪對擔架照顧員和傷者造成危險的地點，例如因河水上漲而被困於沙洲、受困於峽谷中狹窄的岩壁上，或是掉落到山中井狀豎坑等情況時，這個系統都特別有效。

但我們必需考慮「外觀相近的 3 種系統也有相同功能嗎？」的問題。讀者平常在社交媒體等看到各種系統，要充分考慮其優缺點後再選擇使用。當然，選擇當其中一點連接斷裂時不會下墮的系統是正確，但如果傷者的傷勢會因制停其下墮而惡化的情況，就需設法盡早救出。

那所選擇的系統在其中一點連接斷裂後，能否盡早把傷者救出？除此之外，我們亦要考慮增加 1 條繩索可能帶來的缺點等因素，設置適合現場行動的系統。

根據2019年ITRS發表的“ASAP Use For Arresting Highline Reeve Failure”，這個系統於2019年在加州洛杉磯舉辦的GRIMP NORTH AMERICA上被展示。將原本使用普式結的系統改用ASAP。因為當時尚未測試過，無法確定系統是否能發揮功能，因而引發混亂。
這篇論文發表時，製造商並不推薦這樣使用ASAP，反而建議從滑車系統垂下另一條垂直保護繩使用，但現在於製造商網站等可以看到使用這種方式救援的影片。這論文作者與加拿大繩索拯救團體共同進行測試，確認了這個系統的有效性。

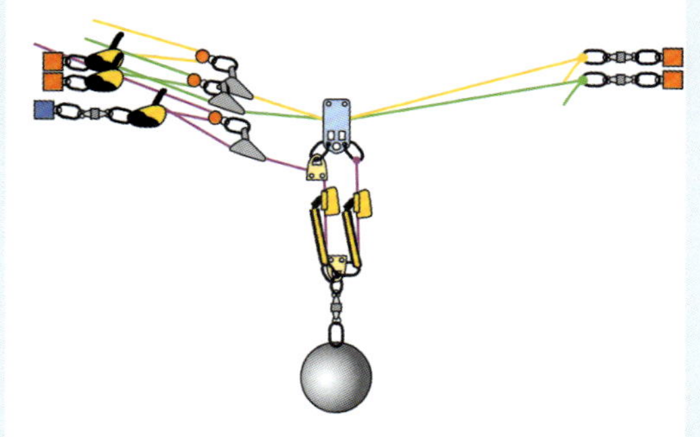

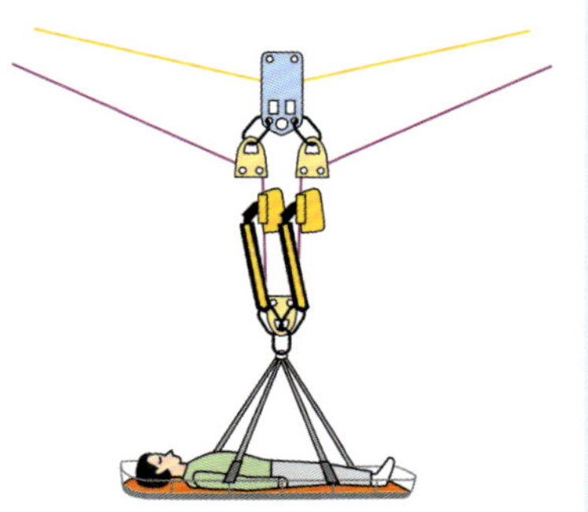

SETUP				CUT	ASAP 1				ASAP 2				SLIP			FORCES (kN)			
Test #	Mass	Tension Track	Tension reeve	CUT SIDE	ASAP 1 Height	Run Distance	Stop quality	Lanyard Deploy	ASAP 2 Height	Run Distance	Stop quality	Lanyard Deploy	Track 1	Track 2	Reeve	Track 1	Track 2	Reeve	Load
1	200kg	1.46/1.78	1.04	Long	on pulley	7cm	hold	2.5cm	on pulley	off	0	0	0	0	0	3.52	2.9	1.24	4.18
2	200kg	1.44/ 1.40	0.84	Long	37.5	3.5cm	hold	0	39cm	3.5	hold	0	0	0	0	2.12	1.86	1.2	3.08
3	200kg	1.52/1.36	0.74	Short	40	5cm	hold	0	41	2.8cm	hold	0	0	0	0	2.06	1.76	1.06	2.82
4	200kg	1.46/1.42	0.88	Short	on pulley	off	off	0	on pulley	2cm	hold	0	0	0	1cm	1.9	1.7	3.12	3.64
5	100kg	.94/1.0	0.46	Long	38.5	4.5cm	hold	0	38.5	3.5cm	hold	0	0	0	0	1.46	1.36	0.68	1.64
6	100kg	1.02/.98	0.42	short	40	5cm	hold	0	40	3cm	hold	0	0	0	0	1.4	1.32	0.64	1.56
7	100kg	.98/.96	0.46	Long	on pulley	7.5cm	hold	0	on pulley	2cm	held - almost off	0	0	0	0	2.24	2	0.98	2.66
8	100kg	.98.94	0.48	short	on pulley	5cm	hold	0	on pulley	6cm	hold	0	0	0	0	2.3	2.06	0.96	2.78
9	200kg	1.44/1.52	0.88	long	prusik	floor	off	n/a	prusik							3.32	2.94	0.9	lost

測試1）200kg　兩邊ASAP均低　於長邊切斷
測試2）200kg　兩邊ASAP均高　於長邊切斷
測試3）200kg　兩邊ASAP均高　於短邊切斷
測試4）200kg　兩邊ASAP均低　於短邊切斷
測試5）100kg　兩邊ASAP均高　於長邊切斷
測試6）100kg　兩邊ASAP均高　於短邊切斷
測試7）100kg　兩邊ASAP均低　於長邊切斷
測試8）100kg　兩邊ASAP均低　於短邊切斷
測試9）200kg　以ASAP替換為普式結

資料來源：ASAP Use for Arresting Highline Reeve Failure/Craig McClure-The Crackerjack Group In conjunction with Ronin Rescue Albuquerque, NM/ITRS 2019

繃緊繩系統3-1

挪威式雙 ASAP T 型拯救系統

挪威式 V 型升降繩與英式 V 型升降繩非常類似，但它不需要將 V 型升降繩跨越到弱側；因為其中一端與滑車系統連接，所以不需要如英式 V 型升降繩般那麼長的繩索，這是個在日本相對知名的系統。

與後文介紹的法式 T 型拯救系統相同，滑車系統是往強側斜下方受力的，因此很難控制好挪威式 V 型升降繩，從而避免擔架在水平橫移時不上下晃動。

應對方法是設置一個定位系統（Positioning System）（註 1），將滑車系統轉為垂直向下受力，使得在水平橫移時更容易控制 V 型升降繩。本來這個系統需要在弱側設置 2 條牽引繩作為後備保護（註 2），但這節介紹是使用 2 個 ASAP 將牽引繩簡化為 1 條的系統。

（註 1）定位系統
在日本這叫作雞環 Chicken loop。這是個用於防止擔架和擔架照顧員在水平移動過程中不自主下移的定位系統。本書中對扮演此角色的裝置，如提升下放繩繩尾，短連接或可調節挽索，均使用此名稱。

（註 2）必需要 2 條牽引繩嗎？
若以此圖來說明不使用 ASAP 的挪威式 T 型拯救系統的基本模式，可以想像成會有兩條綠線（其中一條無需形成 V 型裝置，可直接連接至擔架）。如右頁上圖所示，在滑車系統水平移動至目標位置時，紫色的定位系統讓系統轉為垂直向下受力；而如右頁下圖所示，在垂直下降時，需解開這個紫色定位系統作上下移動，此時受力方向變為橙色箭咀的方向。由於是由弱側的紅色牽引繩來抑制朝橙色箭咀方向擺盪，所以如果水平橫移的目標位置在弱側的底部，根據目標位置的不同，一旦這條弱側的紅色牽引繩在上下移動過程中斷裂，救援負荷就會朝橙色方向擺盪。這和使用英式雙 ASAP 系統解釋的受力情況類似。不過，挪威式 V 型升降繩與英式 V 型升降繩的不同，在於其末端沒有延伸到對岸，故一般情況下弱側牽引繩都會一直受力。故能說，挪威式雙 ASAP T 型拯救系統根據水平橫移的目標位置，在正常情況下就需要 2 條弱側牽引繩。

這個系統在 V 型升降繩上安裝 2 個 ASAP，確保垂直方向的兩點連接。

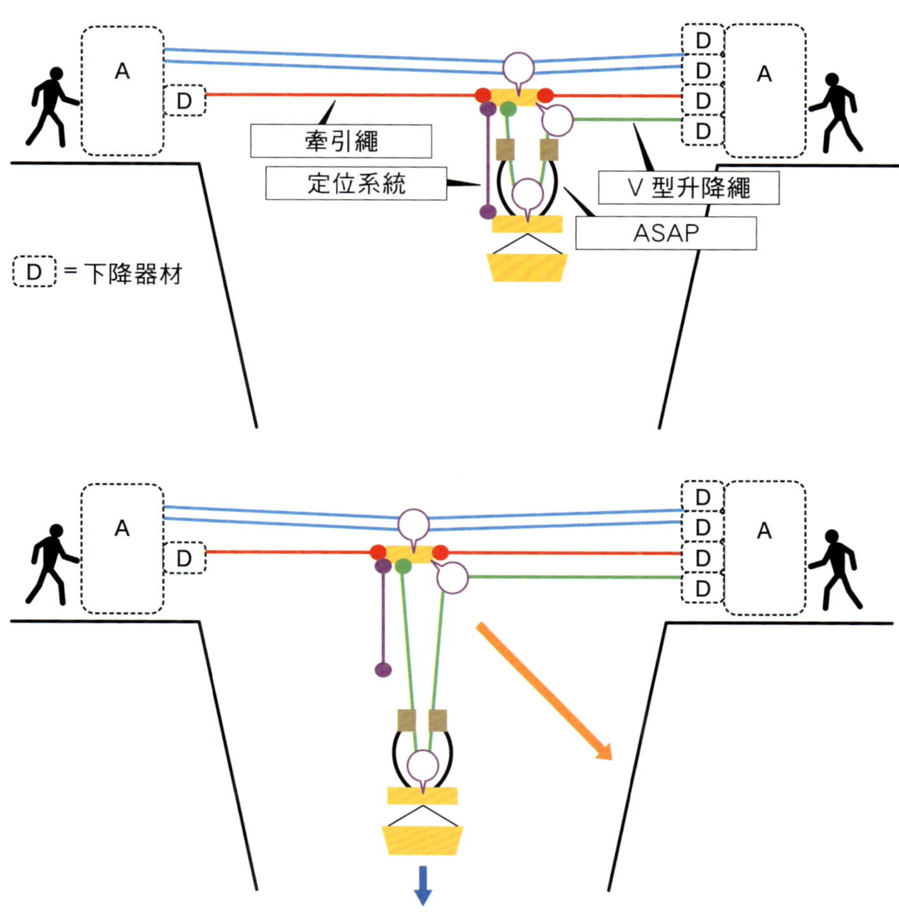

此系統受力方向如藍色和橙色箭咀所示。在水平橫移時，定位系統可以消除 V 型升降繩下墮的力（藍色），使得水平橫移更順暢。移動到想要下降的位置後，解開定位系統，由強側下放。此時要注意不要讓弱側牽引繩鬆弛。

水平橫移→垂直下降

水平橫移時如果沒有定位系統，會出現向下，和右圖箭咀向左下方的下墮力。為了讓滑車系統只往正下方受力，需要設置定位系統。圖中為了方便定位系統的裝卸，以 Grillon（可調節挽索）作定位系統。

水平橫移時，擔架照顧員的體重由定位系統承擔。水平橫移時設置員需要拉動弱側牽引繩，同時鬆開 V 型升降繩配合。不過，如果 V 型升降繩過鬆，一旦定位系統在水平橫移中斷裂，擔架照顧員便會因鬆弛的部分而搖擺；所以強側的 V 型升降繩操作員要注意拉緊但非過緊，維持適當的鬆緊。

移除定位系統並向下移動。

救援開始→水平橫移→擔架回收

傷者被固定在擔架後開始提升。當懸掛在滑車系統下的定位系統觸手可及時，將它連接擔架，一邊繼續提升，一邊拉走它的多餘繩長。

上方提升完畢後，拉動強側的牽引繩開始水平橫移。弱側的牽引繩也擔任後備的角色，因此在操作時需注意不要拉得過緊或過鬆。

把擔架拉到平台邊後，擔架照顧員先確保兩點連接，再進入上方。此時因擔架照顧員需踏著擔架邊進入上方，為防止擔架晃動及轉動，上方的 2 名隊員需握住手挽帶以穩定擔架。

擔架照顧員進入上方後，以向量拉力（Vector Pull）協助將擔架拉到上方，完成救援。

繃緊繩系統3-2
挪威式單保護繩 T 型拯救系統

與英式單保護繩 T 型拯救系統類似，挪威式單保護繩 T 型拯救系統從滑車系統懸掛 1 條保護繩，可應對 V 型升降繩斷裂的情況。但缺點是，與英式單保護繩 T 型拯救系統一樣，如果下方是湍急河流可能會沖走繩索，或繩索被叢生的樹木勾到等風險。遇到這種情況，擔架照顧員便要自行執行放出和回收繩索等額外工作，所以必需根據現場情況選擇適合的系統。

在連接繃緊繩的滑車系統上，增加 1 條垂直繩索（下圖灰色），安裝 ASAP，確保垂直方向的兩點連接。

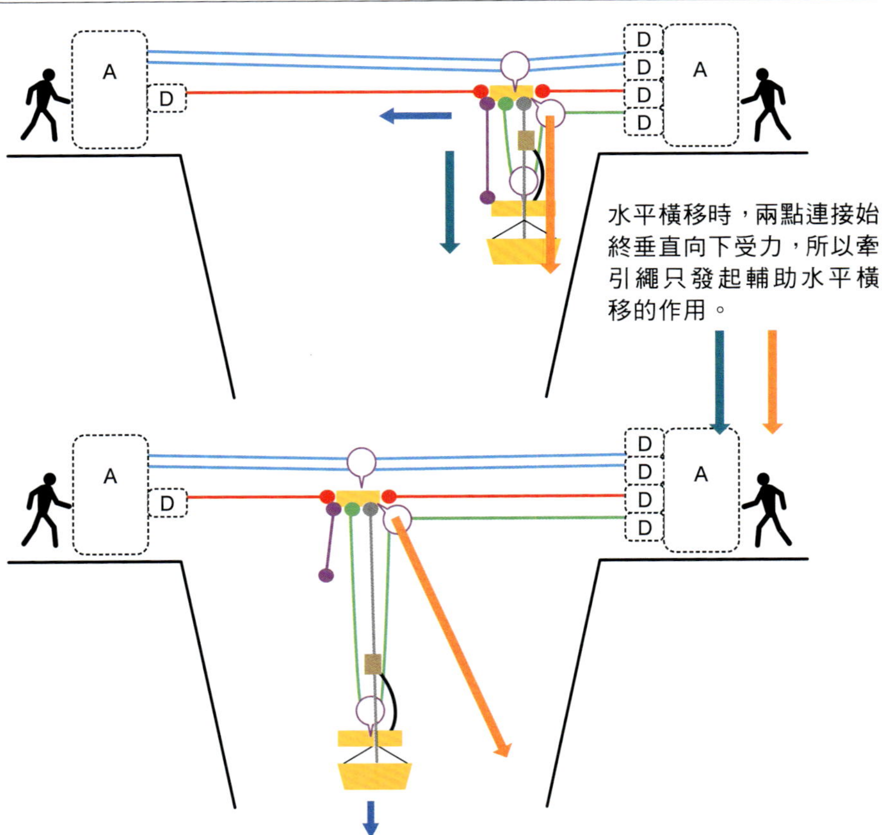

即使移除定位系統後，保護繩上的 ASAP 也會讓滑車系統保持向下受力。垂直移動時，如果灰色保護繩斷了，力會變為朝橙色箭咀方向作用擺盪，但會被弱側的紅色牽引繩阻止；如果弱側紅色牽引繩斷了，連接在灰色保護繩上的 ASAP 會發揮作用，將力導向正下方，防止擔架往強側擺盪。

【滑車系統及其附近展示圖】

本節介紹的設置與之前介紹的英式單保護繩 T 型拯救系統相近，都垂下一條保護繩。但之前介紹的設置，擔架照顧員和傷者各自連接 1 個，共 2 個，ASAP 在保護繩上。本節介紹的設置的不同之處則是只連接 1 個 ASAP 到擔架吊帶上。擔架照顧員以挽索連接到擔架吊帶，作為其第 2 點連接。這樣當 V 型升降繩斷裂時一個 ASAP 就可以同時作為擔架照顧員和傷者的第 2 點連接。無論擔架照顧員和擔架各自在保護繩上連接 ASAP，還是只將擔架連接到 ASAP，擔架照顧員視之為後備系統，兩款系統均是正確的。

從滑車系統懸掛 1 條保護繩，借助定位系統和 ASAP 的兩點連接系統，讓滑車系統可以在水平橫移時始終保持垂直向下的受力。兩側的牽引繩則負責輔助水平橫移，水平橫移時滑車系統的受力方向如藍色和橙色箭咀所示。

水平橫移→垂直下降

水平橫移到下方目標位置後，解開定位系統，由強側下放擔架。解開定位系統的瞬間，重量轉移到 V 型升降繩和弱側牽引繩的拉力上，因此要多加注意。

開始救援

救援時，ASAP 從擔架吊帶連接保護繩上，擔架照顧員確保 ASAP 不要下滑。與之前介紹的英式單保護繩 T 型拯救系統不同，擔架照顧員這時只需管理 1 個 ASAP。

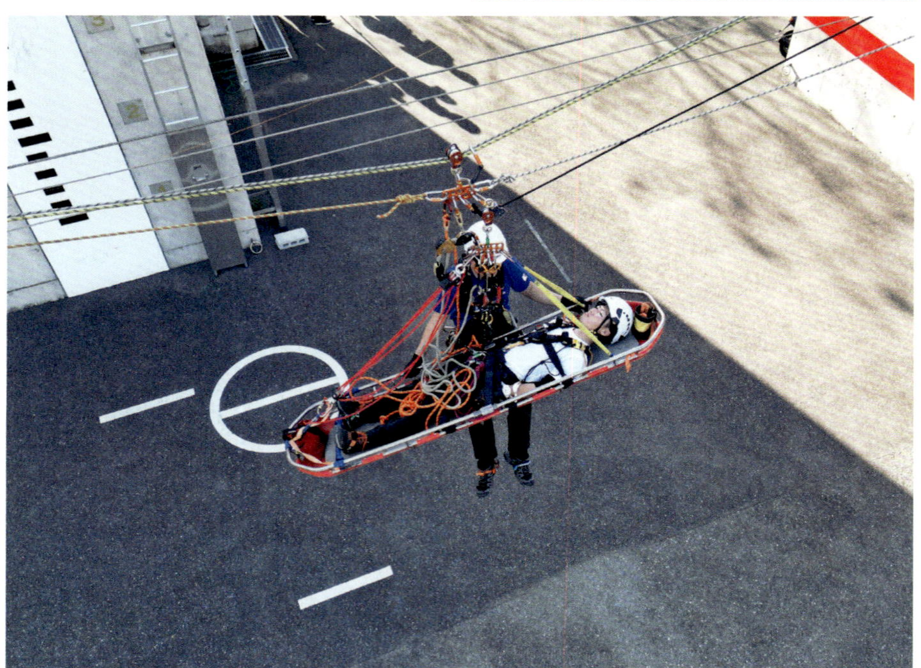

提升至滑車系統附近後，拉動強側牽引繩水平橫移，完成救援。

繃緊繩系統4

法式 T 型拯救系統

法式 T 型拯救系統是個像挪威式 T 型拯救般運作的系統。

它的優點是其提升下放繩不需要設置 V 型升降繩的 2：1 機械增益系統，便直接把提升下放繩連接到擔架吊帶，因此其提升下放繩所需長度較短。缺點與挪威式 T 型拯救系統相同，其滑車系統均不如英式 T 型拯救系統般保持向下受力，而是朝向強側斜下方。關於往強側的搖擺力，可參考挪威式 V 型升降繩的章節（P.268）。

不過，與挪威式V型升降繩不同的是，當垂直移動時弱側的牽引繩斷裂，以及開始救援而離地的瞬間，因為法式 T 型拯救系統沒有了 V 型設置（2：1 機械增益系統），而且直接連接擔架，滑車系統會承受更大的擺盪力。所以系統在水平橫移時，需保持在滑車系統的正下方受力，並像挪威式 T 型拯救設置一個下墮保護用的定位系統。

在挪威式 T 型拯救中，為了形成 V 型設置，提升下放繩的末端最終會向下連接到擔架上作為定位系統使用，但法式 T 型拯救系統是將末端直接與擔架連接，因此將繩索末端向上連接到滑車系統上作為定位系統。不一定要用末端，也可用短連接或可調節挽索等代替，垂直下降時需要完全鬆開。提升下放繩直接與擔架的滑車系統連接，在水平橫移時兼作牽引繩。

和挪威式 T 型拯救一樣，由於系統始終往強側斜下方受力，因此需要從弱側設置 2 條牽引繩。而且由於沒有像挪威或英式 V 型升降繩那樣形成 V 型設置，直接拉的話沒有機械增益效率。所以，設置員需在強側加設 Z rig（3：1 機械增益系統）以提升效率。如果仍對強側人手構成負擔，便改為 5：1 機械增益系統等，其基本特點是形成單數的機械增益。

【法式T型拯救系統整體圖】

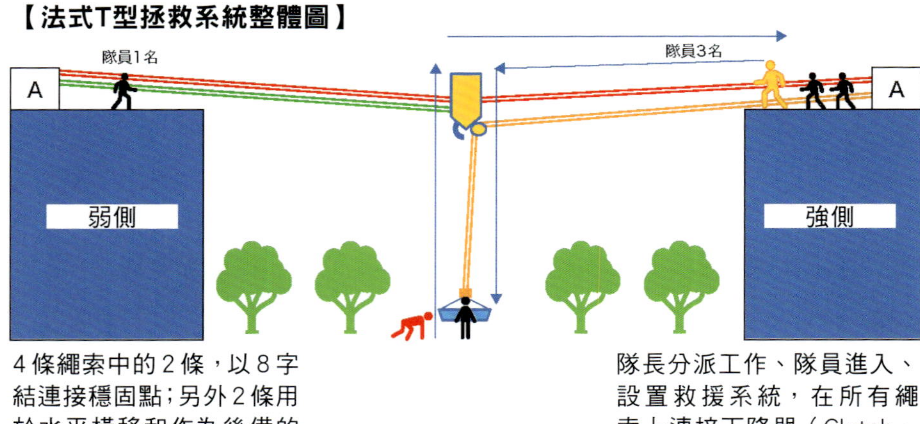

4條繩索中的2條，以8字結連接穩固點；另外2條用於水平橫移和作為後備的牽引繩，則連接下降器。

隊長分派工作、隊員進入、設置救援系統，在所有繩索上連接下降器（Clutch、Maestro、ID等）。

2條紅色的綳緊繩，弱側有2條綠色牽引繩，2條橙色的提升下放繩穿過1組橙色雙滑輪配短連接，或2個單滑輪並連接擔架。滑車系統上設置1個定位系統，並使用KOOTENAY過結滑輪或雙滑輪和短連接、分力板。

水平橫移→前往傷者位置

設置員需準備2條綳緊繩、2條提升下放繩，以及2條牽引繩。首先設置滑車系統，方法與挪威式V型升降繩相同，在滑車系統下設置1個雙滑輪和短連接，或2個單滑輪讓2條提升下放繩通過，並直接連接到擔架上。以短連接、扁帶環或Grillon等設置水平橫移時作下墮保護的定位系統，從弱側連接2條牽引繩。假如想減少1條牽引繩，可以從滑車系統上連接如ASAP的後備裝置至弱側的其中1條綳緊繩；當弱側的1條牽引繩斷裂時，ASAP會抓住綳緊繩，防止向強側搖擺。不過，在把ASAP連接到近乎水平的繩索上時，需要注意ASAP會在甚麼斜度發揮作用（在「系統 - 主繩 - 保護繩系統 P.132」一項中説明），並且需要考慮鬆開抓住了繩索的ASAP之方法。

牽引繩
下墜保護的
定位系統

水平橫移的模樣

設置定位系統，擔架照顧員轉移到繃緊繩後，弱側設置員拉動牽引繩，把擔架水平橫移至垂直下降的目標位置。到達後先鎖定弱側的牽引繩，強側設置員略微拉動強側的提升下放繩並由擔架照顧員移除定位系統。救援負荷會瞬間轉移到牽引繩和提升下放繩上，因此弱側的設置員需要注意。

到達下方

解開定位系統的瞬間開始，救援負荷會轉移到提升下放繩上，此時要由強側設置員把擔架下放到傷者位置。

開始救援

將傷者固定到擔架後，在強側以 3：1 或 5：1 機械增益系統把二人提升到滑車系統附近。由於法式 T 型拯救系統沒有 V 型設置（2：1 機械增益系統），因此在離地瞬間，作用在強側斜上方的搖擺力會較挪威式 V 型升降繩稍大。假如不在強側設置牽引繩，垂直移動的方向取決於弱側牽引繩的拉緊程度；擔架在離地的瞬間很可能不自主地橫向移動。所以需要注意弱側牽引繩的拉緊程度。

因此，假如傷者的所在位置是像沙洲或洞穴等狹小區域，或是像倒塌建築物等不穩定場所，在這些下方活動受限的現場使用此系統可能會有風險，所以需要收緊弱側的 2 條牽引繩，並根據現場情況選擇合適的系統。

開始救援

水平橫移

將擔架提升到滑車系統附近後，擔架照顧員重新連接擔架到定位系統。強側的設置員將提升下放繩，當作牽引繩直接橫向拉動擔架。此時，弱側的設置員要一邊感受負荷被拉動，一邊逐步放鬆牽引繩以免過於鬆弛。擔架照顧員連接擔架到定位系統時，會讓滑車系統垂直向擔架下方受力。

收回擔架

拉回擔架

將擔架水平橫移到強側平台邊後，剩下的便是收回擔架了。根據崖邊形狀等因素考慮選擇各種方法，例如可以先讓擔架照顧員上到上方，然後只收回擔架，或先將擔架照顧員轉移到繃緊繩上再收回擔架。

收回擔架的方法，基本上與前文介紹的T型拯救系統無異，但法式T型拯救系統在平台邊鬆開繃緊繩的負荷時，由於2條提升下放繩直接與擔架相連，因此成為類似低處提升救援的情況。這方法適用於後方沒有較高的穩固點，或不如上圖所示下降了一級，全部的繩索近乎貼近地面，難以使用向量拉力等情況。

創意無限！

法式T型拯救系統與挪威式T型拯救系統，有時有從弱側需要2條牽引繩的缺點，為了補足這缺點，前文介紹了在V型升降繩的底部兩側設置2個ASAP的系統；那是個類似英式雙ASAP T型拯救系統，只有1條V型升降繩的系統。但是，法式T型拯救系統並沒有V型升降繩，因此無法設置2個ASAP。

所以法式T型拯救系統中，在擔架吊帶和滑車系統之間設置Clutch等下降器，下放時由擔架照顧員控制，提升時由強側設置員拉動機械增益系統，這系統可使牽引繩的數量減少成1條。

這個系統，其實是設置了可延伸到地面的定位系統，能讓擔架系統的力維持往滑車系統正下方，弱側所需的牽引繩也可以減少成1條。擔架照顧員需要親自拉動機械增益系統，同時也在支援強側的提升。可是，這要強側設置員配合擔架照顧員的操作，考慮如何放鬆強側的提升下放繩的同時避免妨礙下降。延長定位系統的繩索首先從滑車系統垂下並連接擔架的下降器，返回上方的滑車系統上的轉向滑輪，再折返到下方擔架照顧員手中。

亦即是，這系統除了需要從滑車系統至下方高度約3倍以上長度的額外繩索外，亦要求擔架照顧員必需攜帶那條繩索下降，還有為了將牽引繩減為1條而產生的各種設置工作，所以隊長需事先考慮這些要求再作決定。

由於是由擔架照顧員控制下放，所以在到達目標的上方前便可以開始下放。即使牽引繩完全斷裂，延長定位系統也會讓力在正下方作用而不會搖擺。即使延長定位系統斷裂，也會因提升下放繩和牽引繩的對拉而不會搖擺，這說明是個確保了兩點連接的系統。

像照片中那樣高的現場，延長定位系統的繩索長度會變長，擔架照顧員必需攜帶那條繩索到達傷者位置，因此相當取決於他的技術水平。

【法式T型拯救系統2整體圖】

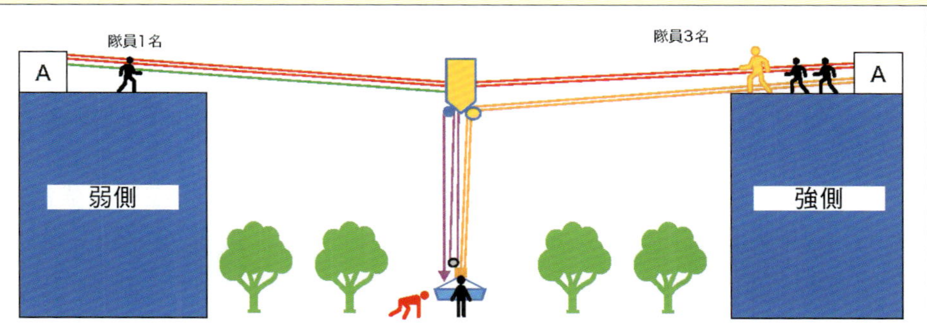

2 條紅色綳緊繩，1 條從弱側來的綠色牽引繩，2 條通過 1 個雙滑輪和短連接，或 2 個單滑輪連接到擔架的橙色提升下放繩。在滑車系統上設置 1 個可延伸到地面的紫色定位系統。滑車系統可以是 KOOTENAY 過結滑輪或雙滑輪和短連接並連接分力板。

繃緊繩系統5

TYROLEAN 橫渡系統（TYROLEAN Traverse system）與雙滑車系統（Dual carriage system）

TYROLEAN 橫渡系統，是個不能上下移動，而是用於水平橫移運送傷者的系統。在此介紹當需要將傷者運送至弱側時的水平移動方式為 TYROLEAN 橫渡系統，而使用兩個滑輪的方式則稱為「雙滑車系統」。

雙滑車系統的優點是，可以將繃緊繩和擔架保持在更近的位置。原因是對於 2 條繃緊繩使用 2 個滑輪，將負荷分散到 2 條繃緊繩上，因此繃緊繩系統整體不容易下沉。由於擔架吊帶不是集中在 1 點，而是分散到 2 點上，使得對擔架吊帶角度的要求較為寬鬆。在離地面較近，或樹木茂密且較高足以觸及擔架等存在風險的寬闊淺地情況下，非常有效。

此外，兩點分開懸掛而不是集中在一點，亦可以避免擔架旋轉。

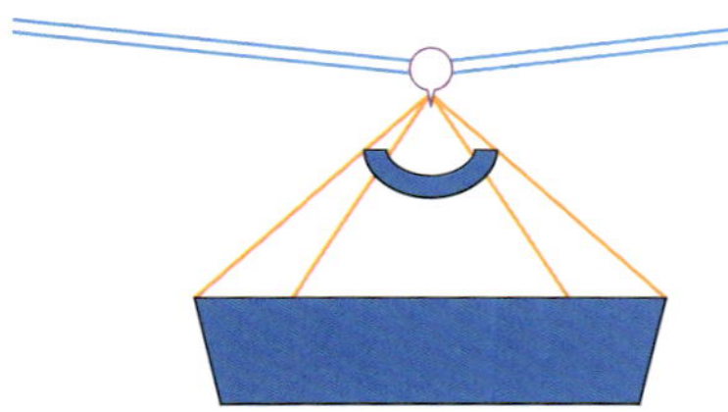

將擔架吊帶集中在一點時，需要注意其短繩或扁帶間的角度。這設置會限制滑車與擔架之間的距離，而且這集中在一點的設置，會讓滑車系統變成單一軸心，容易搖晃轉動。

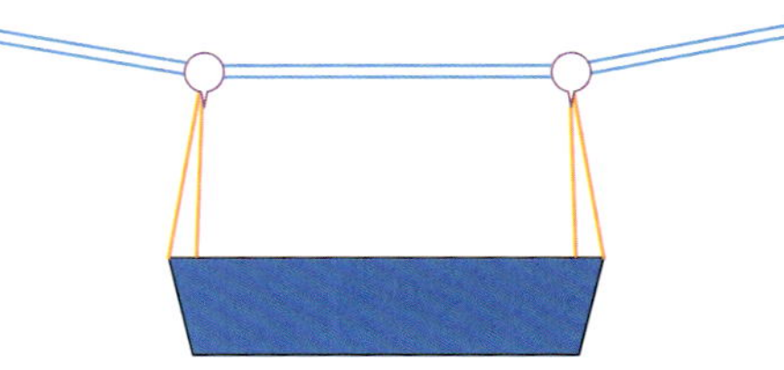

當擔架吊帶分散在擔架前後兩點時，在一定程度上不需要太在意其短繩或扁帶間的角度，而且可以讓滑車系統和擔架保持在更近的距離。此外，因為以兩點為軸心，也能減輕橫向搖晃轉動。

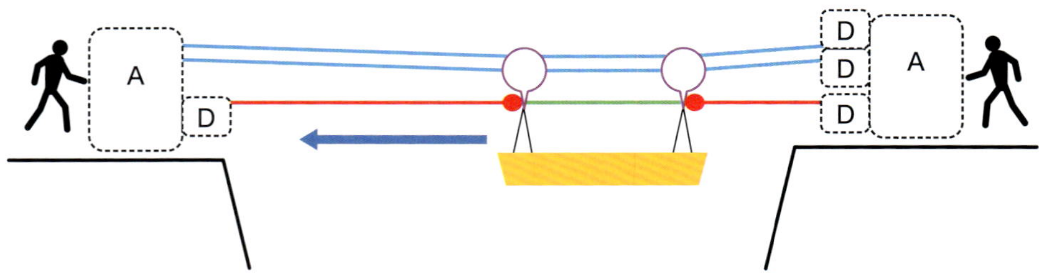

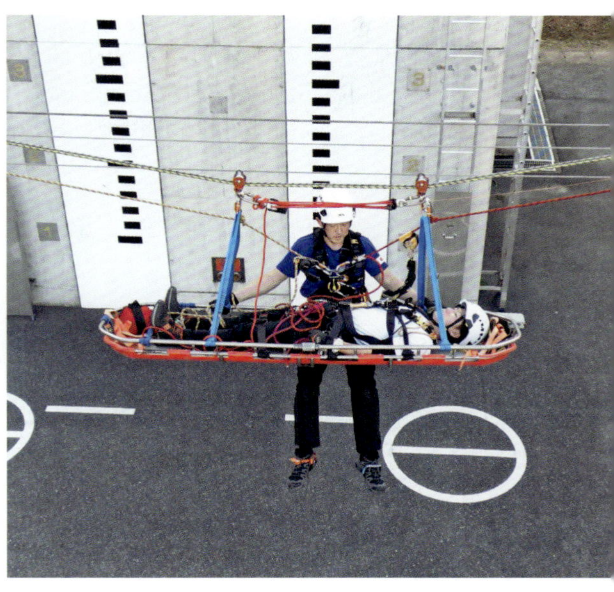

擔架照顧員在兩側牽引繩的長繩端上安裝 2 個下降器，確保其定位於擔架中間及兩點連接，而傷者的第二點連接則以 ASAP 連接到長繩端上。

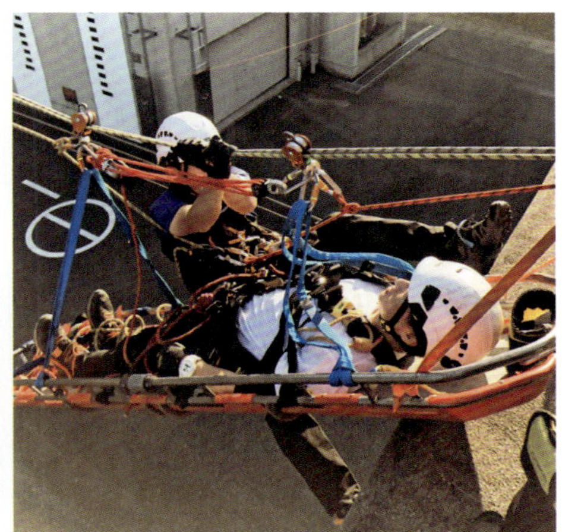

與單滑車系統不同，雙滑車系統會在綳緊繩上與平台邊垂直地橫移。當要進入操作平台時，擔架照顧員需要將手挽帶傳到頭部側，讓隊員協助把擔架從頭部側拉進去，救援完成。

綳緊繩系統6
KOOTENAY 高空索道系統（KOOTENAY Highline system）

這系統沒有 V 型升降繩，通過放鬆或拉緊綳緊繩作上下移動擔架。由於綳緊繩不會拉得太緊，因此在穩固點強度不足或盆地地形等情況下，一般被認為是較好的選擇。

由於沒有像其他 T 型拯救系統那種 V 型升降繩，所以所需繩索數目較少。但另一方面，它不能上下垂直移動，因此不適合較深的洞穴。這個系統在 1980 年代被設計出來，通過均勻拉緊 2 條綳緊繩，能沿着盆地斜坡移動救援負荷，並因而開始普及。

在這裏我們要介紹一個稱為 KOOTENAY 高空索道的系統。這個系統不僅適用於盆地，如下圖所示，在具有銳利角邊的一般地形中也能適用。首先拉緊綳緊繩，水平橫移到最低點後，將牽引繩的救援負荷轉移到綳緊繩上，在救援負荷維持於最低點的狀態下放鬆綳緊繩。

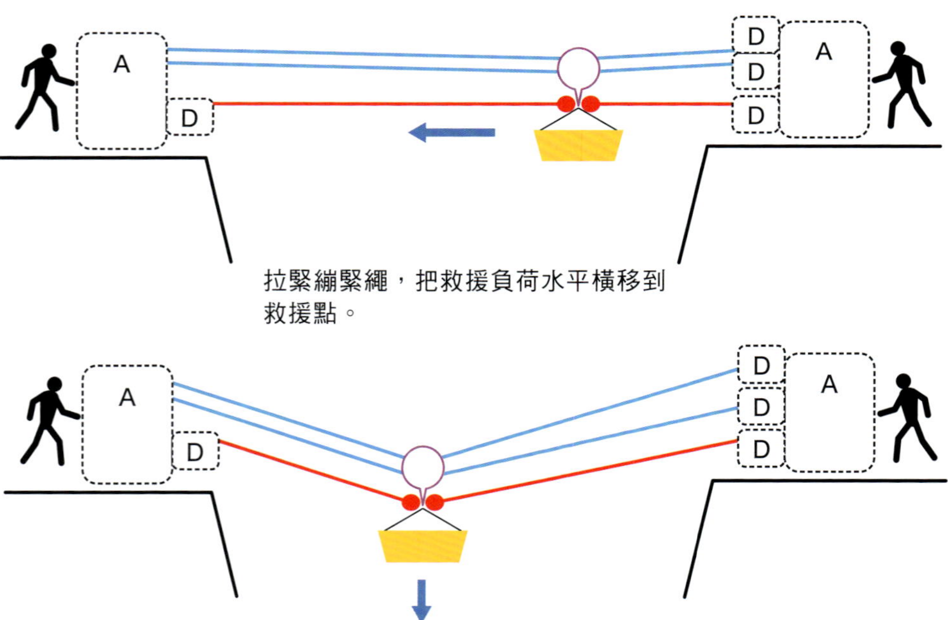

拉緊綳緊繩，把救援負荷水平橫移到救援點。

放鬆綳緊繩，將救援負荷下放。此時，適度地放鬆兩側的牽引繩，救援負荷便會維持於綳緊繩系統的最低部分。因為救援負荷在最低部分，即使兩側各只有 1 條牽引繩，也不會有危險。

水平橫移

拉緊繃緊繩，並使用牽引繩把擔架水平橫移到傷者上方。由於重量負擔在繃緊繩上，牽引繩僅負責水平橫移的角色。

下降

下降時兩側要注意不要過度拉緊牽引繩，使繃緊繩主要承受救援負荷。

把傷者固定到擔架上

水平橫移後

水平橫移後，透過放鬆繃緊繩將擔架照顧員下放到傷者處。此時如果兩側牽引繩拉得過緊，救援負荷會兩邊從繃緊繩轉移到牽引繩上，所以要注意牽引繩的操作，不要拉得過緊也不要放得過鬆。

需要注意如果在放鬆繃緊繩時，兩側牽引繩拉得過緊，就變成只有一點的交叉拖拉系統。這並非我們所期望的運作方式。只要救援負荷持續落在繃緊繩上，救援負荷就會維持於繃緊繩的最低位置。

以上所述的各項系統都不是絕對的。請注意，不要因為以上 KOOTENAY 高空索道的介紹內容便以為 1 條牽引繩就必定足夠了。相反，讀者要仔細考慮為甚麼可以只設置 1 條牽引繩就足夠。

如果傷者不在繃緊繩中央最低位置，而是偏向強側或弱側，其中一側可能需要 2 條牽引繩，甚至需選擇其他系統。

即使目標位置不是最低點，而是較偏向強或弱其中一側，如果切斷 1 條牽引繩所引致的擺盪風險不大，那麼只設置 1 條牽引繩也是可以接受。

如果判斷穩固點強度不足，對拉緊繃緊繩會有風險，那麼隊長可能要考慮不需拉緊繃緊繩的系統。

請各位讀者注意，以上所有系統資料只僅供閣下考慮的素材，希望能適當地選擇及改良各種系統，並應用到現場行動之中。

繃緊繩系統7
軌道繩系統（Tracking line system）

本書在非繃緊繩救援的斜向上下移動系統中，介紹了兩種導向繩系統，同樣將救援負荷稍微拉離岩壁。即使斜向繃緊繩被切斷，其所產生的擺盪也沒有太大風險，因此導向繩系統只需要 1 條斜向繃緊繩。那麼，當面對「從高處下放到低處時，正下方有障礙物導致無法垂直下放而想要下放到偏遠的斜下方低處，或相反地從低處越過障礙物提升到斜上方的高處」這種情況，而且唯一一條斜向繃緊繩被切斷後會有擺盪的危險時，該怎麼辦？

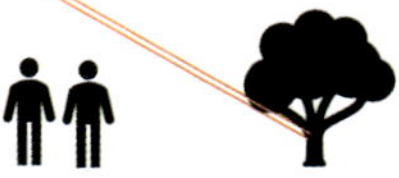

在這種情況下，這種以 2 條斜向繃緊繩引導救援負荷斜向上下移動的系統，被稱為軌道繩系統。

軌道繩系統整體示意圖

由於正下方有障礙物，因此要拉緊 2 條斜向繃緊繩；這在前文的機械增益導向繩系統曾解釋，將 1 條斜向繃緊繩改為設置 2 條，就能變成軌道繩系統。

由2條斜向繃緊繩+2條提升下放繩索設置而成的系統

把曾在非繃緊繩系統的導向繩系統中，所介紹的 1 條斜向繃緊繩改成 2 條，系統便完成了。如左頁圖所示，當試圖越過障礙物將擔架拉離一段距離下放時，如果只用 1 條斜向繃緊繩，一旦切斷所造成的擺盪，會有與牆面撞擊或發生墮地的風險，而設置 2 條斜向繃緊繩便有助避免這種風險。

前章節中解釋的導向繩系統，適合於不需要大幅拉離牆面，而且擺盪也沒有危險的情況。

系統整體示意圖

- **2條斜向繃緊繩**
- **2條提升下放系統繩索**

下方有障礙物，需要大幅度將傷者拉離牆面，而且擺盪會構成危險時使用的系統。

2 條斜向繃緊繩需以機械增益系統，從上方或下方穩固點拉緊。圖中是從下方拉緊的情況。設置 2 條斜向繃緊繩，可輕易安全地越過下方的障礙物。

加設機械增益系統，可以減少所需人手。

擔架周邊的系統

在擔架上設置繃緊繩用的雙滑輪，以及作為後備的短連接 (如有必要)，接上 2 條提升下放系統繩索即完成設置。

由2條斜向繃緊繩＋1個ASAP＋1條提升下放繩設置而成的系統

系統整體示意圖
- 2條斜向繃緊繩
- 1條主繩
- 1個ASAP

如因繩索數量或人手不足，而希望減少所操作繩索的數量，擔架照顧員可以 ASAP 從擔架連接到繃緊繩上，設置出只用 1 條提升下放繩索的系統。

由於只有 1 條主繩，一旦它斷裂了，ASAP 就會抓住斜向繃緊繩制停下墮，這設置視斜向繃緊繩為保護繩。雖然將提升下放系統繩索由 2 條減為 1 條看似很方便，但一旦它斷裂了，擔架下墮速度會隨斜向繃緊繩的水平程度相應改變減慢。也就是說，ASAP 可能會延遲啟動（參考關於與 ASAP 配合使用的勢能吸收器的性能 P.138）。由於每個現場的高度差，以及斜向繃緊繩的繃緊程度都不同，需要根據現場情況選擇系統。

3章 實踐知識篇 繃緊繩救援系統

擔架周邊的系統

在擔架上設置綳緊繩用的雙滑輪，以及作為後備的短連接（如有必要），接上 1 個 ASAP 和 1 條主繩即完成設置。

雖然本書介紹了各種綳緊繩系統，但這些只屬於參考之一，並非一定正確。此處只是解釋了當兩側穩固點水平大致相同下的想法，但救援現場的兩側穩固點未必會在同一高度，反而大多數情況下高度並不一致。

另一方面，上述所介紹的都是各款系統的基本形態，拯救員必需根據現場情況改造成最適合的系統。對於安全的想法也因人而異，根據這些想法，自然便會選擇認為必要或不必要的系統。

我們不應該因為別人這麼做、書上這麼寫，抑或在社群媒體上看到便盲目跟從如何做（How to），反而應深入理解「為何做」（Why to）。建立「基於我們這樣理解何謂安全、我們的團體特性是這樣、我們有這些人手和裝備等理由，所以選擇採用和改良這個系統」的思維，從而使用更加安全的系統。

第 4 章

現場運用篇

關於繩索拯救和繩索技術
的現場運用

關於繩索拯救和繩索技術的現場運用

「我們已經購買了這些繩索拯救和繩索技術的裝備器材，也和同伴接受了訓練，可是……在現場實際運用……還是有點害怕……」

作者常常聽到這樣的話。為甚麼他們會感到害怕？其原因在於訓練內容和訓練場所，而當中最大問題很可能出於「他們」自己身上。本節收錄了一些參考資訊，希望能讀者幫助消除疑慮。

在自然地形進行低處提升拯救訓練。

日常

不只是繩索拯救，在任何現場突然運用新的裝備器材與技術是不可能的，可見日常訓練非常重要。繩索拯救裝備器材的操作方法、對其性能的理解、設置方法，與其他災難用的裝備器材一樣都需要反覆訓練積累經驗。而且在各種不同環境訓練，也有助在災難現場運用到從訓練獲得的知識技術。

在自然地形進行繃緊繩救援訓練。

在人工建築物進行訓練。

顧名思義，標準訓練場地是適合訓練的結構物。它設有適合訓練的繫穩物、操作平台、牆面等，隨時能夠順暢地活動。但是，在標準訓練場地所學到的技術，不一定能在現場派上用場。為了能在現場自信地行動，有時還需要在對自己不方便的環境下反覆訓練；在標準訓練場地以外的各種場所進行訓練，也能為將來自信地行動累積經驗。

此外，拯救員平時也要留意自己的服務範圍涉及哪些場所。目前在日本推廣的繩索拯救與繩索技術的知識，可能不完全適合於其消防救援。因此，拯救員需從不同角度學習知識技術，並使之適用在服務範圍，所以要求他們在日常便需多作視察。

接到指令後

即使平日積累訓練，熟悉所身處的環境，但在接到出動指令時，拯救員可能還會緊張。為了減輕這種緊張感，接到指令後請冷靜地預備以下 4 項資訊：

1. 檢查地形
2. 預測傷者狀態
3. 預計所需裝備器材與系統
4. 預備應對意料之外的情況

練習救出樹上的被困者。

1. 檢查地形

目前，許多消防隊在接到指令時，會獲悉該地點的地形圖。地圖有時會顯示人工結構物，有時顯示自然地形。檢查地圖有助預測拯救行動是否有高低差、是否需要水平橫移傷者、現場是否屬於斜坡、車輛可以直接到達抑或需要長距離步行才能抵達等。這些預測再結合下一項傷者狀態的預測，就能連結到裝備器材與系統的預測。

2. 預測傷者狀態

登上消防車，按下出動按鈕，就能從無線電獲得通信指揮員的各種資訊。這些資訊除意外的發生地點，還包括傷者的受傷原因，如下墮、滑倒、受困、懸吊在半空等資訊。繩索拯救行動和其他行動一樣，以迎合傷者狀態為優先。要做到這一點，從這些資訊可以預測「傷者是否需要擔架？」、「需要全身固定嗎？」、「擔架能垂直擺放嗎？」、「擔架可以拖行嗎？」或「緊急治理後需要移動傷者嗎？」等情況。將這些預測和地形檢查結合，就能連結到裝備器材與系統的預測。

3. 預計所需裝備器材與系統

預測地形和傷者狀態後，就可以預計所需裝備器材與系統。例如「大樓＋下墮」這個組合，可以預計：

- 從高處到低處的下放系統
- 無法垂直移動時的繃緊和非繃緊繩系統
- 高風險受傷的原因，預先準備全身固定裝備器材及擔架

再以「山區＋無法行走」這個組合，可以預測：

- 在斜坡上設置主繩—保護繩系統
- 適合拖行的 SKED，以及傷者拖行時的緩衝裝備
- 考慮長時間步行，準備少量輕量的裝備器材

可能有人習慣將所有繩索拯救與繩索技術的裝備器材，放在同一個收納袋，並全部搬運到現場；但為了減輕拯救員的負擔，其實可以根據一定程度的預測，只攜帶符合情況的裝備器材。拯救員越是不安，裝備器材的數量越容易變多，但進行這種預測便可以減少裝備器材的數量，所以在訓練中也可加入預測能力的訓練，應有助於消除不安。

4. 應對意料之外的情況

拯救員亦需要預計到所預測的與現場情況不符。儘管拯救員根據車內預判準備了救援裝備，但到達現場進行實地勘查後，可能需要選擇不同的救援系統。這個時候，如果具備以哪些裝備器材設置其他系統的知識和技術，就能應對可能發生的情況。例如，如果平時就訓練過如何利用原為提升或下放的裝備來建立水平橫移系統，並熟練操作的話會如何？要獲得這種應變能力，就需要在訓練中加入「預判失準」的情境設定。

利用天然岩石，作為繫穩物進行訓練。

到達現場時

趕往現場時，所要求是拯救員預測現場狀況的能力；到達後，則是要求「決斷力」。要完全消除不安是困難的，但如果日常與同事反覆訓練，盡可能進行預測，隊伍到達現場後的果斷行動將決定是否能及早救出傷者，而果斷行動很大程度上取決於領導者的決斷力。

做決定之前，拯救員絕對有必要以肉眼 360 度檢查現場。不安或猶豫，會收窄拯救員檢查的範圍。為了盡可能消除對預判系統是否可行的不安和疑慮，拯救員應預先準備好到達現場後進行 360 度環境勘查時需要檢查的項目。以下列出 6 個例子：

1. 天氣
2. 地形
3. 是否有繫穩物以及其位置
4. 傷者的位置
5. 危害
6. 其他

1. 天氣

如果行動地點是室外，天氣便成為非常重要的檢查項目。如果下雨，地面可能濕滑，在危險區的拯救員便容易滑倒，甚至下墮。如果風勢很大，長距離下降時垂下的繩索可能會意外勾到其他地方。如果充滿積雪，即使設置了機械增益系統，拯救員也可能會因滑腳而難以拉動系統。如果有打雷的風險，行動可能無法進行。因此，到達現場前就要及早檢查天氣，因為天氣會對行動產生很大影響。

2. 地形

本節所描述的地形，是指到達現場後進行更詳細的地形檢查。人工結構物或只有直牆，但自然地形可能存在複雜的斜坡。例如，從上方可能看不到拯救員要下降的斜坡全貌，當下降隊員開始下降時可能會發現斜坡向右傾斜。或起初預測是斜坡，但中途卻開始垂直，甚至沒有了腳踏的地面或牆壁。如果看錯了牆面等，拯救時擔架可能意外地滑向預料之外的方向，因此拯救員需要仔細檢查。

有時候，如果不下降或攀登一定距離，便看不到前方。這種情況不只出現在自然地形，也可能發生在橋底或鐵塔頂部等複雜的人工結構物中。仔細判斷地形是非常重要，因為這樣做可以發現後頁第 5 點中提到的危害。

3. 是否有繫穩物以及其位置

繩索拯救與繩索技術，亦需要堅固的繫穩物來確保安全性。有時可能需要使用「最低強度的繫穩物」，但當然還是建議優先選擇堅固的繫穩物。根據繫穩物的數量和位置，隊長可以考慮轉移操作平台，或先將傷者移至能夠使用繫穩物的附近，再把他救出。為了讓拯救員安全行動救出傷者，堅固的繫穩物都是必需的，因此要仔細檢查四周，找到或設置適合該行動的堅固繫穩物。

當使用 AHD 救援腳架或梯子作高處繫穩物時，作者建議使用即使在地面傾斜或凹凸不平，也能設置穩定的頂部穩固點或高處轉向的裝備器材。容易因地面環境而變得不穩定，或者僅憑人力就能推動的高處繫穩物，其安全性會下降。即使受很大力仍保持穩定的高處繫穩物，能提高繩索拯救的安全性，並減輕傷者的負擔。所以，平時日常便需要訓練使用這類高處繫穩物的知識技術。

訓練使用 AHD 救援腳架。

4. 傷者的位置

當能夠想像用 1 條線將傷者和穩固點連接起來時，使用繩索系統把傷者救出的可能性便十分高。為此，隊長要盡可能親眼檢查傷者的位置。有時從操作平台有機會看不到傷者，這情況下隊長或需要從操作平台下降作判斷。為作出正確的判斷和指示，隊長亦要具備足夠的繩索技術，以便親眼確認傷者的位置。另一方面，傷者可能正在移動，或可能會移動，例如被河流沖走或進一步滑落等，使用繩索進行拯救行動的難度便更高，因此需要判斷使用繩索拯救技術的選擇是否正確。

5. 危害

檢查地形後，如果隊長檢查了穩固點和傷者，並且能夠想像用 1 條線將兩者連接起來，接下來便需檢查是否有可能會擋住那條線的障礙物。此外，如果要接觸到的東西很鋒利，如岩角或平台邊等，就要準備保護繩索的方法。保護方法各有不同，例如直接使用裝備器材保護繩索、改變繩索角度避開，或直接移除鋭利物體等。

還有，拯救隊伍可能需要設立危險區。危險區的設立根據情況而異。例如，在大樓維修時，懸吊在半空中動彈不得的人，大樓下方就需要設立為危險區，限制進入。如果在屋頂活動，可能需要將操作平台設立為危險區，限制拯救員以外的人進入。為了安全地救出傷者，確保同伴的安全是絕對必要的。因此，我們建議團隊內部平時就準備好危險檢查和設定達成共識。

6. 其他

除了上述內容，根據情況可能還需要限制行動隊員人數或消除噪音。這些只是例子。為了能夠及早決定救援計劃，並讓團隊安全而確實地執行，在現場行動時也需要事先考慮應該檢查哪些項目，以便做出準確的判斷。

系統檢查

完成各種檢查後，接着要決定使用甚麼拯救系統，並指示設置員設置。此時，「檢查」這個詞語極之重要！檢查的時機和內容包括：

- 在設置進入危險區的系統，並在進入危險區之前
- 在隊員下降或下放擔架之前（在危險區外）
- 在擔架剛被拉起的瞬間
- 在將傷者從系統分離之前（在危險區內分離的情況）

可是，如果檢查的次數太多，可能會導致現場運作或行動不順暢，因此作者建議在日常便要指導繩索拯救事故等知識，有助在適當的時機進行適當的檢查。

後備方案

在訓練中，你或能夠指示、設置、執行並完成最初設想的計劃。但是，在實際事故中並不保證一定會成功。所以，拯救隊伍需要後備方案。

後備方案並非系統整體的另一個計劃，而是在更小範圍內的其他選項，例如，設置穩固點後，將提升下放系統連接到穩固點上，隊員等下降後，假如拯救路線與最初預計的位置不同，隊長應採取後備方案，如調整穩固點、調整繩索路線、保護提升下放系統繩索。這些都是微調系統各個部位的後備方案。

作者建議拯救隊伍嘗試加入「後備方案」的相關訓練，如果在日常訓練中多預計這些突發情況，即使在實際行動時發生意料之外的事情，或許也能冷靜應對。當然，如果能在腦中有第二後備方案，那就更好了。

在行動現場指導？

總有人熱衷於經驗分享，如果這些經驗分享能提升同伴的知識技術，固然最理想！不過感覺上，對方大多數只會抱着「哦～」的心情，最後變成只有分享者在「自吹自擂」。到底有多少經驗才算是「豐富」？5次或10次？況且，在落差約5m下使用繩索進行拯救行動，與在落差100m左右的情況下使用繩索拯救，經驗是否存在差異？

到底是否有足夠多的災難需要使用繩索進行救援，以至於你可以說「我有經驗。憑着我的經驗，我可以在任何地方使用繩索拯救傷者」？如果只有一個人擁有出色的經驗、知識和技能，是無法進行繩索救援行動的。唯獨通過團隊成員之間合作，才可順利完成行動。

假設讀者作為指導者，首要具備「能基於理由正確地指導」的能力。指導者不能單憑個人經驗，不斷地重複「這樣做！」的言論，這並非指導，指導是為了讓學員在未來不會遇到障礙。災場所發生的現象，必然與自然科學規律有關，因此真正的指導，應能加深學員理解，詳細說明裝備器材的正確使用方法，並附上理由，引導對方走向正確的方向。

第二個必要的能力，在乎「能夠建立人際關係，讓對方認真對待你的指導」，亦是一種個人的「性格特質」。在現場，上級必定對下級發出指令，但前者在日常教授需要讓後者理解指令背後的理由。為了讓隊員認真看待並理解指導，上級平日便需要建立如此的人際關係。指導者應掌握上述兩種能力，並在日常指導分享經驗。失敗的例子是理想的經驗，如果在指導中穿插相關內容，經驗便會成為提高組織能力所需的工具。

而且，同樣的救援現場很少會多次發生，拯救員也可能需要應對完全無法運用經驗的現場。在這情況下，指導者需要的不只於經驗，而是「可靠的知識」和「精準的技術」。為了讓隊員在事故現場能自信行動，指導不要只傳授經驗，而是將經驗與「現在」結合起來指導，作者希望指導者能巧妙地將經驗融入在教材之中，讓隊員獲得更可靠的知識和更正確的技術。

現在，眼前的繩索拯救與繩索技術裝備器材，是為了讓拯救工作比以往更「安全、可靠和迅速」而存在的。而且，它們均具備達成這些目標的高性能，使拯救員沒有不使用的理由。「不使用」和「不會使用」完全屬兩回事，為了進一步確保團隊成員和傷者的安全，作者希望讀者能勇於在現場運用面前的高性能裝備器材。為此，亦希望讀者能與夥伴一起不斷學習「現在」的知識。

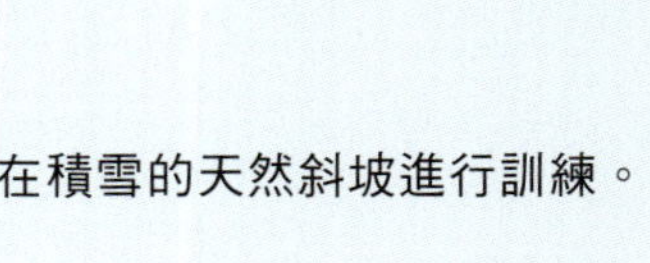

在積雪的天然斜坡進行訓練。

常用術語字庫

這裏除了作者的術語解釋，譯者亦加入了於內地、香港、澳門，以及台灣地區的其他常見術語，讓讀者能中英對照不同的慣用表達方式。

A

【Access Line 個人進出繩】
用作上升、下降、水平橫移等到達目的地的 2 條繩索，指主繩和後備繩。

【Anchor (System) 穩固點（系統）】
又稱為固定點、錨點、錨固點和繫穩點。

【Anchor Point / Anchorage / Base 繫穩物】
又稱錨固定點，用作設置穩固點 / 穩固點系統，可以是結構物、樹幹及岩石。

【Arizona Tri Bridle 亞利桑那擔架吊帶】
這是一個用於調整擔架角度的系統，在擔架腳部一側安裝可調節的 AZTEK。由 Ropes That Rescue 培訓中心的 Reed Thorne 先生設計。

【ASAP】
Petzl 公司的產品，配合勢能吸收器使用的下墮制停裝置。

【Attendant 擔架照顧員】
拯救時陪伴載有傷者的擔架之拯救員，又稱 Bell boy、協助手、救助手、陪伴手等。

【AZTEK】
全稱 Arizona Technician's Edge Kit，是可以製作 4：1 或 5：1 機械增益效率的可調節系統，屬於器材公司 Rock Exotica 的產品。

B

【Back-Up Device 後備裝置】
用作連接後備系統或垂直生命線（Vertical Lifeline）。

【Back-Up Rope 後備繩】
又稱為副繩，為雙繩技術的下墮制停（Fall Arrest）系統。

【Belay Competency Drop Test Method (BCDTM) 保護能力下墮測試方法】
在 3m 長的繩索末端懸掛 200kg 負荷，容許放鬆 1m，以 0.33 下墮係數 Fall Factor（FF）進行下墮測試；符合最大衝擊力 12kN 以內和最大制停距離 1m 以內等要求，被認為適合作為保護繩系統。

【Belay System 保護繩系統】
為主要系統失效而預備的第二點連接（即後備系統）。比起繩索技術（Rope Access），繩索拯救（Rope Rescue）更慣用保護（Belay）一詞來表示後備系統。

【British Columbia Council of Technical Rescue (BCCTR) 英屬哥倫比亞省拯救技術會議：搜救隊】

1982 年到 1986 年間，這間位於加拿大英屬哥倫比亞的諮詢機構積極設立救援技術標準，包括提倡 10：1 靜態系統安全係數 Static System Safety Factor（SSSF），制定了諸如 KOOTENAY 高空索道系統 KOOTENAY Highline System，以及通過保護能力下墮測試方法 Belay Competency Drop Test Method（BCDTM）的雙普式結保護（Tandem Prusik Belay）等，對北美產生了影響。

【Bunny Knot 兔耳結】

詳見雙圈 8 字結（Double Figure 8 On a Bight）。

C

【Carabiner 鎖扣】

又有掛環、鉤環、安全鉤等名稱。

【Change of Direction 轉向】

又稱變向，詳見「Redirect 轉向」一詞。

【Changeover 升降模式轉換】

基本繩索技術之一，上升時為了下降而將胸升切換到下降器，或下降時為了上升而將下降器切換到胸升的技術。

【Chest Ascender 胸式上升器】

簡稱胸升，全身安全帶胸部附帶的尖齒型上升器，主要用作上升。

【Counter Balance 反向平衡】

又稱相對平衡或天秤原理。以高處轉向和個人體重提升重物，常用於一對一掛接拯救（Pick-off Rescue）。

【Cowstails 牛尾繩】

詳見「Lanyard 挽索」一詞。

【Cross Haul System 交叉拖拉系統】

工業用繩索技術之一，從左右兩岸拉動擔架吊帶的系統，將救援負荷橫移（水平／斜向）時使用。與偏轉繩系統（Deflection Line System）相似但設置方式不同。系統被稱為 V 型拯救，與繃緊繩系統的英式或挪威式 T 型拯救不同。

D

【Dedicated Main Dedicated Belay (DMDB) 專用主繩專用保護繩】

由 Basecamp Innovation 公司的 Kirk Mauthner 先生設計的主繩 - 保護繩系統名稱，由專用的主繩及保護繩組成。

【Deflection Line System 偏轉繩系統】

又稱偏移系統 Offset。因其形狀而被稱為 Y 型拯救系統。與英式或挪威式等 T 型拯救，KOOTENAY 高空索道（KOOTENAY Highline）或交叉拖拉系統（Cross Haul System）等 V 型拯救系統不同。交叉拖拉系統從相反方向直接拉動擔架吊帶，使之形成 V 型橫向移動。相比之下，偏轉繩從相反方向拉動擔架吊帶的提升下放系統，使救援負荷能以 Y 型水平及垂直移動。這系統設計了一種在空中設置轉向 Change of Direction（COD）的概念。

【Descent Control Device (DCD) 下降控制裝置】

又稱緩降控制器，可作為個人或拯救系統的可調節型下降器。不少器材製造商均有生產此類產品，常用的有 ID、Clutch、Maestro 等。

【Deviation 偏離點】
又稱節點，為基本個人技術之一。

【Double Clutch 雙 Clutch】
CMC Technical Rope Rescue Manual 6th Edition 中介紹的系統，在雙重能力雙主繩系統 Dual Capability Two Tensioned Rope System（DCTTRS）中以 ASAP 控制流動的繩索作繩尾制動。它也在國際技術救援研討會 International Technical Rescue Symposium（ITRS）的論文中被介紹，在 2 個已停用自動制停功能的下降器上，再添加 2 個能協助自動制停的 ASAP，發揮輔助功能。

【Double Figure 8 on a Bight 雙圈8字結】
又稱為雙圈雙 8 字結、兔子結、兔耳結和 8 字雙套結，可用作設置雙物式穩固點。

【Double Overhand Knot 雙反手結】
又稱雙單結，有助防止繩端鬆脫。

【Double Overhand Noose 雙反手索結】
又稱桶結（Barrel Knot）或血結，連接牛尾繩與鎖扣。

【Dual Capability Two Tensioned Rope System (DCTTRS) 雙重能力雙主繩系統】
2016 年由 Base Camp Innovation 的 Kirk Mauthner 先生設計的系統，專門指具有自動制停功能的雙主繩系統。取代了鏡像系統（Mirrored System）。由於雙主繩系統 Two Tension Rope System (TTRS) 中使用的裝備同時具有主繩和保護繩功能，因此被稱為雙重能力（Dual Capability）。

E

【Edge 邊緣】
本書指地面和牆面交界處存在的角，而且有可能磨損受力的纖維物。邊緣一詞，與平台邊、崖邊岩、角、鋒利角邊等用詞意思相通。

【Edgeman 岩角防護員】
又稱為岩角手或邊緣助手。在個人進出繩上定位在牆面上工作，負責擔架的交接和管理上下方安全的拯救員。

【Edge Protection 岩角防護物】
為保護繩索免受鋭利角或岩面磨損而設置的物品，有布製防護布、耐熱塑料、金屬製岩角滾輪等不同類型。

【Emergency Management in BC (EMBC) 英屬哥倫比亞省緊急事務管理局】
2016 年在加拿大英屬哥倫比亞省重新成立的諮詢機構，前身是 1980 年代的英屬哥倫比亞省拯救技術會議 British Columbia Council of Technical Rescue（BCCTR）。

【English Reeve 英式V型升降繩】
從強側到達弱側的 V 型升降繩，放鬆後能垂直上下移動重物。垂直移動時整個系統會變成 T 字型，故與 V 型升降繩相關系統被稱為 T 型拯救。

【European Standard (EN) 歐洲標準】
歐盟範圍內的統一標準，為了促進貿易和統一產業水平而制定。

【Eye 繩眼】
指繩結部分末端像眼睛一樣的繩圈。本書以之說明連接在上升下降系統，方便擔架照顧員進出平台的特別設置。

F

【Fail Safe 故障安全】
即使發生異常，也能保證安全。繩索拯救中當主繩斷裂時，後備繩也能制停下墮，發揮保護作用。

【Fall 下墮】
又稱為墜落、掉落或脫落。這種失控動作，在繩索技術或繩索拯救時應儘量避免。

【Fall Arrest 下墮制停】
又稱為墜落制停，簡稱止墜，中文使用者較稱為防墮或防墜落，唯「防墮」實為防止工作員進入具下墮風險區域的防止下墮（Fall Prevention）。下墮制停則指中止已下墮者繼續下墮至地面，是在高空工作中較防止下墮後一步的下墮保護（Fall Protection）安全措施。

【Fall Factor 下墮係數】
又稱墜落係數、墜落因子或墜落率，用作計算下墮的嚴重性，愈接近 0 愈理想。

【Fall Prevention 防止下墮 / 防墮】
防止工作員進入有下墮風險的區域之方法，包括限制工作距離。

【Fall Protection 下墮保護】
減少因下墮而造成傷害，作為防止下墮後一步的的高空工作安全措施，包括下墮制停、工作定位（Work Positioning），以及繩索技術（Rope Access）。

【Figure 8 on a bight 雙8字結】
又稱為 8 字單套結，可製作固定大小的繩圈。

【Foot Ascender 腳式上升器】
簡稱腳升，安裝在腳，帶有尖齒的上升器。

【Friction 摩擦】
對繩索產生摩擦阻力。

G

【Guiding Line System 導向繩系統】
將救援負荷斜向上下移動的系統之一，因將傷者拯救到指定位置時發揮引導作用，故而得名。若想將救援負荷與牆面稍微分開，但難以使用牽引繩系統下，可像鋪設路軌般設置繩索，基本上無需加設機械增益系統，便能以人力拉開。

H

【High Angle Rescue 高角度救援】
本書是指在接近垂直的崖壁上進行高處下放或低處提升救援。根據牆面角度，分為高、中及低角度。

【Highline 高空索道】
或簡稱索道，是綳緊繩系統之一。

【Human Error 人為錯誤】
本書指由於人的疏忽或誤解，而導致可能引發事故的人為失誤。

I

【International Commission for Alpine Rescue (ICAR) 國際高山救援委員會】
每年在歐洲舉行的山岳救援研討會。

【International Technical Rescue Symposium (ITRS) 國際技術救援研討會】
每年在美國不同地點舉行的救援研討會，各領域的專家在此發表論文。

【ISO 標準】
總部位於瑞士，名為國際標準化組織 International Origanization for Standardization (ISO) 的私人機構所制定的標準。這是個在國際範圍內制定標準的組織，為了讓國際間的交易更加順暢而制定共同標準，成員國有 160 多個，發行了 21,600 多項國際標準。每個國家有一個代表性的標準化機構加入，日本的日本產業標準調查會 Japanese Industrial Standards Committee (JISC) 是 ISO 的一員。

J

【Japanese Industrial Standards (JIS) 日本產業標準】
根據《產業標準化法》制定的日本產業產品相關規格和測試方法，是針對日本工業產品、數據、服務等的國家標準。

K

【Knee Ascender 膝式上升器】
簡稱膝升，結合了腳繩、符合 EN12841 Type B 標準的齒型凸輪和彈性橡膠的上升器，齒型凸輪一直位於膝部附近。

L

【Lanyard 挽索】
又稱掛帶、牛尾繩、懸掛繩、繫繩和龍蝦鬚。

【Locking Wheel 鎖定滾輪】
內置在 ASAP 等裝置中，附帶尖齒的自動跟隨式滾輪。

【Long Tail 長繩端】
指以必要的額外長度增長繩結末端。這個較長的末端被視為「尾巴」，故被稱為 Long Tail。

【Low Edge 低岩角】
在日本稱為 Zero Edge，指沒有頂部穩固點等，繩索系統直接搭在平台邊的情況。

M

【Main Line 主要系統】
指在繩索技術或團隊救援操作中，主要承受負荷的整個系統。

【Main Rope 主繩】
指在繩索技術或團隊救援操作中，主要承受負荷的繩索。

【Maximum Arrest Force (MAF) 最大制停力】
這是指在繩索救援系統中，當承受負荷的一點連接斷裂時，負荷轉移到另一點連接時所產生的作用力。這在過去也被稱為衝擊負荷（Impact Force）。

【Maximum Extension 最大制停距離】
又稱系統最大延伸。當其中一點連接斷裂，救援負荷轉移到另一點連接時，斷裂前吊在繩索上的救援負荷位置，與最終制停時整個系統吊着救援負荷的位置之間差距。美國制定了各種保護測試標準，讓距離的目標控制在 1m 以內。

【Mechanical Advantage (MA) 機械增益】
又稱省力比、機械效益、倍力系統。在一條繩上加設機械增益系統，讓在那條繩上拖拉時具有增益效率。

【Mirrored System 鏡像系統】
2000 年代初由 Kirk Mauthner 先生設計，將相同系統並排設置的雙主繩系統，屬於 2016 年設計的雙重能力雙主繩系統 Dual Capability Two Tensioned Rope System（DCTTRS）之前身。

【Multi-point Anchors 多物式穩固點】
由多於 1 個繫穩物所組成的穩固點，又稱多點錨。

【Multi-purpose Device 多用途裝置】
本書指可用於提升下放的 Clutch、Maestro、MPD 等裝備器材。

N

【National Fire Protection Association (NFPA) 美國消防協會】
總部設在美國的國際非牟利組織，致力於防火事務。截至 2022 年，該組織擁有超過 300 個與防火相關的標準。

【Norwegian Reeve 挪威式V型升降繩】
屬於挪威式 T 型拯救系統一部分，繩索通過設置在滑車系統上的滑輪，然後通過設置在擔架上的滑輪，最後連接至滑車系統，並在滑車系統下方形成一個 V 型。

P

【Pick-off Rescue 一對一掛接拯救】
又稱掛接救援或一對一救援，由 1 名拯救員掛接並拯救 1 名傷者。

【Pilot Line 先導繩】
又稱飛繩，用作傳送繩索或其他裝備。

【Pre-measure 預先測量】
從高處下放傷者時，將擔架越過平台邊或崖邊的技術。預先量度從穩固點至平台／崖邊的長度，以免擔架越過後位置過低。

【Prusik Hitch 普式結】
又稱普魯士結、普魯士拴扣或雞爪結，是抓住繩索的摩擦結。

R

【Redirect 轉向】
使用滑輪或鎖扣等改變繩索方向。

【Reeve V型升降繩】
綳緊繩系統的其中一款提升下放繩，主要用作上下垂直移動，又稱為穿心繩。

【Rescue Load 救援負荷】
指吊掛在拯救系統上的負荷，包括救援中的隊員和被拯救的傷者。

【Rigger 設置員】
主要在穩固點處設置和操作提升下放系統的拯救員，又稱為系統手，架設手或裝配者。

【Risk Management 風險評估】
識別與任務相關的危害，估計結合事故發生的可能性，根據風險程度確定對策的優先順序，然後研擬消除風險或應對措施的過程。

【Rope in Service (RIS) 使用中的繩索】
指系統中使用的繩索長度。

【Rope Tailer 繩尾員 / Rope Tailing 繩尾制動技術】
這是由 Base Camp Innovation 的 Kirk

Mauthner 先生所設計的技術。在雙主繩系統 Two Tensioned Rope Systems（TTRS）的下降模式，負責防止在自動制停功能解除時，下降設備操作者無意中造成下墮風險。此人負責操作後方的繩索，與下降設備的操作者分開。

【Rope to Rope Transfer 繩過繩轉移】
又稱繩索轉換，為基本個人技術之一。

S

【Self-Equalizing Anchor System 自動均分穩固點】
又稱自我平衡錨系統或均力系統，與固定分散穩固點（分力系統）相對。

【Single Main Separate Belay (SMSB) 單一主繩分離保護】
據說由 Rigging For Rescue 組織設計的主繩 - 保護繩系統名稱，是由單條主繩和分開的保護繩所構成的系統。

【Skate Block System 自重導向系統】
兼具操作斜向繃緊繩和提升下放功能的系統，適合無法將傷者垂直下放救出，要將之拯救至稍遠處，或上方沒有操作平台的情況。常用於鐵塔救援。一旦確立上下方穩固點的位置，便確定了救援負荷的著地位置。

【Society of Professional Rope Access Technician (SPRAT) 專業繩索技術員協會】
美國的繩索技術技術員協會。

【Static System Safety Factor (SSSF) 10：1靜態系統安全係數】
英屬哥倫比亞省拯救技術會議 British Columbia Council of Technical Rescue（BCCTR）在1980年代提出的概念，指繩索拯救系統對靜態負荷採用 10：1 的安全係數。

【Stretcher Bridle 擔架吊帶】
又稱擔架附著帶，指連接在擔架頭部側和腳部側的扁帶／短繩以及周圍部分，用於懸吊擔架。

【Strong Side 強側】
又稱控制側。在繃緊繩系統中，指主要行動所在的一側，本書中主要指隊長所在位置，也是隊員進入和傷者救出的位置，指揮統制集中的一側。

T

【Tag Line 牽引繩】
在繃緊繩系統，用於左右移動的繩索；在非繃緊繩系統，則指用於將救援負荷稍微遠離牆面的繩索。又名標識繩。

【Tension Line 繃緊繩】
指水平或斜向拉緊的 1 或 2 條繩索。

【Track Line System 軌道繩系統】
斜向上下移動救援負荷的系統之一，適用於需要比一般導向繩系統拉得更遠離牆面，或傳送到更遠處的情景。在下或上方設置下降器，比徒手更有效地拉緊；長距離運送負荷下，通過加設機械增益系統拉緊 2 條斜向繃緊繩。

【Travel Restraint System 限制工作範圍】
限制拯救員接近下墮風險區域，如崖邊或平台邊，而設置的繩索，以及與之連接的防墮器具，又稱限位。

【Two Tensioned Rope Systems (TTRS) 雙主繩系統】
指 2 條繩索均承載重量的救援系統。與同為提升下放系統的主繩 - 保護繩系統相對，又稱雙受力系統。

V

【V Rig V型設置】
指 2：1 機械增益系統，涉及在繩索系統中間懸掛 1 個滑輪，並在滑輪上加載重物，因看似字母 V 而得名。

【Vector Pull 向量拉力】
又稱矢量拉力，基於三角函數的概念，拉起受力繩索與穩固點之間繃緊繩的部分，與直接拉起前端的負荷相比，能夠產生更大的力量。

【Vehicle Anchor 車輛穩固點】
「車輛」在本書指汽車或救援行動所使用的工作車等。如果車輛能直接部署到現場附近，便可在任何位置設置穩固點；根據車輛大小及地面情況，許可強度會有所不同，但建議避免使用輕型車輛。

W

【Weak Side 弱側】
在繃緊繩系統中，一般指非主要行動的一側，那邊的隊員主要負責操作牽引繩等。

【Whistle Test 哨子測試】
若拯救隊伍在行動時面臨危險，安全主任將吹響哨子，以警示隊伍撤離至安全地點，並要求所有成員必需脫離系統，而懸掛在拯救系統上的拯救員及傷者不會因此下墮。這是一項預先的操作測試，確保即使釋放雙手，整個拯救系統仍然安全。

【Work Positioning 工作定位】
其中一種下墮保護（Fall Protection）措施，應同時並用下墮制停（Fall Arrest）裝置。

【Working Load Limit (WLL) 工作負荷上限】
又稱最大工作負荷（Maximum Working Load）。

Z

【Z Rig Z型設置】
指 3：1 機械增益系統，因其形狀似字母 Z 而得名。

其他

【可調節擔架】
通過調節垂直水平轉換裝置等將擔架豎立或水平，從而有效通過狹窄地方或救出懸吊狀態的傷者。

【德式T型拯救系統（雙英式V型升降繩）】
以 2 條英式 V 型升降繩像雙主繩系統 Two Tension Rope System (TTRS) 般同時受力運作的 T 型拯救系統，因系統在德國普及，故亦被稱為德式 T 型拯救系統。

【法式T型拯救系統】
繃緊繩系統之一，提升下放繩通過設置在滑車系統上的滑輪，直接與擔架連接的系統。

【繩索火箭系統】
包括結合胸升、腳升和膝升來進行攀爬。系統在日本被稱為「繩索火箭」，形容它讓技術員如火箭般快速上升。

總結

與別人分享知識和技術，並且有共識地行動，對於技術的發展和標準化而言非常重要。

基於希望與更多人分享這種更安全、應用性更強，而且對傷者更人道的繩索拯救，並促進日本繩索拯救技術的進一步發展，於是啟動了這個著書項目。

在製作這本教科書的過程中，我們經過了諸多討論，反覆思考斟酌才完成。這是因為我們想傳達關於繩索拯救最重要的事情——「沒有唯一的正確答案」，以及「知識和技術總是不斷更新的」。

我們不希望這本教科書成為「標準答案」。

我們只希望這本教科書能作為思考方式的參考之一，讓你建立適合所屬團體組織繩索拯救的基本思路，並在此基礎上根據現場情況發揮適當的應變能力。

我們希望這樣的繩索拯救「思考方式」與「理解方式」，能夠在日本全國普及，從而創造日本繩索拯救技術的未來。

日本消防隊引入稱為繩索拯救的技術，已經過了大約 20 年。回顧繩索拯救這 20 年來的歷史和現狀，並從現在開始展望繩索拯救的未來；為此，需要對更新抱持「理解」和「接受」。進步並不意味否定過去，這是個不斷累積的過程；在前人積累的基礎上，隨着時代的變化加入新事物，不斷改變形式並進化。

為了讓這個永無止境的積累持續下去，我們必需不斷傳遞更新的接力棒。

展望「消防繩索救援」的未來，而不是「軍事」、「運動」或「工業」。

一般社團法人 GRIMP JAPAN

專案團隊全體成員

Whistle and Scissors
消防繩索拯救理論

著　者：　一般社團法人 GRIMP JAPAN

譯　者：　明湛杰、秦國樑、岑智敏

中文版策劃：香港繩索總會

責任編輯：　梁卓倫、潘俊賢

裝幀設計：　羅美齡

排　版：　羅美齡

插　畫：　井竿真理子、一般社團法人 GRIMP JAPAN

攝影協助：　ARA、JAPAN WEST 9PM、NR JAPAN、
START JAPAN

圖像協助：　Arteria 株式會社、FERNO JAPAN INC.、
SYNTEC 合同會社、Rescue Planet 株式會社、
KEM 株式會社、CARAVAN 株式會社、
YAMAOKA Enterprise 株式會社、ODSK 有限會社

出 版 者：萬里機構出版有限公司
香港英皇道 499 號北角工業大廈 20 樓
電話：(852) 2564 7511
傳真：(852) 2565 5539
電郵：info@wanlibk.com
網址：http://www.wanlibk.com
https://www.facebook.com/wanlibk

發 行 者：香港聯合書刊物流有限公司
香港荃灣德士古道 220-248 號荃灣工業中心 16 樓
電話：(852) 2150 2100
傳真：(852) 2407 3062
電郵：info@suplogistics.com.hk
網址：http://www.suplogistics.com.hk

承 印 者：中華商務彩色印刷有限公司
香港新界大埔汀麗路 36 號

出版日期：二〇二五年一月第一次印刷

規　格：16 開（240mm × 170mm）

ISBN：978-962-14-7581-7